헌법 원리로 본 방송개혁 방안

－방송의 편향성 어디까지 허용되나－

고 철 종 지음

법 영 사

"정권과 방송사 조직이 운명을 같이 하는
후진적 악순환을 이제는 바꿔야 한다."

"방송사의 정치·이념적 편향성의 허용 한계를
헌법 다원주의 원리로 분석한 최초의 서적"

헌법학 박사이자 현직 논설실장의 공·민영 방송 정체성 제안

서 문

대선이 치러질 때마다 언론 종사자들은 많은 방송사의 조직 전반에 거센 회오리가 몰아칠 것을 예상한다. 정권의 이념적 성향과 일치하지 않을 경우, 방송사 사장을 비롯한 경영진과 주요 보직 간부가 모조리 물갈이된다.

한국에서 정치 민주화가 이루어진 지 수십 년이 지났는데, 정치 권력을 감시 내지 견제하는 기능을 해야 할 방송사가 정권교체에 따라 덩달아 큰 격랑에 휘둘리는 악순환에 빠진 상황은 많은 물음을 던진다.

신문은 제각기 이념적 편향성이 있고 독자들이 그걸 인정하는데, 방송은 편향성을 갖는 게 금기이고 무조건 균형성을 가져야 하는 것일까. 공평해야 할 공영방송은 극단적 편향성을 보이고 있고, 민영방송이 오히려 균형성을 강요받는 현실이 정상적인 상황일까.

만약 방송에서 이념적 경향성이 인정된다면, 그 정도에서 공영과 민영은 어떤 차이가 있을까. 신문은 구성원들이 사주의 이념적 경향성을 따르는데 방송은 왜 그렇지 않을까. 다른 선진국에서도 이런 현상이 벌어지고 있을까.

이 문제는 미디어학을 비롯한 사회과학 분야에서 규범론적으로 접근해왔지만, 수많은 연구발표에도 불구하고, 국민은 물론 정작 방송사에 오래 근무한 종사자들마저도 명쾌한 인식을 갖지 못하고 있다. 전파가 유한한 공공재라는 이유로 부여하는 공적 책임론도 기술 발전으로 채널이 수십, 수백 개가 된 현실에서는 더 이상 적합하지 않다.

방송이 갖는 '표현의 자유'를 보다 합리적으로 이해할 방법은 없을까. 그래서 이 책에서는 국가를 구성하는 최상위 규율인 헌법과 헌법 원리에 기대어서 그 답을 찾아봤다.

민주주의는 서로 다름을 인정하는 다원주의를 기초로 한다. 다원주의 관점에서 견해의 차이에 따른 갈등은 당연한 것이며, 다양한 견해가 자유로운 경쟁을 통해 합리적 의사결정으로 이어진다는 믿음이 전 세계 헌법상의 민주주의 원리이다.

이와 같은 헌법상의 다원주의 원리가 제대로 작동하기 위해서는 다양한 정보와 견해의 통로인 동시에 그것들이 경합을 이루는 공론장인 매스미디어, 즉 언론의 역할이 매우 중요하다.

그 때문에 미디어에 의한 정보나 견해의 왜곡을 막는 동시에, 미디어를 다양한 견해의 공론장으로 만들기 위한 미디어 규제 입법이 헌법적으로 정당화된다.

특히 방송은 어느 나라 할 것 없이 전파의 유한성과 막대한 자본소요 및 파급력을 이유로, 여론의 다양성을 고양하기 위한 공적 책임을 신문보다 훨씬 더 크게 부과 받아왔다.

그런데 선진국들이 방송환경 변화에 따라 방송규제 적용의 형식이나 강도에 변화를 부여해왔던 반면, 한국은 소유 형태 및 재원 조달 방식에 따른 방송 유형이나 기술 발전에 따른 산업지형의 변화와 상관없이, 산업 초기에 형성된 공적 책임을 지금까지도 방송 전반에 광범위하게 요구하고 있다.

이상한 것은 이처럼 선진국들에 비해 훨씬 강력한 공정성과 균형성의 규제에도 불구하고, 다양한 견해의 활성화라는 공적 책임이 가장 큰 우리 공영방송은 정치 권력의 이념적 성향에 맞춰 극단적인 편향성을 표출하고 있다.

또, 민영방송이 경향성을 인정받는 세계적 추세와는 반대로 한국의 지상파 민영방송은 공영방송에 준하는 공적 책임에다 기계적 균형성을 강요받고 있으며, 종합편성채널은 모회사의 이념적 성향 못지않은 편향성을 보이고 있다.

이는 방송법을 비롯한 한국의 방송규율이 겉으로는 견해의 활성화를 표방하고 있지만, 속으로는 정치권력에 부응하도록 요구하면서, 방송사들로 하여금 정치종속 혹은 극단적 반발 가운데 하나를 선택하도록 강요하고 있음을 보여주는 방증이기도 하다.

이와 같은 구조적 부조리에 따라 한국의 방송은 건강한 여론의 활성화라는 헌법적 요구에서 완전히 이탈해 정치적 도구로 쓰이는 동시에, 오히려 그에서 더 나아가 정치와 마찬가지로 갈등 조장과 편 가르기를 통해, 우리 편 시청자를 끌어들이는 형태로 생존한다는 평가까지 받고 있다.

헌법상 민주주의의 원리인 다원주의는 크게 두 가지의 규제방식을 매스미디어의 성격에 따라 다르게 적용한다. 첫 번째는 주로 신문에 적용되는 외부적 다원주의로, 많은 수의 신문이 제각기 나름의 견해나 편향성을 가지더라도 전체적으로는 수적 다양성이 건강한 여론의 형성에 도움이 될 수 있다는 이론에 바탕을 둔 것이다.

나머지 하나는 주로 방송에 적용되는 내부적 다원주의로, 기술과 자본의 문제로 방송의 수가 적은 만큼, 강력한 방송법제를 만들어서 소수의 방송사가 국민의 다양한 사상과 견해를 발산하도록 강제화하는 방식이다.

기술 발전으로 송출 수단이 다양해져 이른바 '전파의 유한성'이 사실상 극복되면서 전 세계적으로 채널이 폭발적으로 늘어나게 되자, 선진국들을 중심으로 전통적인 다원주의 적용방식의 변화를 꾀하고 있다.

우선, 공영방송에는 내부적 다원주의 원칙을 더 엄격히 적용해 국민의 다양한 견해를 보장하는 최후의 보루로 삼고 있다. 여러 나라의 헌법들은 공영방송이 가장 강력한 권력인 정치권력과 자본의 영향력으로부터 독립해, 수신료 등을 바탕으로 자율적인 방송을 수행함으로써, 국민의 다양한 사상과 의견을 담도록 방송법 등의 형성을 요구한다.

반면, 민영방송에는 채널의 양적 다양성을 기반으로, 신문에 버금갈 정도로 정치적 이념적 경향성의 자유를 인정하는 추세가 보편화되고 있다. 각각이 편향성을 발휘하더라도 양적 다양성이 만들어낸 다채로운 견해의 경합이 이루어져 민주주의의 형성에 기여할 수 있다는 판단을 하고 있는 것이다.

따라서 헌법이 미디어 다원주의를 통해 도달하고자 하는 목표는 공영방송이 공정하고 균형 있게 국민의 사상과 견해를 담아내도록 하고, 그에 따라 다양한 견해의 활성화라는 공적 책임을 공영방송에게 덜어 준 민영방송들이 최소한의 객관성과 균형성을 유지한 상태에서 품위 있는 경향성을 드러내게 하는 것이다. 그래서 모든 방송들이 총합적으로 건전한 여론의 형성에 기여하게 될 때, 헌법상의 다원주의 원칙이 실현된다고 볼 수 있다.

이 책은 저자의 다원주의에 관한 논문 주제를 토대로 외연과 내용을 확장하는 형태로 만들어졌다. 결론적으로 방송이 헌법상의 다원주의를 실현하기 위해서는 각각의 정체성에 맞도록 공영방송은 공영방송답게, 민영방송은 민영방송답게 역할을 수행할 수 있어야 한다. 그것이 다양한 견해의 활성화를 통해 방송이 민주주의에 기여하는 길이란 문제의식 아래, 이 책에서는 현행 우리 방송법제와 방송사 내외부의 규율의 문제점 및 개선방안을 선진국들과의 비교를 통해 찾아보기로 한다.

목 차

표 목차

제 1 장

극단적 대한민국과 한국의 언론

제 1 절 극한 대립과 금기, 표현의 자유 억제

철학자의 대명사인 소크라테스는 사실상 극단적인 이념 대립의 희생자였다. 그는 대중 민주주의를 선동가의 궤변에 놀아날 수 있다는 이유로 불신했다. 고도의 판단력을 갖춘 소수의 지식인들에게 정치를 맡겨야 한다는 그의 생각은 당시 지배 세력의 미움을 샀고, 결국 민주주의의 이름으로 거행된 투표를 통해 죽음의 독배를 마셔야 했다.

정치사상의 대립이 죽음을 부르는 정도는 아닐지라도, 지금 우리 사회가 맞닥뜨리고 있는 이념적 대립은 그때 못지않다. 정치든, 노조든, 종교든 극단적일수록 더 큰 세력과 힘을 형성하고, 그렇게 키운 압도적 힘으로 다른 생각을 가진 집단을 초토화시켜야 끝이 난다.

이명박, 박근혜 정부로 이어지는 보수정권 10년과 문재인 정부 5년을 거치면서 한국 사회 내부의 여론 상황을 평가해보면, 특정 정권을 가릴 것 없이 다양한 견해의 합주를 통한 민주주의의 형성 과정과는 거리가 멀다.

이념적 극단화와 그에 따른 편 가르기가 만들어내는 갈등과 사회적 비용은 갈수록 커지고 있다. 서로 다른 견해가 자유로운 표현을 통해 민주적 의사 결정으로 이어지기보다는, 정치권력과 연대하는 특정 방향의 여론이 압도적인 힘으로 나머지의 여론을 깔아뭉개는 방식으로 정책적 의사결정이 이뤄지고 있다.

합의와 조율이 미덕인 민주적 의사결정은 찾아볼 수 없다. 누구 편이냐에 따라 도덕적 윤리적 가치판단의 기준까지 바뀐다. 입법과 정책 결정에서도 합리성보다 여론동향, 그 가운데 현 정치권력의 강성 지지층 여론이 절대적 기준이 된다. 강성 지지층의 비위에 맞추는 여론 영합꾼들이 정치의 전면에 나서면서 정치에서 통합과 조율은 사라졌다.

당장 누구의 감성에 호소하고 어느 편에 이익이 되는 가를 찾는 데만 혈안이 돼 있다. 이로 인해 가뜩이나 극단성이 심한 한국인들은 세대, 성별, 계층, 지역 간에 더 깊은 갈등의 협곡으로 빠져들고 있다.

이는 보수정권이나 진보정권이나 할 것 없이 갈등을 에너지로 입지를 강화해온 정치의 탓이 크다. 정치민주화 이후 30년을 훌쩍 넘었지만 우리 정치는 조율과 합의, 통합의 덕목에서 후퇴했다. 내 편의 강한 결집으로 정권의 생명력을 연장하는 전략이 확고히 자리를 잡음으로써, 이념에 바탕을 둔 진영대립은 우리 사회의 일상적 모습이 됐다.

여야 간의 입장 차가 큰 사안이나 의제가 조율과 합의의 절차에 따라 처리되기보다는, 어느 한쪽이 고소·고발의 형태로 상대를 무력화해 관철하는 이른바 '정치의 사법화'도 심각한 수준에 이르렀다.

그에 따라 국회에서 다수결에 의해 통과된 법률이 위헌소송에 휘말리는 경우도 수시로 발생한다. 합의를 이뤄야 할 정치적 사안들이 사법부의 결정에 맡겨짐으로써 대의민주주의와 삼권분립의 의미마저 퇴색하고 있다.

정치의 사법화가 가속되는 여러 이유 가운데 하나로 법조인 출신들의 정계 입문이나 정치권 주변 활동이 예전보다 크게 활발해졌다는 것을 꼽을 수 있다. 판검사가 가진 공권력의 바탕은 법률이다. 그런데 법의 속성이 주로 기존 질서와 기득권을 보호하는 것이 주목적이기에, 새로운 것의 창조나 합의 및 조율과는 거리가 있다.

따라서 어떻게 보면 존경받는 대쪽 같은 판검사와 정의로운 변호사는 기본적으로 과거 지향적이고 융통성 없는 원리원칙 중심의 직업 근성을 가질 가능성이 높고 실제로 그 바닥에서는 훌륭한 덕목이 된다. 하지만 이런 특성은 정치의 덕목과 상충할 수 있다.

정치의 사전적 의미를 보면, 국가 운영의 비전을 창조하고, 사회 구성원들의 다양한 이해관계를 조정 및 조율하며, 국민이 인간다운 삶을 누리도록 만드는 활동이다. 필요하다면 법률 제정을 포함한 새로운 질서도 구축해야 한다. 이는 어떤 부문보다 창의적인 역량과 소통의 능력이 필요한 영역이다.

이와 같은 정치의 영역에, 모든 대상을 선과 악, 원고와 피고, 피해자와 가해자, 승소와 패소로 구분하는 일에 익숙한 법조인 출신 인사들이 적절한 숙성과정이나 자기변신을 거치지 않고 일시에 입문할 경우, 이는 은연중에 정치의 사법화를 조장할 가능성을 내포한다고 볼 수 있다.

여기에다 사회를 이분법적으로 바라보고, 현실론보다는 이상론을 중시하는 급진적 성향을 가진 시민단체들의 영향력이 커지는 동시에, 그쪽 출신 인사들이 현실정치에 많이 참여하게 된 것도 대립의 정치를 부추기는 또 하나의 요인으로 판단된다.

이런 요소들이 경제적 양극화로 인해 갈등지수가 임계점까지 높아진 국민들을 자극하면서 사회 전반에서 극단적 대립이 만연하게 되고, 그와 같은 대립에서 살아남기 위해 같은 생각을 가진 개인과 집단이 똘똘 뭉쳐서 상대편을 깔아뭉개는 악순환이 반복되고 있는 것이다.

정치에 대한 이해가 부족한 사람들이 정치판에 입성하게 되면, 창의성과 활력을 북돋우는 입법보다는 징벌과 억제, 통제를 위한 과잉입법에 나설 가능성이 크다. 그뿐만 아니라 상대편과의 조율과 합의가 필요한 정치적 과제가 수시로 고소나 고발을 통해 사법적 판단에 맡겨진다.

정치판이 내 편과 네 편을 구분해 극단적 대립을 반복하는 동시에, 정치권력이 자신의 이념에 바탕을 둔 예리한 잣대로 사회 전반에 걸쳐 보상과 응징을 반복하자, 한국에는 그 어느 때보다도 다양한 금기들까지 생겨나고 있다.

성차별, 여혐, 남혐, 일베, 친일, 친중, 위안부, 5.18, 민주화, 운동권, 노조, 비정규직, 촛불, 재벌, 역사 등에 관련된 온갖 형태의 극단적 기준이 칼날을 시퍼렇게 벼린 채 금기의 영역을 만들어 희생양을 기다리고 있는 것이다.

그러다 보니 정책 운용, 기업마케팅, 광고, SNS, 드라마 제작, 공익사업 등 정부와 기업, 개인의 영역에서 이뤄지는 갖가지 활동들이 언제, 어디서, 어떻게, 어떤 형태로 불시에 날아올지 모르는 금기의 칼날에 전전긍긍한다.

사회적 포용성이 사라지고 '만인 대 만인'이 각자의 예리한 기준을 긋고, 타인에 대한 경계심 속에 살아가는 사회에서는, 강제적 혹은 자율적 규범이 과잉으로 치닫게 된다. 세밀하고 치명적인 규제가 새로 생겨서 은밀한 덫을 놓고 누가 걸리나 기다린다. 시범케이스로 걸리면 끝이다.

과잉 규범이 만드는 급속한 변화는 생활 속에서도 많은 불편을 초래한다. 일상생활 속의 가까운 예로, 성차별을 의식해 치마나 바지 혹은 색깔의 구분을 없앤 화장실에서는 남자가 여자 화장실에, 여자가 남자 화장실에 들어갔다 기겁하는 사례가 실제로 자주 벌어지고 있다.

성차별 논란에 젊은 남녀가 대립적 관계를 형성하고, 행여 성희롱이나 직장 내 괴롭힘 파장이 벌어질까 봐 저녁 회식이 사라지며, 갑질 논란이 일까 봐 협력업체나 파견사원에 대한 업무협의가 두려워진다. 제품이나 드라마를 홍보하다가도 만에 하나 영문도 모른 채 금기에 휘말릴까 봐 애를 태운다.

이것이 끝이 아니다. 적개심을 가진 온갖 이해집단들의 서슬 퍼런 목소리에 정치인들이 편승해 과잉입법에 나서다 보니, 운전하기, 집짓기, 가게 운영, 아르바이트생 고용, 야근, 전세 구하기, 집 팔고 사는 것 등 온갖 기본적 생활들이 갈수록 힘들어지게 된다.

모두가 각자의 금기를 만들어 날카로운 잣대를 들이대는 사회에서는 표현의 주체들이 자기검열을 한다. 당연히 민주주의의 필수요소인 표현의 자유가 위축될 수밖에 없다. 그런 금기를 국가권력이 만들 때는 더욱 심해진다. 이런 사회에서 이해 관계자들에게 통합과 시너지를 요구하는 것은 어불성설이다.

제 2 절 여론선도 포기, 여론영합으로 생존하는 언론

민주주의 체제에서 국가의 주권은 국민에게 있다. 그런데 각각의 국민과 소집단들은 서로 다른 특성과 이해를 가진다. 민주주의는 이처럼 서로 다른 복수의 이해와 가치를 인정하는 데서 출발한다. 서로 다른 가치와 견해들이 서로 경합하고 조율을 거치며 합의를 이루는 과정에서 민주주의가 완성된다.

다양한 견해와 가치뿐만 아니라 그로 인한 갈등마저도 인정하는 철학적 태도가 바로 다원주의다. 다원주의의 목표는 다양성의 창출과 그것의 조화다. 그 과정에서 서로 다름에 의한 갈등은 필연적인 것으로 간주된다. 다원주의의 토대 위에서 각 개인의 자율적 이성과 정치적 절차를 존중하고 보장하는 것이 궁극적으로 공동체의 올바른 정치적 의사 형성으로 이어진다는 믿음이 우리 헌법상 민주주의 원리의 근본 바탕이 된다.[1)]

여기서 방송과 신문을 비롯한 매스미디어는 중요한 역할을 한다. 다양한 견해와 사상, 가치관 형성의 토대가 되는 온갖 정보의 통로인 동시에 공론장의 역할까지 수행하기 때문이다. 미디어의 공적책임은 바로 이러한 민주주의의 필수 요소로서 작동하는데 기인한다.

그런데 여론에 큰 영향을 미치는 매스미디어 즉 언론이 한국에서는 다양한 견해를 활성화하기보다는, 정치권과 마찬가지로 편 가르기를 조장하거나, 그에 편승해 '우리 편' 독자와 시청자를 끌어들이는 방식으로 경쟁하고 생존하고 있는 현실이 문제이다.

독자들에게 보수 혹은 진보와 같은 이념적 편향성이 자연스럽게 받아들여져 왔던 신문은 그 편향성이 더욱 강화되고, 방송은 방송대로 처해진 상황에 따라 서로 상반되는 극단적 편향성을 남발하며 같은 편 시청자를 결집하는 형태로 시청률 경쟁을 벌이고 있다.

그에 따라 지금의 한국의 여론 상황은 편 가르기로 에너지를 얻어 생존하는 정치권력과 미디어, 그리고 자신의 이념적 성향에 맞는 정치권력 및 미디어와의 공고한 연대를 통해 견해의 벽을 쌓는 국민이 상승작용을 일으키며, 헌법적 요구인 다양한 견해의 경합을 통한 민주적 의사결정에서 멀어지고 있는 것이다.

---

1) 헌재 2014. 12. 19. 2013헌다1, 판례집 26-2하, 1, 18.

이를 입증하는 자료가 있다. 한국인을 포함한 40개국 8만여 명의 뉴스 이용을 조사한 한국언론진흥재단의 「디지털 뉴스 리포트 2020」 보고서를 보면, 한국은 "나와 같은 관점의 뉴스를 선호한다."는 비율이 44%로, 40개국 평균 28%보다 16%p 더 높은 것으로 나와 있다. 이는 조사대상 국 가운데 4위로 한국인의 편향성이 그만큼 심하다는 것을 말해주는 것이다.

이 조사에서 발견되는 또 하나 관심이 가는 사실은 신뢰도 바닥의 한국 언론들이지만, 아쉬운 대로 그들을 신뢰도 순으로 줄 세워보니까, 세간에서 이념적 편향성이 심한 것으로 평가되는 언론사 순으로, 오히려 이용자들의 신뢰도가 높았고, 중도 성향의 언론사들은 극단적 편향성을 가진 이용자 양쪽에서 모두 버림을 받아 신뢰도가 바닥을 기었다는 것이다.

결국 이용자들, 즉 국민이 언론에 대한 신뢰를 상실하면서 각자의 이념이나 가치관에 맞는 언론을 찾는 현상이 가속되자, 언론은 다시 시청자나 구독자를 붙잡기 위해 편향성을 강화하면서 대한민국의 여론 시장이 극단화의 수렁에 빠진 것으로 이해된다. 여기에 이념을 잣대로 편을 갈라 갈등을 조장하고 그 갈등을 에너지로 생명력을 이어온 한국의 정치 행태가 기름을 부었을 것이다.

건강한 정보와 철학에 바탕을 둔 언론의 편향성 혹은 경향성은, 만약 질적·양적 측면에서 그 다양성만 유지된다면, 그 자체로는 문제 될 것이 없다. 그것이 이른바 '사상의 자유시장'에서 경합을 통해 민주적 의사결정으로 이어진다는 믿음이 민주주의의 바탕이기 때문이다.

대한민국은 87년 정치민주화 이후 경제 문화 등의 영역에서 비약적 발전을 이루어왔지만, 유독 정치와 언론의 영역에서는 낙제점이다. 특히 언론은 주요 사안에 대해 국민에게 가치판단의 기준을 제공하는 '의제설정'이라는 여론선도 기능을 완전히 상실했다.

여론선도는커녕 여론영합을 생존의 에너지로 삼고 있다는 평가가 지배적이다.

특히 방송은 전파의 유한성과 막대한 자본소요 및 파급력을 이유로, 여론의 다양성을 고양하기 위한 공적책임을 신문보다 훨씬 더 크게 부과받으며 방송법에 의한 규율에 속박돼왔지만, 한국의 방송현실은 규제 취지와는 정반대로 오랫동안 극심한 편향성의 늪에 빠져 있다.

이는 우리 방송법제가 다른 선진국들에 비해 훨씬 직접적이고 강력한 공정성과 균형성의 규율을 채택하고 있음에 비추어 매우 역설적인 상황이다. 극단적 편향성의 가장 큰 원인은 여론형성에 큰 영향력을 지닌 방송을 자신의 통제 아래 두려는 정치권력의 시도와 그 시도에 적응한 방송사가 만들어 낸 정치병행성에 있다.

정치병행성은 한국의 방송이 처한 파행적 현실을 가장 잘 표현한 용어다. 방송과 정당의 이념적 노선이 조응하는 정도를 말하는 정치병행성은 대체로 네 가지 요소로 표현되는데, 첫째 방송의 내용이 갖는 이념성, 둘째 인적·조직적 수준에서 방송과 정당의 연계성, 셋째 방송 수용자와 정당 지지자의 중복, 넷째 방송사 구성원의 실천 강령과 정당 노선과의 일치성 등으로 구성된다.[2)]

결국 한국의 방송, 특히 공영적 성격을 띤 방송사들은 정치와 한배를 타고 항해하면서, 대선이라는 풍랑이 불 때마다 침몰하거나 선단이 바뀌는 운명공동체가 됐다. 정치권력이 원하는 방향으로 키를 바꾸면서 다양한 견해의 활성화라는 본연의 목적에서 점점 멀어져가고 있는 것이다.

이런 결과를 토대로 역으로 미루어 본다면, 외국보다 훨씬 더 엄격한 한국의 방송 관련 규율들은 애초부터 설계가 잘못됐거나,

---

2) 이준웅 외 3인, "한국사회 매체 체계의 특성 : 민주화 이행 모형의 제안", 커뮤니케이션이론 제6권 제1호, 한국언론학회, 2010, 110면 참조.

아니면 적용과정에서 특정 권력에 의해 작동이 왜곡됐거나, 혹은 미디어 환경의 변화를 따라가지 못하고 있다고 볼 수 있다. 따라서 방송이 여론의 다양성 제고라는 역할을 다함으로써 민주주의에 기여하도록, 전반적인 규제체계의 변화가 시급하다고 할 수 있다.

제 3 절　헌법 원리로 본 방송의 공적책임과 규제체계

한국에서 언론 기능을 가진 방송 미디어 환경은 1980년대 이전까지는 사실상 KBS와 MBC 양대 체제였다. 그러다 1991년 SBS를 비롯한 지역민방이 개국하면서 채널 다양성이 포문을 열었고, 이어 2000년대에는 위성방송과 IPTV, 종합편성채널과 보도전문채널이 차례로 출범하면서 채널이 크게 늘었다.

이에 따라 현재 KBS, MBC, SBS와 지역민방 등 지상파 방송국들과, 케이블로 전송되는 종합편성채널인 TV조선, 채널A, JTBC, MBN, 그리고 뉴스 전문 채널인 YTN과 연합TV뉴스 등이 민주주의의 핵심 요소인 여론에 관여하는 시사·보도 기능을 행사하고 있다.

또, 라디오를 통해 보도 기능을 행하고 있는 CBS를 비롯한 종교방송들과, 경제 중심의 시사·보도 콘텐츠를 내보내고 있는 한국경제TV나 매일경제TV 등의 경제뉴스 채널, 교통 전문 방송이지만 시사프로그램을 중점 방영 중인 TBS 등도 언론기능을 가진 방송사라 할 수 있다.

이들 방송사들은 콘텐츠 송출방식에 따라 지상파 방송, 유선방송, 위성방송 사업자 등으로 나누어지며, 또 이들이 가진 채널에 특정 콘텐츠를 공급하는 채널사용 사업자 등이 방송법에 의해 구분되어 있다.

송출방식이 아닌 소유 주체와 재원 조달 방식에 따른 공·민영 구분은 방송법이 따로 규정하지 않고 있는데, 사전적 의미에 따라 구분한다면 정부나 지자체가 출자한 KBS나 EBS TBS는 공영방송의 영역에 속할 것이고, SBS와 지역민방, 종합편성채널은 민영방송에 속한다.

MBC는 소유와 운영 주체가 방송문화진흥회라는 공익법인이지만 주요 재원이 광고라서 공·민영 유형을 판단하기가 복잡하다. MBC의 성격 규정에 관한 법적인 판단을 보면, 방송광고 판매대행 관련 헌법재판소 결정[3]과 감사원법 위반 관련 법원 판결[4]에서 MBC가 공적책임을 가진 공영방송임을 적시한 바 있다. 이와 함께 방송문화진흥회가 공적 기구라는 점에다, 방송통신위원회에서 방송문화진흥회 이사를 임명한다는 점에 비추어 공영방송의 범주에 포함시키는 경우가 많다.

이밖에, 공기업이나 공공기관이 대주주이고 사장을 비롯한 임원 선임에서 정부 입김이 작용하는 YTN과 연합뉴스TV의 경우는 준공영 방송사로 볼 수 있겠다.

공영과 민영은 법률적으로나 도덕적으로 가지는 공적책임의 크기가 다른 데도 국내에서는 이를 분명히 구분하지 않아 법적 논란과 분쟁 역시 끊이지 않고 있다. 법원 판례를 보면 광고를 하는 KBS 2TV의 경우, KBS 1TV와 같은 공영방송으로 인식되는가 하면, 때로 별개의 사업자로 판단되기로 한다. MBC는 공영방송과 민영방송의 정체성을 그때그때 다르게 적용받는다. 지상파 민영방송인 SBS 역시 상업적 특성을 인정받으면서도 공적책임은 공영방송 못지않게 강하게 부과 받는다.

---

3) 헌재 2013. 9. 26. 2012헌마271, 판례집 25-2하, 68, 69.

4) 서울남부지법 2015. 2. 13. 선고 2014고단339 판결.

이처럼 언론 기능을 갖고 있는 방송미디어가 가지는 표현의 자유와 그 자유를 제한하는 규제체계에 대한 기존의 논의들을 살펴보면, 공영방송사로 불리는 KBS 혹은 MBC 내부의 지배구조 개선을 통한 정치적 독립성 확보방안이나, 공영방송 범주의 불명확성에 따른 규제상의 혼란과 공영방송 개념 정립의 필요성 등에 대한 내용들이 주를 이루고 있다. 덧붙여서 KBS 수신료 부과의 정당성과 관련한 법적 논의도 주요 관심 대상이었다.

특히, 재원 조달 방식에 따른 공영과 민영의 구분보다는 콘텐츠의 송출 방법에 따라 방송을 지상파와 비지상파로 구분해서 논의하는 연구가 절대적으로 많았다. 나아가 지상파 방송사에 대해서는 전파의 공공성을 근거로 공·민영에 관계없이 공영방송에 준한 공적책임 부과나 규제 적용에 대한 타당성을 논증하는 내용들이 주를 이루고 있었다.

이와 함께 방송 미디어와 정치권력과의 관계나, 그로부터의 독립 및 자유 확보, 미디어의 공적 책임이나 시민 참여 등의 측면에서, 방송의 방향성과 정체성을 모색하는 연구도 많았다. 이와 같은 연구에서 항상 논의의 중요한 근간을 차지한 것은 역시 전파의 유한성에 따른 공공재 논리였다.

전파가 공적 자산이란 전제는 초기 미디어 이론에서 방송이 태생적으로 공공성에 따른 공적책임을 지니는 것으로 규정한 이후 지금까지 이어지고 있고, 이는 사회적 책임론이나 공공수탁이론 등과도 맥락이 맞닿아있다.

하지만 공공성과 그에 따른 사회적 책임만으로는 방송의 편향성이 가지는 의미나 한계, 해악 여부를 판단하기는 어렵다. 왜냐하면 앞서 언급했듯이 이념적 정치적 편향성을 포함한 다양한 견해가 자유롭게 경합하고 그것이 합리적 의사결정으로 이어진다면 민주주의 실현에 도움이 될 수 있기 때문이다.

산업 초기 전파의 유한성이 채널의 다양성을 제한할 때는 몇 개 되지 않는 방송이 다양한 편향성을 발휘할 수 없었기에 민주주의의 전제인 '다양한 견해의 자유로운 경합'이 불가능했다. 이는 결국 방송의 공공성은 기계적 균형을 통해 다양한 개인이나 집단의 견해를 모두 반영하거나, 국가의 기능에 도움을 주는 게 공공성의 척도라는 해석으로 이어졌다.

그러나 기술발전으로 위성과 유선, 인터넷 등 다양한 송출 수단이 생기고 여기다 기술융합까지 가세하면서 사실상 전파의 유한성은 큰 의미를 상실하게 됐다. 특히 우리나라의 경우 KBS, MBC, SBS 등 지상파의 97%를 유선 채널로 수신하고, 채널이 수백 개에 이르는 상황에서는 전파의 유한성에 따른 공공재 논리는 더 이상 설득력을 갖기가 힘들다.

방송 채널이 인쇄미디어와 비슷한 수준으로 다양해지는 상황에서 전통적인 방송의 사회적 책임이나 공공성은 어떻게 변해야 할까. 특히, 방송의 정치적 이념적 표현의 자유에 관한 논의는 기존의 미디어 관련 이론에서 여전히 추상적이고 막연한 규범론에 머물고 있다.

'방송의 공적책임이 어디까지인지', '방송유형에 따라 책임의 크기는 어떻게 달라지는지', '방송의 편향성은 그 자체로 민주주의의 방해 요소인지', '기술의 발전과 채널의 다양성은 방송의 공적책임을 어떻게 변화시키고 있는지' 등에 관한 물음에 대해 이 책에서는 종전 사회과학 이론상의 규범론적 접근이 아닌, 국가 통치와 국민 기본권 보장의 근본 규범인 헌법에서 답을 찾아보기로 한다.

이를 위해 국내에서 거의 시도되지 않았던 방식인, 헌법상에 내재된 다원주의 원리에 기초해 방송의 공적책임이 어떻게 형성되는가를 살피고, 나아가 방송유형에 따른 합리적 차등규제 방안을 모색해보고자 한다.

다원주의는 전 세계적으로 사상과 견해의 경합을 북돋우는 민주주의의 기본원리로 작용해왔다. 또, 다원주의의 원활한 작동을 위해 방송 미디어가 정보와 견해의 통로 혹은 공론장으로서 중요한 역할을 행하는 것이 헌법적 요구로 이해된다.

방송다원주의가 지향하는 다양성은 사상과 견해, 프로그램의 종류, 방송 시간, 시청(송출) 수단, 시청자 계층 등 여러 관점에서 볼 수 있으나, 헌법적으로 가장 큰 의미를 지니는 부분은 견해의 다양성이다.

한국의 방송사들은 그동안 공·민영을 막론하고 유독 정치적 견해와 이념의 다양성을 포용하는 측면에서 많은 비판을 받아왔고 현재까지도 그 비판에 속박되어있다. 따라서 견해의 다양성을 해치는 뿌리 깊은 구조를 파헤치고 그 실체적 문제점의 개선방안을 찾는 것은 국내 학계의 오랜 과제였다.

이 책은 방송이 표출하는 다양성 가운데 정치적·이념적 견해의 다양성에 가장 큰 방점을 두고 논의를 이어가되, 프로그램의 종류를 비롯한 나머지 다양성은 방송사가 짊어진 '공적책임'의 영역에 묶어서 부차적으로 다루기로 한다.

이와 함께, 방송이 가진 공적책임의 경중이, 기술 발전으로 그 제한성과 의미가 크게 약화된 송출방식보다는, 공·민영 차이에 따라 이뤄지는 것이 헌법원리에 부합한다는 전제에서 논의를 이어가기로 한다.

제 2 장

헌법상 다원주의 원리와 미디어

제 1 절 다원주의와 헌법

Ⅰ. 다원주의의 철학적 기초

다원주의는 고대 그리스 철학에서 처음 등장한 개념으로 세상의 본질을 탐구하던 철학자들로부터 탄생했다. 그리스 철학자들은 세상의 본질을 하나로 보느냐 여럿으로 보느냐에 따라 일원론자 혹은 다원론자로 구분되었다. 현대의 다원주의는 특정 사안에 대해 단일한 기준이 아니라 다수의 기준을 똑같이 인정하는 태도로 정의된다. 다원주의 사상이 궁극적으로 지향하는 것은 다양성의 창출이다.

다원주의가 존재론적 차원에 위치한 이념적 다양성을 가리킨다면, 다양성은 경험적으로 관찰할 수 있는 사회적 다양성으로 표현되기도 하는데, 결국 다원주의 이념의 현실적 구현 결과가 다양성으로 이해된다. 다원주의는 또 정치, 경제, 사회, 문화 등 인간사회의 여러 영역에서 나타난 다양한 견해나 사상, 이념을 존중하고 그것을 표현하는 자유를 인정하는 것이기에, 민주주의 보장의 가장 중요한 요소가 된다.

다원주의는 유일한 절대적 진리는 없다는 가치 상대주의적 관점 하에, 정치적·문화적 의사 형성과정에서 독점과 집중을 배제한다. 또 자유주의에 기초를 두고 있지만, 자유에 대한 본질적 침해를 막아 인간 개개인의 개별성을 보장하는 것은 물론, 더 나아가 다양한 이해관계의 갈등과 경쟁을 인정하고 이를 조율하는 의미까지 포함한다는 점에서 헌법적인 의의가 있다.[5)]

다원주의 관점에서는 이해 당사자 간에 견해의 차이에 따른 갈등을 사회를 구성하는 본질적 요소로 이해한다. 다양한 견해의 경합이 활발할수록 갈등은 자연스러운 것이기 때문이다. 따라서 그 갈등을 해소하는 과정에서 독재를 배격하고, 표현의 자유를 바탕으로 민주적 참여를 통해 합의를 이룬다는 정치적 의미도 담고 있다.

이와 관련, 독일의 철학자 하버마스는 인간사회를 서로 다른 가치들이 충돌하는 다원주의 사회로 이해하면서, 사람들은 다양한 가치 사이의 갈등을 해소하기 위해 대화를 시작하게 되며, 그를 통해 합의를 이루는 것이 바람직한 민주주의의 모습이라고 보았다. 갈등 해소를 위한 대화와 숙의의 전제는 서로 다른 가치의 평등한 인정이며, 이는 다원주의를 전제로 하는 것이다. 따라서 다원주의 관점에서는 서로 다른 가치나 규범을 가진 개인들 혹은 집단 간의 충돌은 자연스러운 현상이며, 민주주의의 발전을 위해 바람직한 일일 수도 있다.[6)]

다원주의를 원리로 하는 민주주의는 다원민주주의다. 다원민주주의는 두 가지 사상을 토대로 하는데, 첫 번째는 '사회적 다원주

---

5) 김슬기, "헌법상 다원주의에 관한 고찰", 성균관대학교 박사학위논문, 2018, 34면.

6) 이문수, "가치 다원주의와 민주주의적 행정", 『한국행정논집』, 제28권 제4호, 한국지방자치학회, 2016, 564면.

의'로 개인의 자유를 중앙집권적 국가와 개인과의 대립 관계에서 찾지 않고, 사회집단의 다양성에서 모색한다. 분산된 권력을 가진 다양한 사회집단만이 중앙집권적 국가권력에 대항할 수 있으며, 개인은 다양한 사회집단 안에서 자유와 개인적 발전을 누릴 수 있다고 해석된다.

두 번째는 '정치적 다원주의'로 병렬적인 사회집단 간의 갈등이 발생했을 때 그것을 조율할 '공정한 심판자'로서 국가의 역할을 인정하는 것이다. 국가는 사회집단들의 다양한 이해관계에서 떨어져 있는 입장에서, 다른 집단에 비해 우월적 지위를 갖고 집단 간의 이익충돌과 갈등을 조율하는 기능을 하게 된다. 다원민주주의는 이처럼 사회적 다원주의와 정치적 다원주의의 결합체로 이해된다.[7)]

Ⅱ. 한국 헌법상의 다원주의

헌법상의 다원주의는 인간의 다양한 개별성과 자율성을 존중하고, 또 개별성과 자율성의 형성을 가능하게 하는 정보의 자유로운 유통과 표현의 자유를 보장하며, 권력의 분산과 평등한 정치참여를 가능하게 하는 기본원리로 평가된다.

우리 헌법에는 다원주의에 대한 직접적인 명시가 없지만, 이처럼 인간의 존엄과 개별성 존중에 다원주의가 근거를 두고 있다는 점에서 보면, 헌법 전문 내용 가운데 "자율과 조화를 바탕으로 자유민주적 기본질서를 더욱 확고히 하여 정치·경제·사회·문화의 모든 영역에 있어서 각인의 기회를 균등히 하고, 능력을 최고도로 발휘하게 하며"라는 문구에서 다원주의 정신을 유추해볼 수 있다.

7) 이국운, "법치와 분권-한국사회에서 다원주의 헌법이론의 전망", 공법연구 제32권 제2호, 한국공법학회, 2013, 216-217면 참조.

또, “모든 국민은 인간으로서의 존엄과 가치를 가지며, 행복을 추구할 권리를 가진다. 국가는 개인이 가지는 불가침의 기본적 인권을 확인하고 이를 보장할 의무를 진다.”는 내용의 행복추구권에 관한 헌법 제10조도, 행복 추구가 국민 한 사람 한 사람이 가지는 다채로운 견해와 이념이 차별받지 않고, 그 자체로서 존중받을 때 가능하다는 사실을 고려하면 다원주의 정신을 품고 있다고 볼 수 있다.

이와 함께, 기본권 제한과 관련된 헌법재판소 결정[8]에서도 다원주의가 헌법적 판단의 주요한 원칙이 되고 있음을 알 수 있다. 헌법재판소는 일간 신문사의 시장점유율을 제한하는 「신문 등의 자유와 기능 보장에 관한 법률」 제15조의 위헌성 여부를 묻는 헌법소원 심판청구에 대한 판단에서, 다양한 견해의 경합이 “다원주의를 본질로 하는 민주주의 사회에서 필수불가결한 요소”라고 밝혔다.

헌법재판소는 현재의 민주주의를 “정치적 의견의 다양성을 전제로 하는 다원주의적 민주주의 체제”라고 규정하면서 그 때문에 신문기업이 각자의 경향성을 주장하기 위해서는 신문의 다양성이 필수 전제로 보장돼야 한다고 판시했다.

또, ‘통합진보당 해산 청구사건’[9]에서도 우리 헌법상 민주주의 원리의 기초가 “다원주의적 가치관을 바탕으로 한 정치적 절차의 보장”이라고 밝힌 바 있다. 한편, ‘문화예술계 블랙리스트의 작성 등과 지원 사업 배제 지시에 관한 위헌소원 사건’[10]에서 헌법재판소는 우리 헌법의 문화국가원리가 견해와 사상의 다양성을 그 본질로 하고 있다고 밝혔는데, 다양성이 개념적 상위가치인 다원주의의 사회적 결과물임을 고려할 때, 다원주의의 헌법적 중요성을 언급한 것으로 해석된다.

---

8) 헌재 2006. 6. 29. 2005헌마165등, 판례집 18-1하, 337, 384-385.

9) 헌재 2014. 12. 19. 2013헌다1, 판례집 26-2하, 1, 18.

10) 2017헌마416, 공보 제291호, 141, 152.

이에 앞서 '「지방의회의원선거법」 제36조 제1항에 대한 헌법소원'[11]에 대한 판단에서는 "현대의 다원적 복합사회가 정치적 다원주의를 요구하고 있다."는 내용을 담아, 현대사회의 기본원리로서 다원주의의 의미를 언급하고 있다.

민주주의는 다양한 의견의 표현이 사상의 자유시장에서 경합해 민주적 의사결정으로 이어짐을 전제로 하는 것이기에, 각기 다른 이념과 이익을 추구하는 개인과 집단의 존재를 인정하고 이들의 공존을 가능하게 하는 다원주의의 개념은 매우 중요하다.

Ⅲ. 외국 헌법상의 다원주의

다원주의가 헌법에 직접적으로 명시된 국가는 프랑스다. 프랑스 헌법학 교과서는 현재의 민주주의를 자유민주주의(Liberal Democracy; Démocratie libérale)로 명명하고 있지만, 다원적 민주주의(Démocratie pluraliste)를 자유민주주의와 거의 비슷한 개념으로 자주 사용한다. 그에 따라 헌법 기본이념으로서의 다원주의는 헌법총강에서부터 정치제도에 이르기까지 광범위하게 반영돼 있다.[12]

프랑스 헌법을 보면, 제4조에서 민주주의가 정당과 정치단체가 협력하는 보통선거에 기초하며, 법률은 사상의 다원적 표현과 정당 및 정치단체의 공평한 참여를 보장한다고 규정함으로써 정치적 다원주의의 의미를 강조하고 있다. 프랑스 헌법원도 여러 결정을 통해 지속적으로 다원주의에 대한 존중이 민주주의의 조건인 동시에, 다원주의에서 창출된 견해의 다양성이 민주주의의 기초를 구

---

11) 헌재 1991. 3. 11. 91헌마21, 판례집3, 91, 100.

12) 성낙인, "프랑스 재판기관의 다원성과 헌법재판기관", 『공법연구』, 제39집 제3호, 한국공법학회, 2011, 170면.

성한다고 천명하기도 했다.13)

미국은 헌법에서 다원주의를 직접적으로 명시하지는 않고 있다. 하지만 연방헌법 증보 제1조(The First Amendment)를 통해 다원주의가 헌법 원리에 내재되어 있음을 유추해 볼 수 있다. 특정 종교를 국교로 정할 수 없고 모든 국민의 자유로운 종교 활동을 보장한다는 제1조의 내용은 헌법상 다원주의의 추출을 가능하게 한다.

U.S. Constitution, Amendment I ; "Congress shall make no law respecting an establishment of religion, or prohibiting the free exercise thereof; or abridging the freedom of speech, or of the press; or the right of the people peaceably to assemble, and to petition the Government for a redress of grievances."("연방 의회는 국교를 정하거나 또는 자유로운 신앙 행위를 금지하는 법률을 제정할 수 없다. 또한 언론, 출판의 자유나 국민이 평화로이 집회할 수 있는 권리 및 불만 사항의 구제를 위하여 정부에게 청원할 수 있는 권리를 제한하는 법률을 제정할 수 없다.")

미국이 전통적 배경이 다른 다양한 민족과 인종으로 구성된 연방국가라는 사실에 비추어 헌법에서 종교적 다양성의 허용과 존중을 담았다는 것은, 종교뿐만 아니라 언어와 문화적 배경이 다른 집단 간의 다양한 차이를 인정하는 한편, 이해 당사자 간의 합의를 통해 공동체를 유지하겠다는 다원주의 원칙을 천명한 것으로 해석된다.

이와 같은 다원주의 원칙은 역시 연방헌법 증보 제1조(The First Amendment)에서 보장하는 견해의 표현과 결사의 자유와 결합해, 미국 내 다양한 집단들의 서로 다른 견해가 자유로운 경쟁을 통해 국가의 정책 결정에 작용하는 시스템, 즉 민주주의의 기초 원리로

13) 전영, "프랑스에서의 정치적 다원주의의 원칙과 방송", 『언론과 법』, 제11권 제4호, 한국언론법학회, 2012, 167-170면.

자리를 잡게 된다.

캐나다 헌법은 여러 조항을 통해 미국보다 더 다양한 다원주의 정신을 보여준다. 평등권 조항인 제15조에서는 모든 개인이 법 앞에서 평등하며, 특히 인종·국적·민족·피부색·종교·성별·연령·정신적 또는 신체적 장애 등을 이유로 차별을 받지 않고, 법률상 동등한 혜택을 누릴 권리가 있다고 명시하고 있다.

교육 및 언어와 관련된 제23조에서는 소수 언어를 사용하는 국민은 그 자녀들이 해당 소수 언어로 초등 및 중등 교육을 받도록 할 권리가 있다고 규정하고 있다. 또 제27조는 다문화적 유산의 보존을 강조하고 있으며, 제29조는 보존 대상인 특정 학교에 관한 제반 권리나 특권을 종파에 관계없이 동등하게 인정한다.

독일의 헌법이라 할 수 있는 「기본법」에도 다원주의를 직접 언급하는 규정은 없다. 하지만 연방헌법재판소의 판례를 통해 자유권적 기본권인 표현의 자유 영역에서, 다원주의는 민주주의를 형성하는 기본원리로 작용해왔다.

독일의 방송법은 연방헌법재판소의 판례법으로 불릴 만큼 헌법재판을 통해 그 내용을 다듬어왔다. 이 과정에서 다원주의는 방송의 자유를 보장하는 기본원리로 상정되었는데, 이는 제2차 세계대전을 전후해 방송이 나치 독일의 선전 수단으로 이용되었다는 아픈 선례에 비추어, 영향력이 막강한 방송에 대해 국가의 개입을 최소화하는 한편, 국가 전체로 볼 때 견해의 다양성을 최대한 높이기 위한 선택이었다.

독일 연방헌법재판소의 판단에서 미디어에 작용하는 다원주의는 두 가지 형태로 나눠진다. 하나는 많은 수의 미디어가 자연스럽게 견해의 다양성을 표출하도록 하는 외부적 다원주의이고, 다른 하나는 소수의 미디어에 조직적·절차적 입법을 통해 강제로 다양한 견해를 담아내는 내부적 다원주의이다.

선진국들의 헌법에서 다원주의를 직접적으로 규정한 경우는 그 사례가 많지 않지만, 살펴본 바와 같이 대부분 국가에서 다양한 헌법 조항을 통해 국민의 기본권을 보장하기 위한 기본원리로 다원주의 정신을 담고 있음을 볼 수 있다.

제 2 절 미디어 다원주의

Ⅰ. 표현의 자유와 미디어 다원주의

표현의 자유는 가장 중요한 기본권이다. 인간의 존엄성을 보장하고 인격을 발현하기 위한 전제 조건이다. 의사 표현은 한 개인이 자신의 의지를 다른 사람에게 드러내고 정신적 교류를 가능하게 하는 수단이며, 이를 통해 인간의 사회생활이 가능해진다.

표현의 자유를 절대적 가치로 인정하는 미국 연방헌법 증보 제1조(The First Amendment)와 관련, 미국의 법철학자 Thomas I. Emerson은 표현의 자유가 가진 사회적 기능을 다음과 같이 기술했다. 첫째, 개인의 자기 성취를 위한 수단이며 둘째, 지식을 증진하고 진실을 발견하기 위한 과정이고 셋째, 의사결정에 참여하기 위한 전제 조건이면서 넷째, 건강한 갈등과 조화로운 합의를 위한 방법이라는 것이다.14)

독일에서는 표현의 자유를 「기본법」 제5조에서 명시하고 있는데, 이 조항은 정보 취득을 통한 자유로운 의사소통이 인간의 존엄성

---

14) Thomas I. Emerson, The System of Freedom of Expression, The Random House (1970), 6-8면; 이원우 외 5인, "방송 편성규제 법령정비 방안 연구", 한국전파진흥원, 2010, 25면에서 재인용.

구현과 인격 발현을 위한 기본적 조건임을 명시하는 보장 규정인 동시에, 민주적 헌법 국가 체제에서 정치적 공론 과정 혹은 민주적이고 자유로운 여론형성 수단으로서의 미디어가 가지는 지위에 관한 제도보장의 근거 규정으로 평가된다.[15)]

Art 5; (1) Jeder hat das Recht, seine Meinung in Wort, Schrift und Bild frei zu äußern und zu verbreiten und sich aus allgemein zugänglichen Quellen ungehindert zu unterrichten. Die Pressefreiheit und die Freiheit der Berichterstattung durch Rundfunk und Film werden gewährleistet. Eine Zensur findet nicht statt.("누구든지 자기의 의사를 말, 글 및 그림으로 자유로이 표현·전달하고, 일반적으로 접근할 수 있는 정보로부터 방해받지 않고 알 권리를 가진다. 신문의 자유와 방송과 영상으로 보도할 자유는 보장된다. 검열은 허용되지 아니한다.")

우리 헌법은 제21조 제1항에서 "모든 국민은 언론·출판의 자유와 집회·결사의 자유를 가진다."고 하여 표현의 자유를 보장하고 있다. 자유로운 표현으로 사회구성원들이 자신의 의견과 사상을 서로 교환하는 것은 민주주의의 본질적 요소인 동시에, 문화와 사회의 진보를 가능하게 하는 바탕으로 이해된다.

헌재 1998. 4. 30. 95헌가16, 판례집 10-1, 327, 338.
"언론·출판의 자유는 민주체제에 있어서 불가결의 본질적 요소이다. 사회구성원이 자신의 사상과 의견을 자유롭게 표현할 수 있다는 것이야말로 모든 민주사회의 기초이며, 사상의 자유로운 교환을 위한 열린 공간이 확보되지 않는다면 민주정치는 결코 기대할 수 없기 때문이다.

15) Horst Dreier(hrsg.), Grundgesetz Kommentar, Band Ⅰ, 2.Aufl. Mohr Siebeck, 2004, 574면; Albert Bleckmann, Staatsrecht Ⅱ-Die Grundrecht, 3.Aufl., Carl Heymanns Verlag KG, 1989, 664-668면; 이원우 외 5인, 앞의 연구, 25면에서 재인용.

–중략– 아울러 언론·출판의 자유가 보장되지 않는다면, 사상은 억제되고 진리는 더 이상 존재하지 않게 될 것이다. 문화의 진보는 한때 공식적인 진리로 생각되었던 오류가 새로운 믿음에 의해 대체되고 새로운 진리에 자리를 양보하는 과정 속에서 이루어진다.”

표현의 자유는 자유권적 기본권이다. 이는 개인이 표현하는 데 있어서 정부의 개입을 포함한 어떠한 제한도 받지 않을 자유를 말한다. 다양한 의견과 사상이 자유롭게 경합하는 표현의 자유가 보장될 때 비로소 민주적인 의사결정이 완성될 수 있기 때문이다.

그런데 아쉽게도 표현의 자유는 방치된 상태로 가만히 놔둔다고 저절로 만들어지지 않는다. 개인이 처한 환경에 따라 정보 접근이 제한되고, 정치·경제·문화적으로 우월한 위치에 있는 개인이나 집단이 정보를 왜곡하기도 한다. 거짓되고 불공정한 정보에 근거를 둔 의견과 토론은 자유로운 경합을 거치더라도 잘못된 의사결정으로 이어지고 그것은 민주사회의 형성에 해악이 된다.

자유로운 표현이 만드는 민주주의의 건강한 결과는 정확하고 공정한 정보가 제공되고 그 정보를 구성원이 활용할 수 있을 때 가능하며 이것이 바로 적극적 의미의 표현의 자유다. 국민이 적극적인 표현의 자유를 누리도록 하기 위해 국가는 두 가지 역할을 동시에 행해야 한다.

한편에서는 자유권적 기본권인 표현의 자유를 억압하지 않도록 국가권력의 개입을 최소화해야 한다. 다른 한 편에서는 적극적 의미의 표현의 자유가 형성될 수 있게끔, 민주적 의사결정에 필요한 정보와 견해가 왜곡 없이 국민에게 전달되도록 제도화하는 것이다.

이런 점에서 본다면, 각종 미디어는 표현의 자유의 주체인 동시에 제도적 개입 대상이다. 개별 미디어는 그 자체로서 표현의 자유를 누릴 권리를 갖지만, 공론의 장이 될 수 있다는 특성과 막강한 영향력 및 정보 왜곡의 가능성 때문에 국가의 관리대상이 되며 각종 규제가 정당화되는 것이다.

신문과 방송, 잡지, 인터넷 언론매체와 같은 미디어들은 사람들의 생각과 태도에 큰 영향을 미친다. 미디어들은 수많은 정보와 견해의 통로 및 경연장이 되는 동시에, 특정 이슈를 독자나 시청자가 중요한 사안으로 받아들이게 만드는 이른바 '의제 설정 기능'을 통해 여론의 방향성에 영향을 미친다. 따라서 미디어가 사회 속에 존재하는 다양한 이해 관계자들의 의견과 관점들을 균형 있게 보여주는 것은 건전한 여론형성에 매우 중요하다.

만약 미디어에서 사회적으로 의미 있는 중대한 문제를 다루지 않거나 다양한 정보와 관점을 균형적으로 보도하지 않으면 국민들은 올바른 판단을 할 기회를 잃어버리게 된다는 점에서, 미디어가 정보와 견해를 정확하고 다양하게 제공할 수 있는 환경을 만드는 것은 민주주의의 발전을 위한 핵심요소라 볼 수 있으며, 그에 따라 미디어의 자유를 제한하는 법적 규율의 제정이 헌법적 정당성을 부여받게 된다.[16)]

우리 헌법은 제21조 제3항에서 "통신·방송의 시설기준과 신문의 기능을 보장하기 위하여 필요한 사항은 법률로 정한다."고 명시하고 있는데, 이는 입법자가 '표현의 자유'의 전제 조건이라 할 수 있는 정확한 정보의 유통과 다양한 견해의 보장을 위해 방송과 신문, 뉴미디어 등의 영역을 법률 제정을 통해 규율해야 함을 밝히고 있는 것이다.

헌법상의 다원주의 정신은 기본권 보장의 원리가 되지만, 또 다른 측면에서는 이처럼 미디어의 자유를 제한할 수 있는 원리로서도 작용하고 있다. 모든 국민이 여러 영역에서 기회를 균등히 제

---

16) 조은영·유세경, "종합편성 채널 도입과 방송 뉴스 보도의 다양성", 『한국언론학보』, 제58권 제3호, 한국언론학회, 2014, 434면.

공받고 능력을 최고도로 발휘하기 위해서는, 정확한 정보를 바탕으로 한 자유로운 견해의 표현이 있어야 하는데, 그 전제가 정보제공과 공론장의 역할을 하는 미디어의 건강한 작동이기 때문이다.

다양한 견해가 자유롭게 경합하는 표현의 자유가 민주주의의 필수 요소라면, 그 과정에서 미디어가 정확하고 공정한 정보와 사상을 제공해 다채롭고 건강한 견해가 생성되게 하고, 또 그렇게 형성된 견해들이 다시 미디어를 통해 활발하게 표출되고 서로 경합해 민주적 의사결정으로 이어지는 것이, 헌법상의 다원주의 원칙이 미디어 다원주의를 통해 이루고자 하는 목적이다.

Ⅱ. 미디어 다원주의의 역사와 채택 사례

신문이 다양한 의견을 개진하며 인쇄미디어의 입지를 굳힌 데 이어, 20세기 초에는 전파를 이용하는 라디오와 TV가 등장하고, 이들이 정치적 여론형성에 큰 영향력을 행사하기 시작하자 매스미디어에 다원주의의 적용을 요구하는 목소리가 커졌다.

다양한 정치적 견해가 신문뿐만 아니라 전파를 이용하는 새로운 미디어에서도 차별 없이 분출돼야 하며, 이는 자유로운 경쟁 상황에서는 사실상 이루어지기 힘들기 때문에, 미디어에 대한 적절한 규율의 제정이 불가피하다는 것이었다.

민주적 의사결정의 전제 조건인 다양한 정보와 견해가 미디어가 제공하는 담론장 안에서 활발히 교류되고 경합을 벌일 수 있도록 제도화해야 한다는 논리인데, 특히 이런 주장은 자본 혹은 기술적 이유로 설립이 어려워 그 수가 신문보다 훨씬 적었던 방송의 영역에서 더 크게 들렸다.

미디어에 대한 다원주의 요구는 그 대상이 크게 두 가지였다.

초기에는 권위주의적인 국가권력이 여론을 왜곡하기 위한 목적으로 미디어를 통제하려는 시도를 막기 위해 미디어의 독립성을 확보하는데 모아졌다. 미디어를 동원해 국가가 원하는 이념을 전파하고 국민을 선동하여, 특정 집단을 억압하거나 전쟁을 조장하는 등의 폐해가 심각하였기 때문이다.

이후 상업적인 방송 미디어가 본격적으로 등장하고, 거대 자본력을 가진 미디어 소유주가 본인의 경제적 정치적 이익을 위해 방송을 이용할 우려가 커졌다. 미디어의 힘을 이용해 자사의 이해에 배치되는 집단을 공격하거나, 소유주가 지지하는 정치 집단에 도움을 주는 편향적인 견해를 쏟아내는 경우가 많았던 것이다. 그에 따라 미디어 소유주의 전횡을 막고 다양성을 확보하기 위한 법률 제정이 미디어 다원주의의 중요한 과제가 되었다.[17)]

많은 국가들이 경쟁정책을 운용함에 있어서 다른 시장 영역보다 미디어 시장에서의 독과점 현상에 더 많은 관심을 기울이는 것도, 민주주의 형성을 위해 여론의 편중과 왜곡을 막고 다원주의를 보호하기 위해서다. 미디어 다원주의는 모든 정치적 견해가 균형 있고 공정하게 미디어에 접근할 수 있도록 보장하는 것을 의미한다. 여기에는 정치적 견해의 도달뿐만 아니라, 사회적 응집력과 문화적 다양성 확장 같은 목표도 포함될 수 있다.[18)]

헌법적 차원에서 다원주의를 미디어 정책의 기본 원칙으로 도입한 곳은 프랑스인데, 프랑스 헌법원은 1986년 9월 18일 판결문에서 다원주의 보장을 민주주의의 필수 요건으로 판단하면서 방송의 형태가 공영이든 민영이든 정확한 정보전달과 함께 서로 다른 견

17) C.에드윈 베이커(남궁협 역), 미디어집중과 민주주의, 커뮤니케이션북스, 2010, 6면; 김슬기, 앞의 논문, 87면에서 재인용.

18) Stühmeier Torben, "Media market concentration and pluralism", *Journal of Economics & Management Strategy*, 2018. 10, p.247.

해가 표현될 수 있도록 보장해야만 1789년 인권선언이 보호하는 표현의 자유가 실효적 효력을 가질 것이라고 밝혔다. 동시에 정확한 정보 전달과 견해의 다양성 보장은 미디어의 사업행위와 별도로 반드시 준수돼야 한다고 판단했다.[19)]

이는 "사상과 견해의 자유로운 소통은 인간의 가장 소중한 권리 가운데 하나이다."라는 내용을 담은 인권선언 제11조에 담겨있는 표현의 자유가 궁극적으로 시청자의 자유이고, 그들이 정치권력 혹은 미디어 사업자를 비롯한 경제 권력으로부터 스스로의 견해를 지키고 자유로운 선택을 할 수 있을 때 그 자유가 달성될 수 있으며, 그것을 도우는 게 미디어 다원주의의 과제라는 판단에 따른 것이다.

Article 11; La libre communication des pensées et des opinions est un des droits les plus précieux de l'homme : tout citoyen peut donc parler, écrire, imprimer librement, sauf à répondre de l'abus de cette liberté dans les cas déterminés par la loi. ("사상과 견해의 자유로운 소통은 인간의 가장 소중한 권리 가운데 하나이다. 따라서 모든 시민은 자유롭게 말하고 글을 쓰고 그것을 출판할 수 있지만, 그 자유의 남용에 대해서는 법이 정한 바에 의해 책임을 져야 한다.")

이후 프랑스 헌법원은 방송의 영역에서 표현의 자유를 제한하는 입법의 합헌성 판단에서 다원주의 원칙을 견지했고, 2008년 7월 헌법 개정을 통해 법률이 다원적 의사 표명을 보장해야 한다는 조항과, 시민들이 공적 자유를 누릴 수 있게끔 미디어의 다원주의와 독립성이 법률로 규정되어야 한다는 내용을 담았다.[20)]

---

19) C.C., décision n°86-217 DC du 18 septembre 1986, cons. n°11, JO, 19 septembre 1986, p.11294; 전영, 앞의 논문, 167-170면에서 재인용.

20) 송영주, "방송의 형식적 공정성에 대한 규제 방법", 한국언론학보 제63권 제4

유럽연합(EU) 역시 미디어에 대한 다원주의 원칙을 명시함으로써 회원국들이 개별 입법을 할 때 지침으로 삼도록 하고 있다. 유럽연합 「기본권 헌장」은 제11조 제1항에서 정보와 견해의 자유로운 소통에 관한 표현의 자유를, 제2항에서는 미디어의 자유와 다원주의에 대한 존중을 명시적으로 규정하고 있다.

> Charter of Fundamental Rights of the European Union, Article 11, Freedom of expression and information; 1. Everyone has the right to freedom of expression. This right shall include freedom to hold opinions and to receive and impart information and ideas without interference by public authority and regardless of frontiers.
> 2. The freedom and pluralism of the media shall be respected.
> (1. 모든 시민은 표현의 자유를 가진다. 표현의 자유는 공공 당국의 간섭이나 국경에 관계없이 의견을 지니고, 정보와 아이디어를 주고받을 수 있는 자유를 포함한다. 2. 미디어의 자유와 다원성은 존중되어야 한다.)

유럽연합은 또 미디어 다원주의에 대한 위협에 대응하고 개선책을 마련하기 위해 미디어다원주의자유센터(Center for Media Pluralism and Media Freedom, CMPF)를 설치한 뒤, 27개 회원국 및 영국과 알바니아, 터키 등 30개국을 대상으로 취재와 보도에 대한 기본 보호, 미디어 시장의 다원성, 미디어의 정치적 독립성, 그리고 취약계층에 대한 사회적 포용성 등 4개 영역에서 해마다 모니터링 결과를 발표하고 있다.[21)]

호, 한국언론학회, 2019, 168면.

21) https://ec.europa.eu/digital-single-market/en/news/media-pluralism-monitor-report-2020, 2021년 4월 1일 접속.

Ⅲ. 미디어 다원주의의 규제관점

이와 같은 미디어에 대한 다원주의 원칙은 국가별 역사와 특성에 따라 각기 다른 규제 관점에서 다원성 실현을 위한 제도적 규율을 만들어냈다. 대표적인 것이 외부적 다원주의와 내부적 다원주의로 지칭되는 두 가지 규제 관점이다.

외부적 다원주의와 내부적 다원주의의 용어는 독일에서 공영방송 독점체제를 공·민영 이원체제로 바꾸는 과정에서 나타난 여러 이해관계의 충돌에 대해 독일 연방헌법재판소가 수차례의 판결을 내리는 과정에서 도입된 개념으로 미디어의 특성에 따른 법적 규율의 기본 토대로 사용되어왔다.

먼저 외부적 다원주의는 손쉬운 설립이 가능한 인쇄매체의 양적 다양성에서 비롯된 개념이다. 누구나 미디어를 자유롭게 설립해 원하는 의견을 자유롭게 개진하는, 미디어 자체의 다양성을 통해 표현의 자유를 구가하도록 규율하는 형태이다.

이는 정부의 간섭을 최대한 배제한 상태에서 다양한 견해를 가진 수많은 미디어가 자유롭게 경합할 때 민주적 가치를 창출해낼 수 있다는 이른바 자유주의 규제 관점과도 일맥상통한다.

자유주의 관점은 '사상의 자유시장'을 그 이론적 전제로 삼고 있으며 미디어를 소비와 공급의 시장기능에 맡겨둘 때 언론자유의 가치가 가장 신장될 수 있다는 입장이다. 이에 따라 정부가 언론에 대해 내용규제를 시도하는 것을 철저히 배격한다.[22)]

자유주의 모델에서 미디어는 정부와 대중 사이의 매개자 혹은

22) 이인호, "뉴미디어의 발전과 언론자유법의 새로운 전개", 『헌법논총』, 제8집, 헌법재판소, 1997, 366면.

전달자로 간주된다. 미디어는 개인의 다양한 욕구나 견해의 통로 및 공론장이 됨으로써 정치 지도자들에게 사회적 논쟁과 갈등을 알려주고, 정부는 미디어를 통해 전달받은 여론을 정책 조율에 활용한다.[23)]

외부적 다원주의와 자유주의 관점이 공통적으로 지지하는 것은 자유롭고 다양한 의사 형성이 가능한 '개방적이고 분권화된 커뮤니케이션 환경'을 실현하기 위해 미디어에 대한 규제를 최소화해야 한다는 것이다.

이 관점에서는 기본적으로 검열금지의 원칙과 내용규제에 대한 엄격 심사기준이 적용된다. 엄격심사기준(strict scrutiny test)이란 표현에 대한 제한의 목적이 '압도적인 국가이익'(compelling stateinterest)을 달성하기 위한 것이라는 점이 입증되어야 할뿐만 아니라, 아울러 그 목적달성을 위한 제한조치가 '불가피한 수단'(necessary means) 내지는 '최소한의 침해를 야기하는 수단'(least restrictive means)임이 동시에 입증되어야만, 그 규제조치가 헌법적으로 정당화된다는 것을 의미한다.

이 관점에서는 또, 여론시장에서의 독과점 발생 같은 시장실패를 막기 위한 정부의 개입은 내용규제를 수반하지 않는 선에서 제한적으로 허용되며, 헌법의 보호를 받지 않는 음란물이나 명예훼손 등의 내용에 대해서는 직접적인 정부의 개입이 허용된다.

두 번째로 내부적 다원주의는 미디어에 대한 조직적 절차적 입법을 통해 독립성을 보장함으로써, 다양한 의견의 공론장으로 작동할 수 있도록 미디어를 규제하는 원칙이다. 방송처럼 설립이 자유롭지 않아 양적 다양성을 확보할 수 없는 미디어에 대해 강제적 규율을 통해 다양성이 발현되도록 구조화하는 것이다.

---

23) Danielle Raeijmaekers, "Media, pluralism and democracy: what's in a name?", *Media, Culture & Society*, Vol.37 No.7, 2015, p.1045.

이는 민주주의 규제 관점과 일맥상통하는데 '사상의 자유시장'을 전제로 하면서도 동시에 언론의 폐해를 인정하고 그것을 통제할 규제를 적극적으로 인정한다. 언론을 시장에만 맡겨둘 경우, 자본 및 권력과 특정 집단의 힘에 의해 여론이 왜곡될 가능성이 있다는 것이다.

이런 판단에 의거해 언론자유의 핵심 가치인 견해의 다양성과 공공 토론을 확보하기 위한 방편으로, 방송국의 허가와 심사·평가를 담당하는 규제기관의 설립과 소유의 다양화를 위한 소유 및 겸영의 제한, 다양한 견해를 싣기 위한 편성의 제한 등의 구조적 규제가 헌법적으로 허용된다.

외부적 다원주의와 자유주의 관점, 내부적 다원주의와 민주주의 관점은 그 철학적 배경과 세부 인식에서는 차이가 있지만, 큰 틀에서 볼 때 미디어에 대한 법적 규율의 적용 원칙이나 형태에서 비슷한 요소가 많다.

이 책에서는 헌법상의 다원주의 원칙이 세계 주요 국가에서 표현의 자유를 통한 민주주의 실현의 기본원리로서 채택되고 있다는 점과, 다원주의라는 단일한 철학적 개념에 '외부적' 혹은 '내부적' 성격을 부여함으로써 서로 반대되는 규제방식을 모두 도출해 낼 수 있다는 장점에 비추어, 다원주의 원칙을 기본 논거로 미디어 규제를 들여다보기로 한다.

Ⅳ. 미디어 성격에 따른 다원주의 차별 적용

미디어의 영역은 기술발달에 따라 끊임없이 확장하고 있다. 특히 인터넷 통신의 발달은 페이스북, 인스타그램, 개인방송, 블로그, 카페, 밴드, 유튜브, 카카오스토리 등 온갖 유형의 SNS들을 만들어냈고, 이들 가운데 상당수는 사실과 의견을 담은 글 및 사진과 동영상 콘텐츠의 통로가 되고 있다.

극심한 변화의 과정 속에서도 이른바 전통 미디어인 신문과 방송은 여전히 가장 강한 힘을 지닌 미디어로 그 영향력을 행사하고 있다. 신문과 방송은 각각의 미디어 특성에 따라 헌법상의 다원주의 원칙이 다르게 적용되는 대표적 모델이 되어왔다.

정보를 선별하고 가공해 수용자에게 전달한다는 점에서 신문과 방송은 역할의 차이가 없다. 그러나 신문은 인쇄물로, 방송은 전파라는 송신 수단을 통해 정보를 전달한다는 매체적 차이로 인해, 헌법 제21조의 목표인 다양한 견해의 확장을 위한 규율의 적용에 있어서, 크게 구별되는 특성을 가지게 된다.

1. 인쇄미디어

국민 개개인이 자신의 생각을 말로 자유롭게 표현하는 것처럼, 미디어를 발행해 다양한 의견을 마음대로 표명할 수 있다는 게, 출판의 자유를 이루는 기본 정신이다. 사상과 견해의 다양성 측면에서 신문으로 대변되는 인쇄미디어는 방송미디어에 비해 훨씬 우월하다.

우선, 신문 등 인쇄미디어는 자본 부담과 규제가 적어 설립이 쉽기 때문에 방송에 비해 그 수가 훨씬 많다. 신문의 발행부수를 조사하는 한국ABC협회에 따르면 2019년 현재 국내에서 유료로 신문을 발행하고 있는 신문사 수는 172개에 이르고 있다.

반면, 사상과 정치적 견해를 표현하는 시사보도 기능을 가진 방송의 수는 지상파 3사 네트워크를 포함해, YTN·연합TV뉴스 등의 뉴스전문채널, TV조선·채널A·JTBC·MBN 등의 종합편성채널, 매일경제TV·한국경제TV 등 경제전문 채널, 그리고 CBS·TBS 등의 라디오채널 정도이다. 국내 방송 미디어는 90년대 이후 크게 늘었지만 아직까지도 신문에 비해서는 상대적으로 그 수가 매우 적다.

이러한 양적 다양성 덕분에 개별 신문사가 가진 보도 논조의 편향성마저도 '사상의 공개시장'에서 경합하는 다양한 견해의 하나로 간주되어 민주적 의사결정을 도우는 것으로 평가받는다.

> **'사상의 공개시장'**
>
> 영국의 시인이자 사상가인 밀턴은 인쇄미디어에 대해 검열제도를 도입하려는 영국 의회에 항의하기 위해 1644년에 쓴 연설문 형식의 「아레오파지티카」에서 진리와 허위를 대결시키면 '사상의 공개시장'에서(the open market place of ideas) 경합을 통해 진리의 편이 반드시 생존한다고 설파했다. 밀턴은 또 거짓 의견일지라도 사전 억제하는 것은 악(惡)이며, 사전검열과 허가제를 도입한다하더라도 언론에 대한 완전규제는 불가능하다고 주장했다. 밀턴의 이런 입장은 이후 미디어에 대한 자유주의 관점의 토대가 되었다.

우리 헌법재판소도 신문의 자유와 공적기능 보장에 관한 판단에서 다양한 견해의 형성을 위한 여러 신문의 자유로운 경쟁은 다원주의를 본질로 하는 민주주의사회의 필수 요소라고 규정한 바 있다. 이에 따라 어떤 신문도 정치적, 세계관적, 종교적으로 중립적인 입장을 가질 의무가 없다.

> 헌재 2006. 6. 29. 2005헌마165등, 판례집 18-1하, 337, 384.
> "신문의 자유는 개인의 주관적 기본권으로서 보호될 뿐만 아니라, '자유 신문'이라는 객관적 제도로서도 보장되고 있다. 객관적 제도로서의 '자유 신문'은 신문의 사경제적·사법적(私法的) 조직과 존립의 보장 및 그 논조와 경향(傾向), 정치적 색채 또는 세계관에 있어 국가권력의 간섭과 검열을 받지 않는 자유롭고 독립적인 신문의 보장을 내용으로 하

는 한편, 자유롭고 다양한 의사형성을 위한 상호 경쟁적인 다수 신문의 존재는 다원주의를 본질로 하는 민주주의사회에서 필수불가결한 요소가 된다."

인쇄미디어의 이런 속성은 정부의 개입을 최소화한 상태에서, 수많은 미디어가 여론시장에서 활발하게 경쟁함으로써 궁극적으로 헌법상의 다원주의 원칙이 요구하는 견해의 다양성을 창출할 수 있다는 믿음을 만들어냈고, 그에 합당한 규율의 형성으로 이어졌다.

인쇄미디어의 양적 질적 다양성 자체가 사상의 자유시장에서 다양한 이념과 견해의 교류를 보장하고, 또 의견의 다양성 고양을 위해 국가가 인위적으로 간섭하거나 구조적으로 규제할 필요가 없다는 것은 외부적 다원주의의 특성에 부합한다고 볼 수 있다.

신문을 비롯한 인쇄미디어들의 다채로운 이념적 지향성은 독자들과 많은 상호작용을 한다. 독자들은 본인의 정치적 성향에 맞춰 신문을 선택해 해당 신문의 정보와 견해를 받아들이고, 주요 현안에 대한 태도나 의견을 굳히게 된다. 또 반대로 영향력이 강한 신문은 불특정 대중에게 정치적 견해를 포함한 자사의 가치판단을 전파하기도 한다.

외부적 다원주의와 자유주의 관점에 입각한 판단은 우리 헌법재판소의 결정에서도 찾아볼 수 있다. 대표적인 판결이 공연윤리위원회가 영화를 사전 심의하도록 한 舊「영화법」 제12조 등이 헌법상의 검열금지의 원칙에 위반된다며 위헌으로 결정한 것이다. 공연윤리위원회가 민간 자율기관이라 하더라도 「영화법」과 「공연법」에 의해 지속적으로 행정권의 영향을 받도록 되어 있어서 사실상 검열기관으로 볼 수밖에 없으며, 이는 행정권이 표현의 내용을 사전에 심사 억제하는 것을 금지하는 헌법에 위배된다고 헌법재판소

는 밝혔다.[24)]

이 밖에 음란하고 저속한 간행물을 출판했다는 이유로 등록을 취소당한 출판사가 낸 위헌 여부 심판제청에서 헌법재판소가 음란의 개념을 매우 엄격하고 좁게 설정하면서, 거기에 해당될 때만 정부의 규제를 헌법적으로 허용하는 취지의 일부 위헌 결정을 내린 사건에서도 시장 논리에 입각한 외부적 다원주의 원칙을 엿볼 수 있다.[25)]

2. 방송미디어

방송산업의 생성 초기 상황을 보면, 전파의 유한성에 따른 제한요소에다 막대한 비용투입의 부담 때문에 자유로운 설립이 제한되면서, 양적 다양성에 기반을 둔 견해의 다양성 창출이 현실적으로 어려웠다.

아무나 방송미디어를 설립해서 자신의 견해를 자유롭게 표현하는 것이 사실상 불가능하고, 거기다 부유한 사람일수록 영향력이 큰 미디어를 이용해 표현의 자유를 한껏 누리는 반면, 가난한 이들은 그런 자유가 무의미하다는 현실은 의견의 다양성을 위해 국가의 개입이 불가피하다는 논리로 이어졌다.

이와 함께 신문보다 방송이 대중들에게 훨씬 더 강력하고 직접적인 영향력을 가졌기 때문에, 그에 걸맞게 강도 높은 통제를 받아야 한다는 것도 방송에 대한 또 다른 규제 논리다.

우리 헌법재판소의 판단도 이런 논리를 지지하고 있는데, 헌재는 방송이 기술적·경제적 한계로 양적 다양성을 확보할 수 없기에 소수의 미디어가 정보유통을 장악하고 있는 상황이며, 여기에다

24) 헌재 1996. 10. 4. 93헌가13등, 판례집 8-2, 212, 213.

25) 헌재 1998. 4. 30. 95헌가16, 판례집 10-1, 327, 328.

음성과 영상을 이용하는 특성상 방송이 신문보다 강한 호소력과 영향력을 가졌다는 것은 신문보다 더 강한 규율이 필요함을 의미한다고 밝힌 바 있다.

헌재 2003. 12. 18. 2002헌바49(방송사업자의 협찬고지), 판례집 15-2하, 502, 517.
"방송은 신문과 마찬가지로 여론형성에 참여하는 언론매체로서 그 기능이 같지만, 아직까지 그 기술적, 경제적 한계가 있어서 소수의 기업이 매체를 독점하고 정보의 유통을 제어하는 정보유통 통로의 유한성이 완전히 극복되었다고 할 수 없다. 또한, 누구나 쉽게 접근할 수 있는 방송매체는 음성과 영상을 통하여 동시에 직접적으로 전파되기 때문에 강한 호소력이 있고, 경우에 따라서는 대중조작이 가능하며, 방송매체에 대한 사회적 의존성이 증가하여 방송이 사회적으로 강한 영향력을 발휘하는 추세이므로 이러한 방송매체의 특수성을 고려하면 방송의 기능을 보장하기 위한 규율의 필요성은 신문 등 인쇄매체보다 높다."

또 다른 판단에서도 "공중과 방송은 전파자원의 희소성, 방송의 침투성, 정보 수용자측의 통제 능력의 결여와 같은 특성을 가지고 있어서 그 공적 책임과 공익성이 강조되어, 인쇄매체에서는 볼 수 없는 강한 규제조치가 정당화되기도 한다."고 판시했다.[26)]

이에 따라 표현의 자유를 실현하기 위한 헌법상의 다원주의 원칙은 견해의 다양성을 담보할 수 있도록 방송에 대한 허가제 적용을 포함한 규제 적용을 정당화하는 동시에, 헌법적 근거를 가진 다른 유형의 미디어들보다 훨씬 더 엄격한 규율을 방송에 부여하고 있다.

방송에 대한 허가제 적용의 논리는 미디어 학계에서도 주요하게 제기되어 왔는데, 전파는 유한한 자원으로 공공의 소유여서 주파

26) 헌재 2002. 6. 27. 99헌마480, 판례집 14-1, 616. 632.

수 할당에 대한 규제가 반드시 필요하며, 따라서 방송국 설립에서도 공공성의 제도적 확보를 위해 국가가 허가를 통해 개입해야 한다는 것이다. 방송사업자는 공공의 자원인 전파를 국민으로부터 수탁해 운영하는 기업이라는 공공수탁이론 등이 이런 논리에 따라 탄생했다.

'공공수탁이론'

1969년 미국 연방대법원은 레드라이온방송국 판결에서 방송의 자유에 관한 본질을 논하면서 방송의 자유 주체는 방송사업자가 아니라 국민이라는 전제를 바탕으로 하여 방송사업자는 공공의 소유로서 유한한 자원인 전파자원을 국민으로부터 수탁 받아 공공의 대리인 내지 수탁자로서 방송을 운영한다는 입장을 명백히 하였다.

종합하자면, 영향력은 신문보다 월등히 크지만 그 수가 훨씬 적은 방송이 민주적 여론형성에 기여하도록 하기 위해서는 내부적 다원주의 원칙의 적용이 불가피하다는 것이다. 신문이 수적 다양성에 기초해 외부적 다원주의의 형태로 견해의 다양성 확장에 기여한다면, 신문보다 수적으로 적은 방송은 다양한 견해가 구조적으로 표출되도록 조직적·절차적 규율을 만들고, 그것을 보장함으로써 헌법상의 다원주의를 실현한다는 차이가 있다.

제 3 절 방송 다원주의

Ⅰ. 방송의 자유의 성격

방송이 다양한 견해의 활성화라는 헌법상의 요구를 효과적으로 달성하도록 하기 위해서는, 다원주의 원리에 의해 규율되어야 할 대상인 방송의 자유가 헌법상 어떤 의미를 지니고 있으며, 그 한계와 기능은 무엇인지에 대한 논의가 필요하다.

방송의 개념에 대해 우리 헌법에서 구체적으로 명시한 조항은 없다. 다만, 헌법 제21조 제3항에서 “통신·방송의 시설기준과 신문의 기능을 보장하기 위하여 필요한 사항은 법률로 정한다.”라고 짧게 언급하고 있을 뿐이다.

방송법 제2조 1호에서는 “방송프로그램을 기획·편성 또는 제작하여 이를 공중에게 전기통신설비에 의하여 송신하는 것”으로 방송을 정의한 뒤, 그 종류로 텔레비전(TV) 방송, 라디오 방송, 데이터 방송, 이동멀티미디어(DMB) 방송을 규정하고 있다.

헌법상 방송의 자유는 제21조 제1항에 근거한다. “모든 국민은 언론·출판의 자유와 집회·결사의 자유를 가진다.”는 내용 가운데, ‘언론·출판의 자유’에 ‘방송의 자유’가 포함된다.

> 제21조 ① 모든 국민은 언론·출판의 자유와 집회·결사의 자유를 가진다.
> ② 언론·출판에 대한 허가나 검열과 집회·결사에 대한 허가는 인정되지 아니한다.
> ③ 통신·방송의 시설기준과 신문의 기능을 보장하기 위하여 필요한 사

> 항은 법률로 정한다.
> ④ 언론·출판은 타인의 명예나 권리 또는 공중도덕이나 사회윤리를 침해하여서는 아니된다. 언론·출판이 타인의 명예나 권리를 침해한 때에는 피해자는 이에 대한 피해의 배상을 청구할 수 있다.

또한 방송의 자유는 주관적인 자유권이기도 하지만, 다양한 정보와 견해의 활성화를 통한 민주주의의 형성에 필수적 기능을 수행하는 객관적 규범 질서로서, 제도적 보장의 성격을 함께 가진다고 우리 헌법재판소는 판시하기도 했다.[27]

이는 주관적 자유권을 가진 방송이 이념적 경향을 포함한 표현의 자유를 누릴 권리가 있지만, 이러한 방송의 주관적 자유만으로 헌법이 목적으로 하는 방송의 자유를 완성할 수 없으며, 소수의 방송사로 하여금 다양한 견해를 가진 수신자(시청자) 즉 국민의 다양한 견해를 담아낼 수 있도록 규율하는 제도가 가미돼야, 방송의 자유가 실질적으로 달성될 수 있다는 의미이다.

이에 따라 헌법에서 보장하는 방송의 자유는 개인의 주관적 자유와 제도적으로 보장하는 객관적 자유의 의미를 동시에 지닌, 이원적 성격을 가진 것으로 분석된다. 또, 각각의 방송미디어가 언론자유의 주체가 된다는 의미에서 개별권적 자유의 속성을 지니는 동시에, 국민의 알권리를 대행하는 '대의적 자유'의 의미를 갖는 것으로 학계에서는 해석하기도 한다.

방송의 자유에 대해 법원은 지금까지 대체로 주관적 기본권의 측면보다는 민주적 여론형성을 위한 객관적 제도로서의 성격을 더 강조하고 있는 것으로 파악된다. 이는 방송산업 초기에 전파의 유한성과 막대한 자본소요 등으로 인해 개인의 기본권으로서의 방송의 자유가 실현 불가능했고, 그에 따라 방송의 자유는 의견의 다

27) 헌재 2003. 12. 18. 2002헌바49, 판례집 15-2하, 502, 517.

양성이 최대한 확보되는 방향으로 방송이 조직되어야 한다는 요청으로 이해되었기 때문이다. 이러한 판단이 산업 초기에 비해 월등히 많은 수의 방송이 경합하는 현재까지도 헌법적 판단에 지대한 영향을 미치고 있다.

여기서 분명히 짚고 넘어가야 할 부분은 헌법상으로 방송이 가진 객관적 규범 질서의 영역이나 객관적 자유의 성격을 인정해 방송사업자에 대한 광범위한 입법적 규제를 정당화하더라도, 객관적 규범 질서의 성격으로 인해 방송의 자유가 원래 가지고 있던 '자유권으로서의 성격'이 사라지는 것은 아니라는 것이다.

헌법재판소 역시 "방송의 자유는 주관적인 자유권으로서의 특성을 가질 뿐 아니라"라는 문구나 "방송의 자유의 보호영역에는, 단지 국가의 간섭을 배제함으로써 성취될 수 있는 방송프로그램에 의한 의견 및 정보를 표현, 전파하는 주관적인 자유권 영역" 등의 판시내용을 통해 주관적 자유가 분명히 존재함을 밝히고 있다.[28)]

더욱이 기술 발전으로 전파의 유한성에 따른 채널의 제한이 사실상 사라지고 유선방송과 위성방송, IPTV 등의 등장으로 수많은 채널이 경쟁하는 한편, 또 다른 진입장벽이었던 자본투입의 문제에서도 신문과 큰 차이가 없는 산업 환경을 고려하면, 앞으로 방송의 자유 가운데 '주관적 자유권'의 비중은 높아질 수밖에 없을 것으로 보인다.

Ⅱ. 방송의 자유를 위한 다원주의 규율

방송이 다양한 견해를 표출해 민주적 여론형성에 기여하도록 구조화한다는 헌법상의 다원주의 원칙은 제도적 보장을 통해 달성되

28) 헌재 2003. 12. 18. 2002헌바49, 판례집 15-2하, 502, 517.

는 방송의 자유와 일맥상통한다. 방송의 자유는 헌법상의 내부적 다원주의 원칙에 따라 만들어진 조직적·절차적 규율을 기반으로 실현될 수 있다.

내부적 다원주의는 방송의 자유 가운데 객관적 규범 질서의 영역을 포섭한다. 주관적 자유만으로 여론 활성화에 기여할 수 없는 방송에 대해, 다양한 견해를 발산할 수 있게 방송사 내·외부를 구조화하는 강제적 규범을 적용함으로써 방송의 자유가 완성될 수 있도록 돕는다.

따라서 내부적 다원주의는 방송사의 소유·겸영에서부터 방송사 내부의 지배구조 형성, 조직구성, 프로그램 제작과정에서의 정보의 취득과 견해의 가미, 콘텐츠의 송출과 방송사의 지속 가능성을 보장할 재원 마련 방안에까지 광범위하게 작용한다.

방송의 자유는 가장 먼저 방송의 독립을 원한다. 정치권력과 자본, 사회의 여러 이익집단으로부터 자유롭지 않은 상태에서, 헌법이 요구하는 균형과 다양성을 갖춘 견해를 방송사 스스로 발산하기는 힘들기 때문이다.

방송의 자유를 위해서는 일차적으로 가장 강력한 제약 요소라 할 수 있는 국가 공권력으로부터 독립성을 확보하고 자유로워야 한다. 공권력으로부터의 자유가 중요시된 배경은 독일의 영향이 크다. 제2차 세계대전 때 나치 정권이 방송을 선전도구로 활용했는데, 전쟁이 끝난 후 연합국 주도 아래 이뤄진 방송개혁에서 그에 대한 반성으로 방송이 국가의 지배로부터 벗어나야 한다는 원칙이 법제화된 것이다.

현대에 접어들면서 거대자본에 의한 미디어의 융·복합이 증가하면서 여론 독과점 우려가 있는 자본 권력으로부터의 독립도, 정치권력으로부터의 독립 못지않게 중요해졌다. 그에 따라 헌법상의 다원주의 원칙은 방송의 독립을 보장하도록 입법자에게 적극적인 규율의 형성을 요구한다.

방송사의 소유나 경영에 관한 규율은 방송이 특정 세력에 집중됨으로써 도구화되거나 남용되는 것을 막기 위한 내부적 다원주의 원칙의 수단이다. 이를 위해 방송법은 대기업의 방송 진출이나 이종 미디어의 겸영과 인수합병, 지배적인 시청점유율 등에 대한 제한을 시행하고 있다.

이는 소유의 있어서의 독과점을 배제함으로써 견해의 다양성을 해치는 지배적 방송 미디어의 등장을 막겠다는 의도이다. 또한 공영적 성격을 지니는 방송사에 대해서는 이사회와 경영진 등 내부 지배구조 형성에서 서로 다른 견해를 가진 다양한 집단이 참여하도록 내부적 다원주의는 요구한다.

무슨 콘텐츠를 선택하여 만들고 어떤 내용과 견해를 담을 것이며, 언제 주로 어떤 대상에게 송출할 것인가를 결정하는 편성의 영역도 방송의 자유를 위해 내부적 다원주의 원칙이 규율해야 할 부분이다. 방송 다원주의가 다양한 견해의 표출을 목표로 하는 것임을 고려할 때, 방송될 콘텐츠를 정할 뿐만 아니라 그 콘텐츠의 방송 분량과 방송 시간대를 결정하는 편성은 방송사가 지향하는 이념과 사회적 가치가 담겨 있다고 할 수 있기에, 방송의 자유의 핵심으로 볼 수 있다.

편성은 어떤 프로그램을 방송할 것인가를 정한다는 측면에서 제작방식에도 관여한다고 볼 수 있다, 다양한 견해의 활성화가 헌법이 방송에 요구하는 다원주의 원칙임을 전제하면, 여론형성과 관련되는 시사·교양·보도 프로그램의 경우 서로 다른 정치적 견해나 이념적 표현을 양적·질적으로 균형 있게 안배하는 규율이 필요하다. 이런 콘텐츠뿐만 아니라 드라마를 포함한 연예나 오락 프로그램의 경우에도 그 내용 안에 정치적 견해나 이념이 녹아있을 수 있기 때문에 광의로는 방송 다원주의의 영역에 포함된다고 볼 수 있다.

편성은 경영적 판단이 결정적으로 작용한다. 따라서 헌법상의 내부적 다원주의 원칙에 따른 적절한 규율이 작동하지 않을 경우, 방송사의 운영에 영향을 미치는 정치권력이나 자본 혹은 방송사 사주에 의해 공정성과 균형성이 위협받을 가능성이 높다고 할 수 있다.

방송콘텐츠에 대한 사후 평가 역시 내부적 다원주의에 따른 규율 대상이다. 일정 기간 동안 송출된 콘텐츠의 품질과 운영능력 등을 평가한 뒤 방송활동의 연장 여부를 결정하는 재허가 제도를 대부분의 국가에서 도입하고 있는데, 이는 재허가라는 가장 큰 압박 수단을 통해 방송의 자유를 실현하려는 강력한 규율이다. 여기에는 송출된 콘텐츠가 다양한 견해를 얼마나 균형 있고 공정하게 다뤘는가를 따지는 심의평가도 포함된다.

이와 함께, 방송사의 재정적 지속가능성 역시 내부적 다원주의가 보장해야 할 부분이다. 앞서 살핀 바와 같이 방송의 자유는 프로그램 편성의 자유가 핵심인데, 그 편성의 영역에는 광고 방송도 포함된다.

상업 광고의 보호 정도에는 이견이 있지만, 광고가 프로그램 편성 기능을 실질적으로 보장하는 재원 조달에 기여하는 한, 방송의 자유를 위하여 보호되는 것으로 간주해야 한다. 또한 다양한 견해를 가진 여러 방송이 광고 보장을 통해 동시에 존속할 수 있게끔, 한정된 광고가 특정 미디어에 쏠리지 않도록 적절하게 배분하는 규율도 내부적 다원주의에 의해 만들어진다.

이를 위해 현재 방송광고 판매는 방송사와 광고주의 직거래가 금지되고 미디어렙(방송광고판매대행기관)을 통해서만 거래가 이뤄진다. 이는 방송사가 광고 유치를 위해 광고주를 압박하거나, 반대로 대형 광고주가 광고를 빌미로 방송의 자유를 훼손하는 일이 없도록 하기 위한 것이다. 또한 지역방송이나 군소 방송사의 존속을 위해 지상파 방송사가 광고를 팔 때는 이들 군소 방송의 광고를 끼워 팔도록 하고 있다.

한편, 방송 다원주의의 헌법적 요구가 더 큰 공영방송사의 경우에는 국가 및 민간 자본의 위협에서 벗어날 수 있도록 수신료를 포함한 공적 재원의 조달보장이 따라야 한다.

제 4 절 방송환경의 변화

Ⅰ. 방송채널의 폭발적 증가와 양적 다양성

다원주의는 자유민주주의를 이루는 기본원리이며 헌법적 요청이다. 이 요청에 따라 국민의 다양한 의견을 반영하고 국가권력이나 사회세력으로부터 독립된 방송을 실현하도록, 입법자는 광범위한 입법형성 재량을 갖고 방송체제의 선택을 비롯해 방송의 설립 및 운영에 관한 절차적 규율과 방송 운영 주체의 지위에 관하여 실체적인 규율을 행할 수 있다.[29)]

방송의 자유나 재산권, 영업의 자유 같은 방송의 기본권을 제한하는 것은 다원주의라는 헌법 기본 원칙을 실현하기 위한 불가피한 선택으로서 합헌화된다. 그 전제는 신문을 비롯한 인쇄미디어와는 다른 방송산업의 특수성 때문이다. 앞서 기술했듯이 산업 초기 전파가 유한한 공적 자원으로 인식됐고, 방송사 설립에 고도의 기술력과 거대 자본이 필요했기에 애초 수적 다양성에 기반을 둔 외부적 다원주의를 기대하기가 힘들었던 것이다.

기술의 발달에 따라 방송환경, 특히 채널이 다양해지면서 내부

---

29) 헌재 2003. 12. 18. 2002헌바49, 판례집 15-2하, 502, 517.

적 다원주의에 대한 합헌성의 논리적 근거가 조금씩 흔들리고 있다. 전파를 이용해 방송콘텐츠를 송출하는 지상파방송이 유일하던 시대가 가고, 1990년대 이후 위성방송과 종합유선방송이 생겨났다.

이어서 위성이나 유선방송 사업자에게 프로그램을 공급하는 수많은 방송프로그램 공급업자(PP)들이 등장하면서 국내 TV 채널은 수백 개에 이른다. 전파를 이용한 지상파의 속성도 무의미해졌다. 국내 가구들의 97%가량이 유선방송 채널 중의 하나로 지상파 채널을 시청하면서 TV 안테나가 무의미해졌다.

이렇게 방송 채널이 다양해지고 송출구조까지 바뀌면서 전파의 희소성에 근거한 규제 논리는 상당 부분 힘을 잃게 되었다. 반면, 각각의 방송들이 서로 다른 견해를 자유롭게 개진해도 수적 다양성에 의해 의견의 경합이 이뤄질 것이고, 이는 건강한 공론장 형성과 민주적 의사결정에 기여할 것으로 보는 시장주의적 논리가 서서히 고개를 들고 있다.

하지만, 방송을 시장 논리에만 맡겨두기에는 위험하다는 주장 또한 수그러들지 않는다. 방송이 인쇄미디어에 비해 상대적으로 압도적인 영향력을 가지고 있어, 특정 집단에 의해 여론의 왜곡이나 편향이 발생할 경우 민주적 의사결정에 회복할 수 없는 손해를 끼치는 만큼, 다원주의 보장을 위한 규제가 필수라는 것이 시장주의에 대한 반대 입장이다.

이와 관련, 헌법재판소는 지난 2001년 방송 허가제가 헌법적으로 허용될 수 있는지의 여부 등을 묻는 헌법소원심판청구에 대해, 방송환경 변화에도 불구하고 방송의 다원주의 확보를 위한 규제의 필요성이 여전히 존재한다는 요지의 판단을 내렸다.

헌재 2001. 5. 31. 2000헌바43 등, 판례집 13-1, 1167, 1178.
"종래 전자적 대중매체는 가용주파수가 제한되어 있고 방송시설의 설치·운영에는 많은 비용이 드는 관계로 소수 기업이 매체를 독점하여 정보의 유통을 제어하는 것이 가능한 구조였다. 따라서 소수에 의한 매체독점을 방지하고 다양한 정보와 견해의 교환을 활성화하기 위해서는 국가가 매체시장에 개입하는 것이 허용되고 또한 필요하다고 인정되어 왔다. 최근에는 매체산업과 기술의 급속한 발달에 힘입어 이른바 '다미디어·다채널' 시대가 도래함에 따라 기술적 측면에서의 방송매체 독점의 요인은 사라져 가는 추세이고 이 사건에서 문제되고 있는 유선방송의 경우에도 예외가 아니다. 그러므로 정보와 견해의 다양성을 확보하기 위한 규제의 필요성은 점차 감소되는 추세임이 분명하다. 그러나 아직까지는 정보유통 통로의 유한성이 완전히 극복되었다고 할 수 없으므로 매체시장에서의 독점을 방지하여 정보와 견해의 다양성과 공정성을 보장하기 위한 국가의 규제가 허용될 수 없는 단계에까지 이르렀다고는 보기 어렵다."

이런 판단이 나온 지 20여 년이 지나 그때보다 훨씬 채널이 다양해진 현 시점에서 고려해보면, 지금은 내부적 다원주의 원칙에서 외부적 다원주의로 넘어가는 변곡점으로 볼 수 있다. 최소한 민영방송의 영역에서는 수적인 다양성을 토대로 한 외부적 다원주의에 의해서도 견해의 다양성을 어느 정도 보장할 수 있는 상황이 됐고, 그에 따라 방송 전반에 일률적으로 적용되고 있는 내부적 다원주의 기반의 법적 규율을 개선하는 작업이 필요해 보인다.

Ⅱ. 방송사업 기술적 분류 재정립 필요성

다원주의의 실현이라는 목표에 맞게 방송을 규율하기 위해서는 방송산업의 기술적 변화와 사회적 역할 변동을 실질적으로 반영할 수 있도록 방송법을 제정할 필요가 있다. 그런 관점에서 본다면 지금의 방송법은 많은 문제를 안고 있다.

현행 방송법은 지난 2000년에 「舊방송법」, 「종합유선방송법」, 「유선방송관리법」, 「한국방송공사법」을 통폐합해 만든 「통합방송법」을 모태로 하고 있다. 송출방식의 유무선 여부에 따라 지상파방송과 유선방송으로 구분했던 기존 방송 관련 규제체계를 통합하고 위성방송의 제도적 기반을 도입했다.

그에 따라 방송법은 지금까지도 전송방식에 따라 지상파사업과 종합유선방송사업, 위성방송사업, 방송채널사용사업 등으로 사업유형을 구분해 각기 다른 규제를 적용하고 있다.

전송방식에 따른 이른바 수직적 규제 틀은 한국뿐만 아니라 많은 국가에서 사용하고 있는데 그 이유는 방송 유형별로 기술개발의 속도가 달라서 개별 서비스들이 순차적으로 도입됐기 때문이다. 큰 틀에서 서비스들을 분류하지 못하고 새 서비스가 나올 때마다 규제를 덧붙여 적용하는 방식을 사용했던 것이다.

[표 1] 방송사업자 유형 구분

구분(기준)	지상파방송사업자		방송채널사용사업자				종합유선방송사업자	위성방송사업자
	중앙지상파 -KBS, MBC SBS	지역 지상파 -지역민방	지상파PP -KBS, MBC, SBS	종편PP -채널A, TV조선, JTBC, MBN	보도PP -YTN, 연합TV 뉴스	일반PP tvn OCN 등		

※ 방송법 제2조(용어의 정의) 참조 및 부가

그런데 이런 방식은 요즘처럼 실시간으로 방송을 시청하는 시청자가 크게 줄어들고, 방송콘텐츠가 다양한 형태로 재가공 돼 인터넷 공간에서 유튜브 같은 새로운 유형의 플랫폼에 의해 최종 소비자에게 전달되고 있는 현실을 반영하지 못하고 있다.

예를 들어 지상파 방송사에서 제작한 프로그램의 경우, TV를 통해 실시간으로 시청한 사람보다 인터넷 기반의 동영상 서비스인

OTT를 통해 온라인 공간에서 소비한 사람이 더 많다면, 실시간 지상파 전송을 전제로 사업을 정의하고, 그 정의의 토대 위에서 만들어진 지상파방송 규제 법안이 얼마나 당위성을 가질 수 있을지 미지수이다.

실제로 이런 우려는 인터넷 전송 기반의 IPTV 도입과정에서 현실화되었다. 그 당시 기존 방송들은 고유한 영역의 방송이 아닌 통신의 탈을 쓴 IPTV가 많은 특혜를 통해 시장에 진입한다면 기존 산업은 모두 무너질 거라며 크게 반발했다.

이런 반발에 따라 사업 도입이 크게 늦어지자, 정부는 IPTV를 방송이나 통신 그 어느 것도 아닌 별도의 융합 서비스로 규정한 뒤, 「인터넷 멀티미디어 방송사업법」을 만들었다. 전송 방법에 따른 방송사업 분류가 방송과 통신의 융합으로 더 이상 실효성을 상실했음에도 불구하고, 방송법을 근본적으로 개편하는 대신 임시 봉합하는 방법을 택한 것이다.

같은 방송시장에서 동일한 시청자를 두고 경쟁하는 상황인데도 IPTV만 신산업이란 명목 아래 새로운 법의 적용을 받도록 만든 것은 종합유선방송이나 위성방송 같은 기존 방송사업자들로 하여금 차별규제에 따른 형평성 문제를 제기하게 만들었고, 일관성 있는 법의 적용도 어려웠다.

이런 문제점은 방송시장 독과점을 막기 위한 유료방송 점유율 합산규제의 도입과 방송시장 환경 변화에 따른 이종 사업간 기업결합의 승인 과정에서 그대로 발현되었다. 점유율 합산 규제 도입 때 정부는 당초 IPTV를 유료방송 사업으로 획정한 뒤 방송법에 의거해 특수 관계에 있는 유료방송 사업 간의 겸영을 전체 유료방송 가입자의 3분의 1로 제한했다.

그런데 후에 합산규제가 일몰되자 IPTV 사업자와 종합유선방송 사업자 간의 기업결합을 전면 허용했다. 정리하자면, IPTV를 기존 방송 서비스와는 다른 유형으로 분류해놓고는, 이후 유료방송 사업에 포함시켜 상호 겸영을 제한했다가, 종국에는 기업결합을 승인함으로써 애초에 별도의 법을 만든 이유까지 무너뜨린 것이다.

전송 수단별 규제는 이처럼 기술과 서비스 융합에 따라 새롭게 생겨난 서비스를 아우르지 못해 규제 공백 상태를 유발하는가 하면, 규제 중복과 상호 충돌 문제를 발생시켰다. 뿐만 아니라 기존 사업자와 신규 진입자 간에 차별적 규제를 적용함으로써 특혜논란을 낳을 수 있고, 시청자 측면에서도 종전보다 더 요금을 낮출 수 있는 기회를 박탈당하는 불이익이 발생할 수 있다.

전파가 방송콘텐츠의 유일한 송출 수단이었던 시기 이후, 차례차례 등장한 신기술을 입은 방송들을 쉽게 규율하기 위한 수단이었던 전송 수단별 규제가, 방송기술과 서비스의 융복합으로 효율성과 적합성의 측면에서 위기에 몰린 것이다. 하지만 많은 국가들은 전송 수단별 규제가 입법 근거에 대한 정당성 획득이 용이하고, 규제 강도의 차별이나 유형 설정이 쉽다는 점 때문에 여전히 채택하고 있다.

[표 2] 수직규제 체계와 수평규제 체계 비교

구분	수직규제 체계	수평규제 체계
정의	- 전송수단에 따라 방송사업과 통신사업간 상이한 규제 적용	- 방송·통신 서비스들을 몇 개의 계층으로 구분하고 동일 계층에는 동일 규제를 적용
양적규제	- 전송수단/사업자별 칸막이식 규제	- 최종 서비스의 공통 특징에 따른 규제
내용규제	- 방송과 통신의 규제 차별성 확보 - 공익성과 시장성의 구분 - 보호법익을 위한 비대칭 규제	- 기술중립성에 따른 규제의 형평성확보 - 신규서비스에 대한 가벼운 규제

거래규제	- 시장획정과 규제수준이 서로 상이 - 동일서비스에 대한 비대칭규제 - 신규 서비스의 규제공백 발생	- 동일서비스의 판단·획정·분류 - 경계영역 서비스의 규제적용 모호 - 방송의 사회문화적 가치보호 위축

※ 출처; 최세경, "방송법 규제체계 개편의 주요 쟁점과 방향", 137면에서 인용

방송업계에서는 방송·통신 융합 환경에 적합한 새로운 규제 목표와 법률개선을 요구하고 있다. TV 서비스를 하던 케이블TV 망으로 초고속인터넷과 전화 서비스를 받을 수 있을 뿐만 아니라 인터넷망으로 전화나 TV를 사용할 수 있는 지금의 환경에서, 전통적인 전송 수단별 규제는 산업발달을 저해하고 많은 비용을 초래한다는 것이다. 이에 따라 규제방식을 바꿔 소비자에게 최종적으로 도달하는 동일 서비스에 대해서는 동일한 규제를 적용하는 이른바 수평적 규제로 전환해야 한다는 것이다.

규제의 일관성과 적합성을 위해서는 장기적으로 방송과 통신 산업 발달, 융합미디어의 출현을 다 아우를 수 있는 방향으로 대폭적인 법 개정이 불가피해 보인다. 또한 그 과정에서 간과해선 안 될 부분이 방송이 공정하고 정확한 정보 제공자임과 동시에 다양한 견해의 소통 공간이 되기를 바라는 헌법적 요구일 것이다.

Ⅲ. 소유 형태별 다원주의 차별 적용의 타당성

방송에 대한 내부적 다원주의 원칙에 있어서 국내에서는 아직까지 차등 적용의 체계적 논리가 없다. 다만, 초기 방송의 형태였던 지상파방송에 대해서는 전파의 유한성과 공공성을 전제로 다른 유형의 방송사업자보다 다소 엄격한 규제를 적용하고 있다.

방송의 공적 책임성을 구분하는 가장 일반적이고 전통적인 기준

은 소유 주체에 따른 나눔이다. 방송국을 누가 소유하느냐에 따라 공영과 민영으로 나누는 것이다. 사전적 의미의 공영방송은 이윤추구라는 목적에서 벗어나 오직 공공의 이익에 기여하는 방송을 의미한다. 특히, 공영방송이 수신료나 정부 재정과 같은 공적 재원으로 운영된다는 점은 민영방송보다 훨씬 높은 공적 책임의 부과를 정당화한다.

이에 비해 이윤추구가 주요한 목적인 민영방송은 해당 사업이 시장 안에서 정책적으로 안정적인 이윤을 보장받는 정도에 따라 공적책임을 부과 받을 수 있지만, 그 정도는 공영방송보다 훨씬 적다고 할 수 있을 것이다.

[표 3] 방송사 소유 형태 구분

유형	소유 및 운영주체	주요 재원	목적	사례	
				국내	국외
국영	정부	예산	국익	국회방송 국방TV	북한 조선중앙TV 중국 CCTV
공영1	공공법인	수신료	공익	KBS EBS	영국BBC 독일 ZDF 일본 NHK 프랑스 FT
공영2	비영리 공익법인	광고	공익 우선	MBC	영국 채널4
준공영	공기업	광고	공익 고려	YTN 연합뉴스TV	
민영	개인	광고	수익창출	SBS 지역민방 종합유선방송 위성방송 IPTV	미국 NBC CBS FOX 일본 후지TV 니혼TV 영국 ITV

국내 방송법에서는 공영방송에 대한 별도의 정의가 존재하지 않는다. 일반 국민이 공영방송으로 여기는 KBS나 MBC에 대한 어떤

규정에서도 공영방송이란 용어는 찾아볼 수 없다. 수신료를 기반으로 하는 KBS는 학문적으로나 상식적 분류상 공영방송으로 당연시 여겨져 온 반면, 소유주가 공익법인이면서 이사회 및 사장 선임에서 정부의 영향을 받고 재원은 광고에 의존하는 MBC의 경우에는 외국에서는 '공익적 민영방송'으로 부르기도 하지만, 국내에서는 우리 사회의 오랜 통념과 법적 해석에 따라 공영방송의 범주에 넣는다.

공영방송의 개념을 담지 않은 방송법은 제43조에서 "① 공정하고 건전한 방송문화를 정착시키고 국내외 방송을 효율적으로 실시하기 위하여 국가기간방송으로서 한국방송공사를 설립한다. ② 공사는 법인으로 한다."고만 규정하고 있을 뿐이다.

재원 조달에 있어서 실질적인 차이가 있고 지배구조와 경영 목적이 다름에도 불구하고, 공·민영 방송사 간에 공적 책임의 정도를 두고 차등을 부과하는 명시적 조항은 국내 방송법에 존재하지 않는다. 또한 KBS에 부여한 공적책임 조항인 방송법 제44조 역시 그 내용을 살펴보면 다른 방송사와 특별한 차별성이 없다.

주요 내용을 보면, 기간방송은 방송의 목적과 공적 책임, 공정성과 공익성을 실현해야 하며, 이를 위해 지역에 관계없이 양질의 방송서비스를 제공하고, 새로운 방송서비스를 연구 개발하며, 민족문화 창달과 민족의 동질성 확보에 기여해야 한다는 것이다.

이런 조항들은 방송이 국민의 화합 및 국가발전과 민주적 여론 형성에 이바지해야 하며 지역간·세대간·계층간·성별간의 갈등을 조장해서는 안 된다는 등의 내용으로 방송의 일반적 공적 책임을 강조한 방송법 제5조의 내용들과 비교해, 공영방송만의 공적 역할을 특별히 강조한 부분을 찾아보기 힘들다.

[표 4] 기간방송의 공적책임과 방송일반의 공적책임 비교

제44조(공사의 공적 책임)	제5조(방송의 공적 책임)
① 공사는 방송의 목적과 공적 책임, 방송의 공정성과 공익성을 실현하여야 한다. ② 공사는 국민이 지역과 주변 여건과 관계없이 양질의 방송서비스를 제공받을 수 있도록 노력하여야 한다. <개정 2020. 6. 9.> ③ 공사는 시청자의 공익에 기여할 수 있는 새로운 방송프로그램·방송서비스 및 방송기술을 연구하고 개발하여야 한다. ④ 공사는 국내외를 대상으로 민족문화를 창달하고, 민족의 동질성을 확보할 수 있는 방송프로그램을 개발하여 방송하여야 한다.	① 방송은 인간의 존엄과 가치 및 민주적 기본질서를 존중하여야 한다. ② 방송은 국민의 화합과 조화로운 국가의 발전 및 민주적 여론형성에 이바지하여야 하며 지역간·세대간·계층간·성별간의 갈등을 조장하여서는 아니된다. ③ 방송은 타인의 명예를 훼손하거나 권리를 침해하여서는 아니된다. ④ 방송은 범죄 및 부도덕한 행위나 사행심을 조장하여서는 아니된다. ⑤ 방송은 건전한 가정생활과 아동 및 청소년의 선도에 나쁜 영향을 끼치는 음란·퇴폐 또는 폭력을 조장하여서는 아니된다.

이는 결국 공영방송이 다원주의 가치 실현을 위해 헌법적으로 더 많은 공적 책임을 가지는 위치에 놓여있음에도 불구하고, 방송법이 차별화를 통해 그것을 규율하지 못하고 있음을 보여주고 있다. 특히, 이 책에서 주목하는 견해의 다양성과 관련, 방송법 제6조 제9항은 정책 발표 때 의견이 다른 집단에 대한 균등한 기회제공과 정치적 균형성 확보를 규정해 놓았는데, 이는 방송 전반에 적용되는 보편적·원칙적 규율로 소유 주체에 따른 공적 책임의 차등을 배제시키고 있다.

세부 조항으로 들어가서 보면, 송출방식에 따라 혹은 채널 특성에 따라 소유·편성·광고·심의 등에서 차별적 규제가 있기는 하지만, 이는 공·민영의 구분에 따른 것이 아니라 채널 허가 당시의 고유한 성격을 고려한 차등이다.

다만, 거기다 전통적으로 공공성이 더 있다고 여겨져 왔던 지상

파에 대해서는 시청자의 편익 제고 차원에서 광고는 덜하게, 심의는 좀 더 까다롭게, 프로그램 편성 규정은 더 엄격하게 적용하는 형태를 보여 왔다.

다른 선진국들의 경우 다원주의 원칙은 방송국의 소유 형태에 따라 그 강도를 달리 적용하고 있는 경우가 대부분이다. 공영방송이 다원주의 실현의 공적책임을 더 크게 지고, 민영방송이 덜 지는 형태다.

그에 따라 각종 규제도 차등을 두고 있는데, 예를 들어 독일의 경우 공영방송이 민영방송보다 더 공익성을 가져야 한다는 원칙 아래 공영에 대해 중간광고 규제를 더 엄격하게 적용하고 있다. 반면, 국내에서는 공·민영에 상관없이 지상파에 대해서만 일괄적으로 중간광고를 금지해왔는데, 이런 형태의 차별적 규제에 대한 논란이 지속적으로 이어져 왔다.

공적 재원으로 운용되는 공적 기관은 헌법상 공적책임이 더 클 수밖에 없다. 따라서 방송이 견해의 다양성을 구현하도록 내부적 다원주의 원칙을 적용함에 있어서 공영과 민영은 차등을 두는 것이 헌법적으로 정당하다. 그러나 지금까지 국내에서 방송에 대한 여러 가지 규율의 적용은 소유 주체에 따른 차별성에 관계없이 보편적 형태로 적용되고 있다.

이런 불합리한 상황은 공적책임의 정도를 놓고 국가기간방송으로 불리는 공영방송과, 국가 재정이 투입됐거나 공기업이 투자한 준공영 방송, 지상파 민영방송, 종합편성 혹은 보도전문 채널 간에 끊임없는 논쟁과 반발을 불러일으키고 있다.

일례로 SBS를 비롯한 지역민방의 경우, 단지 지상파에 속한다는 이유로 각종 규제 수준은 물론 방송통신발전기금 납부 비율에서도 개념상 공영방송에 속하는 KBS나 MBC에 준하는 수준으로 부과받고 있는데, 헌법상 요구받는 공적 책임의 정도에서 공·민영에 따른 차이가 있는 만큼, 부과 비율을 조절해 달라는 요구가 계속 이어지고 있다.

[표 5] 방송통신발전기금 현황

<table>
<tr><td rowspan="2"></td><td colspan="2">지상파방송사업자</td><td colspan="3">방송채널사용사업자</td><td rowspan="2">종합유선
방송
사업자</td><td rowspan="2">위성방송
사업자</td><td rowspan="2">IPTV
사업자</td><td rowspan="2" colspan="2">홈쇼핑
사업자</td></tr>
<tr><td>중앙지상파</td><td>지역지상파</td><td>종편PP</td><td>보도PP</td><td>일반PP</td></tr>
<tr><td>기준</td><td colspan="5">방송광고 매출액</td><td colspan="3">방송서비스 매출액</td><td colspan="2">방송사업
관련결산상
영업이익</td></tr>
<tr><td rowspan="2">최종
징수율</td><td rowspan="2">KBS: 2.62%
MBC: 3.87%
SBS: 3.96%
EBS: 0.385%</td><td rowspan="2">0.46~1.4%</td><td rowspan="2">1.93%</td><td rowspan="2">1.93%</td><td rowspan="2">[규제
없음]</td><td rowspan="2" colspan="3">1.5%</td><td>TV</td><td>13%</td></tr>
<tr><td>데이터
PP</td><td>10%</td></tr>
</table>

획일적인 공적 책임의 강요는 견해의 다양성을 위축시킬 가능성도 내포하고 있다. 기술의 발전으로 방송이 신문과 비슷한 정도의 양적 다양성에 점차 근접하고 있는 상황에서, 모든 방송 영역에 대해 공영방송과 동일한 수준의 공적책임과 내부적 다원주의 확보를 위한 규제를 광범위하게 적용하는 것은 결과적으로 방송의 자유를 억제하는 결과로 이어질 가능성이 높다.

이런 점을 감안하여 향후 공·민영 형태에 따라 내부적 다원주의의 적용 강도에 차등을 두는 것이 바람직하다. 공영방송에 대해서는 보다 강도 높은 공적책임과 공정성을 요구하면서 편성과 심의평가, 조직설치 규제 등 방송규제 항목에서 가장 강한 기준을 적용하는 것이 타당하다.

반면, 민영방송에 대해서는 채널의 양적 다양성이 증가하고 있음을 고려하여 점차적으로 외부적 다원주의 원칙을 확대 적용해가되, 정보의 정확성과 최소한의 균형성 및 여론의 독과점 방지를 확보할 수 있을 정도만 규율하는 것 적절하다.

제 3 장

다원주의 실현을 위한 국가별 방송규제

방송의 자유는 헌법상의 다원주의 원칙을 실현하기 위한 자유이다. 국가의 간섭을 배제함으로써 얻을 수 있는 개인의 자유와 달리, 방송의 자유는 다원주의 달성을 위한 제도의 보장이란 점에서 다른 자유권적 기본권과는 상이한 특수한 성격을 지닌다.

방송프로그램을 제작해 전파하는 주관적인 자유권 영역에 대한 정부 간섭을 배제하는 것만으로 방송의 자유가 실현되기는 어렵다는 것이 그동안의 경험적 진실이다. 거기에 더해 방송의 자유를 고양하기 위한 실체적, 조직적, 절차적 형성을 포함한 객관적 규범질서의 영역을 구축하는 것이 필요하다.

본 장에서는 헌법상의 다원주의 원칙을 실현하기 위한 규율이 어떤 형태로 이뤄지고 있는지를 비교법적 분석을 통해 알아보고자 한다. 주요 선진국들은 제각기 역사적, 정치적 혹은 문화적 배경에 따라 나름의 규율을 만들어 방송에 적용하고 있는데, 대체로 유럽은 다원주의 실현을 위한 방송의 공적 책임에 무게를 두고 공공성을 강조하는 반면, 미국은 방송 전반에 대해 시장주의에 기반을 두고 자유로운 설립과 경합을 유도하면서 최소한의 규제를 부여하는 쪽으로 입법적 특성을 형성해왔다.

본 장에서는 다원주의 실현을 위한 규제 요소를 세 가지 항목에서 들여다보기로 한다. 첫 번째로 독점배제를 통한 견해의 다양성 제고라는 측면에서 소유규제를 살펴보고, 두 번째는 정치적 견해에 대한 다양하고 균등한 기회 제공을 가능하게 하는 편성규제를 알아본 뒤, 세 번째로 방송콘텐츠의 적법성과 공익성 평가를 근거로 방송사에 대한 재허가 여부를 결정하는 심의규제를 관찰해보기로 한다.

이렇게 다원주의 원칙 아래 만들어진 주요 국가들의 세 가지 규제 유형에 대한 비교분석 결과를 통해, 국내 방송에서의 견해의 다양성 확장을 위한 바람직한 제도개선의 방향성을 찾아보고자 한다.

제 1 절 미국 ; 표현의 자유 우선

미국의 방송규제는 외부적 다원주의 혹은 자유주의 관점에 기반을 두고 있다. 방송을 다른 시장 주체와 마찬가지로 시장기능에 맡겨둘 때, 그 효용성과 사회적 가치가 제대로 발휘될 수 있다는 '사상의 자유시장' 원리를 그 이론적 전제로 삼고 있다. 규제를 통해 미디어의 다원주의 실현을 강제적으로 유도하기보다는 소비와 공급의 시장기능에 일임할 때 언론자유가 확장된다는 입장이다.

이는 미국 연방헌법 증보 제1조(The First Amendment)가 보장하고 있는 표현의 자유를 절대적으로 존중하는 정책 기조에 따른 것이다. 국민의 인격 발현과 자아실현, 행복 추구를 위해 표현의 자유는 가장 기본적인 권리이며 민주주의의 기본 요소라는 연방헌법 증보 제1조(The First Amendment)의 원칙에 따라, 미국의 방송·통신 콘텐츠 규제는 정부를 배제하면서 민간에 의한 자율규제가 중심이 되는 형태를 취해왔다.

이에 따라 방송·통신 콘텐츠에 대한 정부의 사전검열은 연방헌법 증보 제1조(The First Amendment)를 침해하는 것으로 간주되어 철저히 배제되며, 표현의 자유를 억압하는 일체의 입법도 원칙적으로 금지된다. 예외적 사항으로서 어린이나 청소년의 정서적 보호를 위해 외설물에 대한 규제는 제한적으로 이뤄지고 있다. 이는 위험하고 나쁜 견해나 거짓된 표현마저도 '사상의 자유시장'을 통해 사회발전에 궁극적으로 기여한다고 여기는 연방헌법 증보 제1조(The First Amendment)의 가치에서 벗어나는 것으로 일견 보이지만, 정신적으로 미성숙한 시민을 보호해야 한다는 도덕적·사회적 규범을 고려한 사회적 합의의 산물로 평가된다.[30)]

미국의 방송 규제기관은 1934년 통신법에 의해 창립된 미국연방통신위원회(Federal Communications Commission, FCC)로 5명의 상임위원으로 구성된 위원회와 1,500여명의 연방 공무원들이 업무를 관장하고 있다. 방송콘텐츠에 대한 FCC의 규제원칙은 방송사업자들의 자율규제를 기초로 하고 있으며, 자율규제로 충족되지 못하는 부분에 대해 차선책으로 수용자 보호 목적의 규제를 채택하고 있다.

불가피하게 FCC가 방송콘텐츠를 직접 규제하게 될 경우에도 '엄격한 심사기준'을 적용하는 한편, 규제를 통해 '압도적인 국가이익'이 달성된다는 것과 '제한조치가 불가피하고 최소한의 규제수단이 적용'되고 있다는 점을 정부가 입증해야 한다. 더불어 표현의 자유를 억제할 가능성이 있는 법안 발의 때도 관련 내용이 과잉 금지와 명확성의 원칙, 사전 억제 금지의 원칙, 명백하고 현존하는 위험의 원칙 등에 따라 이뤄져야 한다.

30) 문연주 외 12인, "외국의 방송통신 콘텐츠 규제체계 비교연구", 방송통신심의위원회, 2012, 18면.

Ⅰ. 소유규제

미국에서 방송과 통신 부문의 입법은 1934년 제정된 「연방통신법」(Communications Act)을 개정하는 형식을 따른다. 관련 입법의 가장 큰 변혁은 1996년 연방의회가 「통신법」(Telecommunications Act)을 통과시키면서 이루어졌다. 모두 7개의 Title로 이뤄진 「연방통신법」은 Title Ⅰ에서 FCC의 구성과 관할 업무, Title Ⅱ는 전통적인 전화서비스, Title Ⅲ는 지상파 텔레비전, 라디오, 직접위성방송 및 기타 무선통신 서비스를 규율하고 있다.[31)]

1996년 통신법 통과 이후 지금까지 지상파TV와 라디오의 허가기간은 8년인데, 이는 종전의 3-5년에서 대폭 늘어난 것으로 잦은 심사 때문에 정상적인 운영이 어렵다는 방송사의 불만을 받아들였기 때문이다. 미국의 방송 재허가 절차는 방송사가 재허가 청원서를 제출하면 FCC가 청원서 조사를 개시하고 재허가가 공익에 부합하는지 여부를 판단한 뒤, 재허가를 승인하거나 조건부 허가를 하게 된다. 이 과정에서 사업자는 공익적 의무조항을 준수하여 공익을 위한 방송사업을 했고, 방송법과 FCC 규제를 크게 위반하지 않았음을 증명해야 한다.[32)]

소유규제의 경우 1인 지분 제한은 없지만, 외국인에 대해서는 지상파에 한해 소유 지분을 20% 이하로 제한하고 있다. 비방송사업자인 대기업이 방송사업자를 인수합병하는 경우에도 지분 제한은 없다.

---

31) 이종원·김호정, "국내외 유료방송 규제개편 사례 및 정책동향 분석", 『방송통신정책연구』, 정보통신정책연구원, 2017, 6면.

32) 박성철·박시백, "지상파 방송국 허가 및 검사제도 개선방안 연구", 방송통신위원회, 2009, 67면.

이종 미디어의 결합과 관련해서는 「아날로그 방송 소유권 규칙」을 통해 1975년 이후 2017년까지는 동일 지역 안에서 한 기업이 방송사와 신문사를 함께 소유하지 못하도록 했으며, 방송사 역시 해당 지역에서 2개 이상의 방송사를 보유할 수가 없었다. 하지만 2017년 FCC가 이 규칙을 42년 만에 폐지하면서 한 기업이 동일 지역 안에서 신문과 방송을 동시에 소유할 수 있게 됐으며, 동일 지역 내 2개 채널의 운용도 가능해졌다.

Ⅱ. 편성규제

주요 비교국가들 가운데 편성의 영역에서 가장 자유로운 국가가 미국이다. 미국은 표현의 자유를 존중하는 연방헌법 증보 제1조(The First Amendment)의 원칙에 따라 전통적으로 방송의 프로그램 편성에 정부가 거의 관여하지 않는 전통을 갖고 있다.

다만 미연방의회는 1990년에 어린이 대상 「텔레비전 방송법」(Children's Television Act)을 제정해, 방송사들로 하여금 어린이 대상의 교육 및 정보 프로그램을 의무 편성하도록 하고, 관련 프로그램이 방영되는 시간에는 상업 광고를 제한하는 규제를 시행 중이다.

FCC가 2019년 7월 10일부터 변경 시행 중인 「편성 의무 시행규칙」을 보면, TV 방송국들은 16세 이하 어린이들의 교육과 정보 제공을 담당할 프로그램을 분기당 26시간 이상, 연간 156시간 이상 주간 정규 프로그램으로 편성해야 하며, 1회 방송 시간은 최소한 30분을 넘어야 한다.

방영되는 시간대도 오전 6시에서 오후 10시 사이로 정해놓고 있으며 관련 프로그램 방영 중에는 상업 광고가 주말에는 시간당 10.5분 이내, 주중에는 시간당 12분 이내로 제한된다. 또한 민영방송들은 이와 같은 교육프로그램의 편성을 준수했다는 보고서를 작성해 해마다 FCC에 보고해야 하며, 보고서 내용은 각 방송사나 FCC 홈페이지에서도 볼 수 있게 게재하여야 한다.

Ⅲ. 심의규제

미국 방송에서는 외설적인 표현을 제외하고 대부분의 콘텐츠가 헌법적으로 보호되고 있다. 방송콘텐츠에 대한 심의도 행정기관의 직접 심의보다는, 방송사의 자체 심의나 방송협회와 같은 민간 기구에 의한 자율심의에 방점을 두고 운용되고 있으며, 외설적인 표현 내용에 한해 예외적으로 FCC의 개입을 허용하고 있다.

FCC가 개입할 때도 스스로의 결정에 의해 특정 콘텐츠를 심사할 수 없으며, 시청자나 청취자의 불만이 접수됐을 때 비로소 심사가 개시된다. 불만 처리 절차를 통해 FCC가 수행하는 방송심의는 사후규제 방식이며, 내용에 대한 직접규제를 지양하고 프로그램등급제나 방송평가제를 활용한 구조적 규제의 형식을 띠고 있다. 미국의 방송콘텐츠들이 외설적 표현을 제외하고 대부분 헌법적으로 보호되고 있음을 감안하면, FCC의 직접규제 대상은 주로 외설물이다.

선정적인 방송콘텐츠에 대한 규율을 보면 우선, 미합중국 법전 제18편 제1464조(18 U.S.C. §1464)에서 "방송전파 커뮤니케이션을 수단으로 하여 음란한, 외설적인, 혹은 저속한 내용의 발언을 한 자는 본 조항에 의하여 벌금을 부과받거나, 2년 이하의 징역에 처한다."고 규정하고 있다. 또, 미연방 규칙 제47편 제73.3999조에서는 "a. 라디오 혹은 TV방송 면허사업자는 어떠한 종류의 음란한 내용도 방송해서는 안 된다. b. 라디오 또는 TV방송 면허사업자는 오전 6시부터 오후 10시 사이의 시간대에는 어떤 종류의 외설적 내용도 방송할 수 없다."고 명시돼 있다.

여기서 오전 6시~오후 10시 이외의 이른바 'Safe harbor hours' (10pm to 6am) 시간대에는 선정성이 강한 성인용 콘텐츠의 방영을 허용하고 있는데, 이는 연방헌법 증보 제1조(The First Amendment)의 가치, 특히 성인이 가진 표현의 자유와 FCC의 외설물 규제 간의 충돌을 예방하기 위한 타협책으로 평가된다.

선정적 콘텐츠에 대한 판단에도 엄격한 심사기준과 더불어, 표현 그 자체에 대한 직접적인 삭제나 배제 요청을 하는 것이 아니라, 표현이 이루어진 장소나 표현의 시간 및 수단을 제한하는 형식으로 이루어지는 내용 중립적(content-neutral) 규제가 적용된다.

외설성 여부에 대한 판단은 3단계로 이뤄진다. 첫째는 콘텐츠에 대한 불만이 일반 시청자에 의해 제기된 것이어야 하고, 두 번째는 불법성이 있는 콘텐츠가 어떤 방송 유형에서 나간 것인지가 파악돼야 한다. 외설물 규제는 지상파TV에만 적용될 뿐, 케이블방송이나 위성방송은 제외된다. 세 번째는 방영 내용이 공동체 규범에 비추어 '명백하게 불쾌한(patently offensive) 것'인지 판단하여 그 범위 안에 들어갈 때 비로소 규제가 이뤄지게 된다.

FCC는 외설적 콘텐츠를 송출한 방송사업자에 대해 면허취소나 과징금 부과 등의 조치를 취할 수 있고, 연방지방법원은 법률위반 사항에 대해 벌금을 부과하거나 최고 2년의 구금형을 선고할 수 있다.

한 가지 특이한 점은 대부분의 국가에서 외설성과 더불어 폭력성을 규제하고 있고 미국 내에서도 폭력물이 아동 청소년에게 미치는 악영향을 우려하는 목소리가 높아지고 있지만, 아직까지 미국에서 방송콘텐츠의 폭력성에 관한 법적 규제는 존재하지 않는다는 사실이다.

제 2 절 일본 ; 공공복지의 증진 목표

현대 일본 방송제도의 형성은 제2차 세계대전 직후부터 시작됐다고 볼 수 있다. 패전 직후 연합군 주도로 군국주의의 해체에 동반한 각종 개혁이 실시되었으며, 그 가운데 방송개혁도 포함되어 있었다.

「전파법」, 「방송법」, 「전파관리위원회설치법」 등 이른바 전파 3법이 1950년 제정되면서 전쟁 전 유일한 독점 사업자였던 사단법인 일본방송협회가 해체됐으며, 이후 일본의 방송체제는 특수법인 형태이면서 수신료를 기반으로 하는 일본방송협회(NHK)와 광고를 재원으로 하는 민영방송인 일반방송사업자가 공존하는 형태로 정착했다.

1950년대는 일본 방송산업이 본격적으로 성장하는 시기였는데, 1953년 NHK TV와 민영방송인 니혼TV의 개국 시점과 맞물려 일본 내 TV 보급이 본격화하면서 유해 콘텐츠에 대한 우려와 비판이 거세게 일었다. 그에 따라 1959년 방송법이 일부 개정되면서 프로그램 관련 조항에 "선량한 풍속을 해치지 않을 것"이란 문구와 '프로그램 조화원칙'이 추가되었다.

1959년 방송법 개정에서는 자율규제 시스템도 마련됐는데, NHK의 경우 중앙방송프로그램심의회와 지방방송프로그램심의회, 국제방송프로그램심의회가 설치돼 법이 정한 프로그램 준칙에 따라 자율규제를 시행할 수 있게 됐으며, 같은 해에 민영방송들도 방송국 내에 프로그램심의회를 설치했다. 이러한 규제의 큰 틀은 상황변화에 따라 그때그때 약간의 개정을 거쳐 지금까지 이어지고 있다.

일본 방송법은 방송을 공공복지 증진을 도모하는 중요한 정책 수단으로 설정하는 것에 기초를 두고 있다. 그에 따라 방송콘텐츠 규제는 표현의 자유와 인권을 보장하는 목적에 최우선 가치를 둔다.

「방송법」 제1조는 방송을 최대한 보급하고 그 효용성을 유지하는 한편, 표현의 자유 확보를 위해 방송의 불편부당성과 진실성 그리고 자율성을 보장하며, 이를 위해 방송을 공공의 복지에 적합하도록 규정하는 동시에 방송 종사자의 직책을 명확히 함으로써 방송의 건전한 발전을 보도하는 것을 목적으로 규정하고 있다.

일본 「방송법」 제2조 제1항은 방송을 기간방송과 일반방송로 구분한다. 기간방송은 「전파법」(소화25(1950)년 법률 제131호)에 따라 방송하는 무선국 혹은 우선적으로 할당된 주파수를 이용하는 방송을 지칭하며, 일반방송은 기간방송을 제외한 방송을 말한다. 기간방송은 또 지상기간방송(地上基幹放送), 위성기간방송(衛星基幹放送), 이동수신용기간방송(移動受信用地上基幹放送)으로 구분된다. 이 구분에 따르면 일본의 지상파 방송사는 모두 특정 기간방송사업자가 된다.

Ⅰ. 소유규제

일본의 방송 소유규제는 주로 기간방송 사업자를 중심으로 이뤄지고 있다. 기간방송에 대한 소유와 겸영 규제는 '매스미디어 집중배제의 원칙'에 따라 이뤄진다. 이 원칙은 일본 「방송법」 제91조에 근거해 많은 사람들에게 기간방송을 접할 수 있는 기회를 제공하며, 방송에 의한 표현의 자유를 보다 많은 사람들이 누리게 함으로써, 민주주의의 발달에 기여하는 것을 원칙으로 삼고 있다.

이는 특정 사업자가 여러 미디어를 집중적으로 소유함으로써 생길 수 있는 여론의 독점과 콘텐츠의 편협성을 방어하기 위한 것이며, 이 원칙에 따라 주파수 할당에 따른 진입규제가 방송사업자에게 적용되고 있다.

방송의 다양성과 지역성 실현이 목표인 매스미디어 집중배제의 2대 원칙은 첫 번째로 1개 사업자가 신문, 방송, 라디오 등 3개의 사업을 동시에 소유하지 못하도록 하는 '3사업 지배금지'가 있다. 두 번째는 1개 사업자가 동일 지역 안에서 원칙적으로 2개 이상의 방송국을 소유하지 못하게 만든 '복수국 지배금지'이며, 여기에 따라 매체 간의 교차소유나 외국인 지분에 대한 규제가 시행된다.

「기간방송의 업무에 관한 표현의 자유 향유기준에 관한 성령」(基幹放送の業務に係る表現の自由享有基準に関する省令) 제8조 제1항은 방송대상 지역이 같은 사업자에 대해서는 10%를 넘는 의결권을 가질 수 없도록 하고 있고, 제8조 제2항은 방송구역이 다른 사업자에 대해서는 33.33333%를 초과해 의결권을 보유할 수 없도록 규정하고 있다. 외국인 소유 제한의 경우, 외국인이 지상파방송의 의결권을 1/5 이상 가질 경우 방송면허를 취소하도록 돼 있었는데, 여기에 더해 외국인의 간접투자를 통한 기간방송 지배를 막기 위해, 2005년 전파법 및 방송법 개정으로 외국인의 간접투자 제한 규정이 추가되었다.

한편, 일본 총무성은 매스미디어 집중배제 원칙이 뉴미디어의 등장에 따른 급속한 방송환경의 변화를 따라잡지 못하게 하고 기존 방송사의 경쟁력을 약화시키고 있다는 비판이 일자, 현재 시행중인 기간방송에 대한 소유 규제를 일부 완화하는 방안을 다각적으로 검토하고 있다.

우리 지상파와 비슷한 유형인 특정지상기간방송사업자는 비교심사를 통한 허가대상이다. 일본의 지상파방송 허가 심사기준은 사업계획의 현실성과 중계국 확보 여부, 장애자 배려와 재해방송 적합 여부 등을 따지고 있다.

지상파방송국의 재허가 절차는 허가만료 6개월 전 총무성의 공고가 뜨면, 사업자는 3개월 전까지 재허가 신청서를 접수해야 하며, 총무성은 전파감리심의회 자문을 통해 심사한 뒤 5년의 면허기간을 부여한다.

[표 6] 일본 지상파방송 허가 비교심사 기준

<table>
<tr><th colspan="2">심사기준</th><th colspan="2">배점</th></tr>
<tr><td rowspan="3">1. 사업계획의 확실성</td><td>사업계획 실행을 위한 재정적 기초</td><td>10</td><td rowspan="3">16</td></tr>
<tr><td>사업계획 수행에 필요한 정비계획의 확실성 여부</td><td>3</td></tr>
<tr><td>사업계획 실행을 위한 제작체계 확실성 여부</td><td>3</td></tr>
<tr><td>2. 방송대상지역 커버율</td><td>방송대상 지역에서 방송전파 직접수신이 충분히 가능하도록 중계국을 확보하고 있는지 여부</td><td>10</td><td>10</td></tr>
<tr><td>3. 시청각 장애자 배려</td><td>자막방송, 해설방송 등 시청각 장애자를 배려하는 방송프로그램에 대한 준비 정도</td><td>3</td><td>3</td></tr>
<tr><td>4. 재해방송 대응</td><td>재해방송을 대비해 충분한 예비전원장치를 중계국에 보유하고 있는지 여부</td><td>3</td><td>3</td></tr>
<tr><td rowspan="3">5. 방송의 효율적 보급</td><td>지역사회 요구를 충족하는 방송콘텐츠의 확보여부</td><td>3</td><td rowspan="3">9</td></tr>
<tr><td>방송국간의 혼신 가능성에 대한 조사 수행 여부</td><td>3</td></tr>
<tr><td>HD방송 혹은 멀티편성 방송의 충분한 편성 여부</td><td>3</td></tr>
<tr><td colspan="2">합 계</td><td colspan="2">41</td></tr>
</table>

※ 출처; 박동욱 외 3인, "방송사업자 재허가 재승인 제도개선 방안연구", 정보통신정책연구원, 2014, 21면에서 재인용

Ⅱ. 편성규제

일본 방송법은 프로그램 조화원칙으로 불리는 「방송법」 제3조의2 제2항을 통해 편성에 대한 원칙을 규정하고 있으며, 이 원칙을 근거로 총무성령 등에서 세부적인 규제 항목을 마련해 놓고 있다.

「방송법」 제3조의2 제2항을 보면, "방송사업자는 텔레비전 방송에 의한 국내 방송의 방송프로그램을 편집할 때에는 특별한 사업계획에 따른 것은 제외하고, 그 밖에 교양프로그램이나 교육프로그램, 보도프로그램 및 오락프로그램을 마련하여, 방송프로그램 상호 간의 조화를 유지하도록 하여야 한다."고 규정하고 있다. 이러한 원칙 아래서 교육이나 교양, 보도 등 공익적 프로그램의 편성 비율이나 방송광고 시간 등의 할당 비율이 세부 법령에 의해 정해진다.

또한 제4조에서는 방송프로그램의 편집에 관해서도 원칙을 정해 놓았는데, "① 공공의 안녕과 선량한 풍속을 해치지 않을 것 ② 정치적으로 공평할 것 ③ 보도에 있어서 사실을 왜곡하지 아니할 것 ④ 의견이 대립된 문제는 최대한 다양한 관점에서 다룰 것" 등이다.

일본의 편성 원칙에서 주목되는 부분은 사실 보도의 중요성과 함께 대립되는 견해나 정치적 이슈의 문제는 최대한 공평하고 다양하게 다룰 것을 강하게 반복해서 주문함으로써, 방송이 다양한 견해의 활성화를 통해 표현의 자유에 기여해야 함을 분명히 밝히고 있다.

Ⅲ. 심의규제

일본의 방송심의 제도는 자율적 체제에 의존한다. 1950년 방송법 제정 당시부터 심의에 관한 정부의 제도적 개입은 담기지 않았고, 그에 따라 우리의 방송통신심의위원회 같은 심의 전문 조직이나 방송심의규정도 만들어지지 않았다.

자율심의의 근거는 「방송법」 제3조의 3 '프로그램 기준의 책정'과 제3조의 4 '프로그램 심의기관의 설치' 조항으로, 이에 근거해 NHK와 민영방송들은 각각의 프로그램 방송기준을 제정하고 프로그램심의회를 설치해 운영하고 있다.

NHK의 프로그램심의회는 중앙방송, 국제방송, 지방방송 등으로 나눠진 심의회 형태에 따라 구성인원과 참여 직급이 달라지는데, 15명으로 구성된 중앙방송프로그램심의회에는 NHK 집행부에서 편성국장, 제작국장, 보도국장이 반드시 참석해야 하고, 지방방송프로그램심의회에는 국장과 방송부장이 필수적으로 참가하게 규정되어 있다.

또, 민영방송 프로그램심의회는 미디어 학계와 방송계, 문화계, 법조계 등을 대표하는 7명 이상의 위원으로 구성되고, 의사록은 옴부즈맨 프로그램이나 홈페이지에 공개하도록 법적으로 의무화되어 있다.

편향성이 심각한 정치적 콘텐츠나 선정적인 프로그램은 이와 같은 방송국 내부의 자체 심의절차를 통해 대부분 걸러진다. 이에 더해 NHK, 민영방송사, 민영방송연맹이 갹출한 회비를 운영 재원으로 하는 비영리·비정부 기관인 방송윤리·프로그램향상기구(Broadcasting Program Organization, BPO)가 지상파방송 전체를 아우르는 종합적인 심의행위를 수행하고 있다.

BPO는 방송의 자유와 시청자 보호라는 어떤 면에서는 상충할 수 있는 이익의 조화를 도모한다. BPO는 허위 방송에 대한 검증을 행하는 '방송윤리검증위원회', 시청자의 인권침해를 구제하기 위한 '방송과 인권 등 권리에 관한 위원회', 청소년 프로그램의 질적 향상을 위한 '방송과 청소년에 관한 위원회' 등으로 구성되어 있다. 심의위원의 인선이나 심의과정에서도 공권력은 일절 개입하지 않는다. 심의내용은 '권고', '견해', '제언'의 형태로 발표되며, 이는 법적 구속력 없이 사회적 압력으로 작용해 방송사의 개선을 유도한다.

이 같은 심의 형태는 방송의 자유와 콘텐츠의 다원성 제고를 통해 다원주의 실현에 크게 도움이 되었다는 평가가 대체로 많지만, 반대로 일본 방송의 선정성을 높이고 시청률에 도움이 되는 오락 프로그램 등에 대한 지나친 쏠림현상을 유발했다는 부정적 평가 역시 동시에 제기되고 있다. 자율심의 형태의 한계로는 심의에서 제재조치를 내려도 이를 강제화할 수 있는 장치가 없기 때문에 때때로 방송사들이 내부 심의절차나 BPO와 같은 민간 자율기구를 방패막이로 활용해서 규제를 회피하는 모습이 나타나기도 한다는 것이다.[33)]

33) 이재진·이홍천, "일본 방송심의제도의 자율성에 대한 비판적 고찰", 『언론과 법』, 제12권 제2호, 한국언론법학회, 2014, 59면.

제 3 절 영국 ; 공공성과 공익성 중시

영국에서의 방송규제 논의는 방송산업 태동기부터 의회를 중심으로 이뤄졌다. 방송산업이 형성되고 큰 변화를 겪을 때마다 정치경제 전반을 아우르는 위원회 조사가 의회 주도로 이뤄졌고, 그 결과는 방송규제의 근본 토대를 형성했다.

방송·통신 관련 정부 기관은 크게 세 부처로 나눠진다. 통신정책을 수립하는 기업혁신기술부(Department for Business Innovation & Skills, BIS), 방송정책을 수립하는 문화미디어스포츠부(Department for Culture, Media & Sports, DCMS)와 함께, 방송에 대한 광범위한 실질적 규제 권한을 가진 오프콤(Office of Communications, Ofcom)이 유기적 협력 체제를 유지한다.

영국 방송시장은 지상파 비중이 절대적인데, 크게는 BBC 중심의 공영방송 체제와 ITV 중심의 민영방송 체제로 이원화돼있다. 이 가운데 BBC는 특이하게 법률이 아닌 국왕이 부여하는 칙허장에 의해 설립과 운영형태가 규정돼 왔다. 칙허장은 BBC의 설립목적 및 공적책임과 함께 조직구성, 재원 조달, 규제체계 등을 규정하고 있으며 1927년 발부된 이후, 문화미디어스포츠부의 관리하에 10년 간격으로 갱신되어 왔다.

칙허장에 따른 규제는 BBC의 독립성을 보장하기 위한 것으로 방송규제를 담고 있는 방송법이 정치권력의 영향을 받을 수밖에 없다는 이유에서다. 칙허장에 근거해 만들어진 대표적인 독립 규제기구가 BBC트러스트로 2007년 칙허장 갱신에 따라 신설된 이후 2016년까지 BBC의 전략과 예산을 승인하고 성과를 평가해왔다.

2016년 칙허장 만료 이후 BBC의 지배구조를 개혁하는 새로운 백서가 문화미디어스포츠부의 주도로 발간됐으며, 이를 토대로 작성된 새 칙허장이 2016년 12월 국왕에 의해 최종 승인되었다. 새로운 칙허장 원칙은 2017년 1월부터 발효돼 2028년까지 유지된다.

이번 칙허장 갱신은 BBC의 지배구조를 바꿔놓았는데, 종전 트러스트와 집행이사회로 나누어져 있던 거버넌스 체제가 집행이사회 단일 체제로 바뀌었다. 새로 출범한 BBC 단일 이사회는 BBC의 전략 수립과 국내외 서비스 운영, 성과측정 등의 기능을 담당하며, BBC에 대한 신규 서비스 인허가와 상업 활동 규제, 내용심의 등의 규제 권한은 외부 규제기구인 오프콤(Ofcom)으로 이양되었다. 또, BBC에 대한 감사는 영국 국가감사원이 위탁받아 진행한다.

BBC를 제외한 나머지 민영방송들은 소유와 내용에 관한 광범위한 규제를 오프콤으로부터 받는다. 오프콤은 방송·통신 융합 환경에 대응하고자 2003년 도입된 커뮤니케이션법(Communication Act)에 따라 기존 5개의 정부 기관이 통합돼 탄생한 방송·통신 단일규제기관으로, 우리나라에서 정책담당 기구인 방송통신위원회와 심의담당인 방송통신심의위원회가 분리돼 있는 것과 달리, 양쪽 모두를 총괄 규제하는 기관이다.

방송사들은 오프콤이 승인한 업무기준(Code of Practice)에 따라 자체적으로 시청자불만이나 민원을 처리하고 있으며, 오프콤은 방송콘텐츠가 방송기준(Broadcasting Code)에 위반되는 경우에 한해 규제한다. 오프콤은 운영재원의 절반 이상을 주파수 할당이나 방송국허가 수수료 등의 수입으로 충당하고 있으며, 나머지는 정부 보조금이 투입된다.

Ⅰ. 소유규제

영국의 허가제도는 오랫동안 BBC와 BBC를 제외한 방송 허가로 나누어져 운영돼왔다. BBC는 1922년 상업방송(British Broadcasting Corporation)으로 출발해 1927년 공사로 재편되었다. 앞서 언급했듯이 BBC는 국왕이 부여하는 칙허장과 협정서를 근간으로 설립 및 운영되며 허가 기간은 10년이다.

BBC를 제외한 나머지 방송은 1990년 제정된 방송법과 2003년 만들어진 「커뮤니케이션법」(Communication Act)에 따라 오프콤에 의해 인허가 절차가 진행된다. 지상파방송 사업자허가대상은 채널3, 채널4, 채널5이며 방송법 제2장에 따라 허가 기간은 10년이다.

소유규제를 보면 개별 지역에 3개 이상의 다른 미디어 기업이 TV, 라디오, 신문 등을 운영하고 있다는 전제 하에 교차소유를 허용하고 있는데, 이때도 전국 시장점유율 20% 이상인 신문사가 채널3, 채널5, 라디오 채널의 면허를 취득하는 것을 금지하는 한편, 지분만 소유할 경우에도 그 한도를 20% 이내로 제한하고 있다. 반대로 채널3 면허 소유자도 같은 지역에서 지역신문 지분의 20% 이상을 소유할 수 없도록 하는 등 미디어 집중은 막고 다양성은 높이는 정책을 시행하고 있다.

Ⅱ. 편성규제

영국의 방송법은 미디어에 대해 전통적으로 다원주의에 기반을 둔 공적 책임을 요구하고 있다. 채널들이 여러 계층과 연령, 문화,

인종, 종교 등을 포용하는 다양하고 품위 있는 프로그램을 통해 공중의 이익에 기여해야 한다는 것이다. 또한 프로그램이 폭력이나 인종 간의 증오를 유발하는 등의 부정적 요소로 작용해서는 안 되며, 개인의 명예를 훼손해서도 안 된다는 원칙이 적용되고 있다.

프로그램 공급 장르와 관련해서도 엄격한 원칙이 적용되고 있는데, 공영방송인 BBC의 경우 칙허장에서 정보, 교육, 오락을 제공할 의무를 규정하고 있으며, 그에 따라 뉴스, 시사, 종교, 어린이 프로그램뿐만 아니라, 드라마, 영화 등의 다양한 프로그램이 균형 있게 제공되고 있다.

지상파 민영방송에도 BBC와 비슷한 의무가 부과되고 있지만, 지상파보다 나중에 등장한 위성방송이나 케이블TV의 경우에는 뉴스 공급만 의무사항으로 두고 나머지에 대해서는 자유로운 편성을 허용하고 있다.

프로그램 편성에 대한 규제는 오프콤의 7개 부서 가운데 콘텐츠국에서 담당하며 단계별로 편성에 대한 원칙을 제시하고 있다. 첫 단계에서는 시사물과 뉴스 프로그램, 국가적 혹은 지역적 프로그램, 교육 관련 프로그램 등에 쿼터제를 적용해 각 방송사들에게 일정 분량 이상을 송출하도록 의무화하고 있다. 두 번째 단계에서는 드라마나 오락, 종교 등의 장르에 대해 방송 분량을 권고한다.

영국을 비롯한 유럽에서는 전반적으로 방송편성의 자유가 다른 권역에 비해 상대적으로 많이 제한되는 편이지만 이는 내부적 다원주의의 원칙에 따라, 방송의 자유를 방송사나 프로그램 제작자의 권리라고 보기보다는, 다양한 프로그램을 제공받을 시청자의 권리로 간주하고 있기 때문으로 분석된다.

Ⅲ. 심의규제

1980년대 후반부터 케이블과 위성방송이 출범하고 방송 주변 환경이 급변하자 영국은 1990년 방송법을 통해 방송콘텐츠에 대한 규제 초점을 공정성, 다양성, 외설과 폭력이라는 세 가지 범위로 좁혔고, 이 원칙은 2003년 방송·통신 융합 환경에 대응한 「커뮤니케이션법」으로 계승되었다.

이에 따라 오프콤의 콘텐츠 내용에 관한 심의는 주로 콘텐츠의 유해성과 아동보호 여부, 정치적 공정성, 개인의 사생활 침해 여부를 따지는 데 모아진다. 오프콤은 특히 공정성과 사생활 침해 사안에 대해 개인이 피해를 입었을 경우에는 그것을 구제하는 조정 시스템을 운영하고 있다.

오프콤은 기본적으로 자율규제(self-regulation)를 권장하며, 자율규제의 적용이 어려운 경우에는 공동규제(co-regulation)를 권장함으로써 법적 개입을 최소화하는 방향으로 운용 중이다.

송출된 방송콘텐츠가 방송 규정을 위반했을 경우, 시청자는 그에 대한 불만을 방송시점 20일 이내에 온라인이나 전화로 오프콤에 신고할 수 있다. 오프콤은 관련 불만에 대해 내부 심의를 거친 뒤 규정 위반이나 해결, 기각 등의 결정 내용을 자체 사이트에 게재하게 된다.

제 4 절 프랑스 ; 다양성의 보장 핵심

프랑스는 방송이 공·민영 이원 체제로 운영되고 있으며, 방송사 소유에서 TV와 라디오가 분리된 형태이다. 공영방송의 경우, TV는 France Televisions, 라디오는 Radio France가 각각 별도의 그룹으로 운영 중이다. 민영방송도 TV와 라디오가 분리되어 있는데 일례로 민영TV인 TF1과 Canal+, M6 등은 라디오 채널이 없다.

공·민영의 역할 분담과 관련해서는 시청료로 운영되는 공영방송이 헌법상의 다원주의 실현 측면에서 공공서비스를 중점 담당하는 형태로 발전해 온 데 비해, 민영방송은 최소한의 공공성을 지닌 상태에서 다양한 프로그램으로 경쟁을 벌이는 형태로 나누어져 있다.[34)]

프랑스는 방송법이 정치권력의 변화에 따라 가장 크게 변하는 나라로 평가된다. 방송법은 1982년 제정 이후 수차례 개정을 거듭했다. 그 가운데 가장 많은 개혁적 내용을 담았다고 평가받았던 「1986년 커뮤니케이션 자유에 관한 법률」은 방송의 자유 및 다원성 원칙과 거기에 바탕을 둔 규제원리들을 제공함으로써 현재의 프랑스 방송규제 체계의 골격을 형성했다.

프랑스의 방송규제는 개인과 정치 집단들에게 공정하게 표현의 기회를 제공하는 한편, 동등한 시간을 배분해 시민의 정치적 선택과 권익을 보장하며, 청소년 보호, 이용자의 권익 보호, 장애인을 비롯한 사회적 약자 배려와 함께, 문화적 다양성을 보장해 프랑스

---

34) 한동훈, "주요국가의 방송통신법제에 관한 비교법적 연구", 한국법제연구원, 2009, 123면.

사회의 공동체적 발전과 결속에 이바지하도록 한다는 대원칙 아래 규제와 심의가 이루어지고 있다.

이런 원칙 아래서 규제기관인 프랑스 방송위원회(Conseil supérieur audiovisuel, CSA)는 ▲공영방송 사장과 임원 임면 ▲방송 주파수의 배분 ▲방송사업자에 대한 허가권 발급 ▲시청각 프로그램 조사 및 규제 ▲선거방송 관련 제작·편성·송출 조건 규정 ▲유럽과 프랑스산 영화·영상·음악 쿼터 준수 감시 ▲프로그램 사후심의 등의 활동을 수행한다.

CSA는 방송사업자가 의무사항을 어길 경우 방송권 압수나 벌금 부과 등의 처벌권을 행사한다. CSA는 방송산업에 대한 진흥이나 지원정책에는 관여하지 않아 자본에 의한 권력관계에서도 독립적이다. 자본과 정치권력으로부터의 독립적 지위 확보는 CSA로 하여금 사회 공동체적 가치와 인간의 존엄성 보호라는 본연적 가치를 실현하는데 충실하게 했다는 평가를 받고 있다.[35]

Ⅰ. 소유규제

프랑스는 2004년 「전자커뮤니케이션법」을 통해 전국채널과 지역채널, 혹은 이종 미디어 간 교차소유가 가능하도록 규제가 완화됐으며, 이에 따라 미디어 기업들은 시장에서 자신에게 유리한 결합모델을 선택할 수 있다.

이른바 '3개 중의 2개(two out of three)원칙'으로 불리는 미디어 소유규제는 지상파TV, 라디오, 신문 등 3개 시장에서 2개 영역에서만 지분 소유가 가능하도록 한 것이다. 여기서 미디어 사업자가 두 개 영역의 시장에서 영업할 경우 각각의 시장에서 수용자에 대

35) 문연주 외 12인, 앞의 연구, 194면.

한 상한선 규정을 적용받게 된다.

소유규제는 원칙적으로 아날로그와 디지털 방송, 전국 및 지역 단위로 구분되지만, 2004년 법개정으로 디지털 방송의 규제영역은 기존의 아날로그 영역과 동일하게 적용되고 있으며 광고와 인터넷 등은 소유 집중 규제대상에서 제외되어 있다.

정부가 100%의 지분을 갖고 협약 하에 운영되는 공영방송을 제외한 민영방송들은 심사를 통해 허가 및 재허가 절차를 받게 되는데, 지상파 민영TV의 허가 기간은 최대 10년, 라디오는 5년이다.

Ⅱ. 편성규제

「1986년 커뮤니케이션 자유에 관한 법률」에서 CSA의 역할과 임무에 관해 기술하고 있는 제3-1조는 "CSA는 텔레비전 서비스 편집자들이 편성을 통해, 프랑스 사회의 다양성을 잘 반영하고 있는지를 매년 의회에 보고하고, 모든 프로그램 장르에서의 다양성을 효율적으로 증진시킬 수 있는 방안을 제시한다."고 규정하고 있다.

프랑스의 편성규제는 80년대 이후 큰 변화가 없는데, 주요 특성으로는 자국내 제작물과 유럽 제작물에 대한 보호주의 정책을 다른 유럽 국가들보다 상대적으로 강력히 추진하고 있다는 것이다. 특히 지상파 방송사에는 공·민영 가릴 것 없이 주요 시간대에 대한 편성규제가 시행되고 있는데, 이를테면 외주 제작물의 경우 주요 시간대 배정과 할당량, 제작비 등에 대한 기준이 설정돼 있으며, 방송에서 방영되는 영화의 경우에도 편수를 포함해 시간대까지 정해져 있다.

세부 조항을 보면, 「방송법」 제28-2조는 영화와 영상물 방영 때 최소 60%를 유럽산으로, 또 적어도 40%는 프랑스어 표현물이어야 한다고 정해놓고 있다. 그리고 공·민영 라디오 방송사에서 송출되는 대중가요 가운데 40% 이상을 프랑스어로 방송해야 한다고 규정되어 있다. 이와 함께 청소년과 아동을 폭력이나 성적인 표현에서 보호하기 위한 조치로 1996년부터는 시청연령제한표시 제도가 실시되고 있다.

지상파방송에 대한 강도 높은 편성규제는 전파의 공공성에 따른 공적책임 부과의 이유도 있지만, 새롭게 등장하는 미디어 영역을 보호하려는 목적도 컸다. 하지만 OTT나 IPTV 등 뉴미디어의 급성장으로 지상파방송이 오히려 역차별을 당하는 상황이 발생하자, 지상파에 대한 편성규제를 일부 완화하고 있는 추세이다.

대표적인 것이 2020년 8월부터 시행된 영화 편성 제한의 완화이다. 그 이전까지 프랑스 지상파 방송사들은 저녁 8시 30분에서 10시 30분 사이 황금시간대에 편성할 수 있는 영화 편수가 연간 144편으로 제한되어 있었다. 영화관 산업을 보호하기 위한 이런 규제가 최근 들어 온라인 동영상 플랫폼에 대한 지상파TV의 경쟁력 약화로 이어지자, 프랑스 정부는 새로운 시행령 발표를 통해 같은 시간대 편성 가능한 영화 편수를 종전의 144편에서 196편으로 늘렸다.

Ⅲ. 심의규제

프랑스의 방송·통신 심의는 1789년 「인권선언」과 「1881년 커뮤니케이션 자유에 관한 법」(Droit de la liberté de communication)에서 그 원칙과 기원을 찾아볼 수 있으며, 프랑스 시민들의 표현의 자유 실현을 보장할 수 있는 구체적인 실천 방안으로 제도화되었다.

내용심의는 CSA가 방송콘텐츠에 대한 모니터링과 조사를 거친 뒤 시행한다. 중점적으로 살피는 심의 대상은 표현의 자유에 대한 일반 법규나 비방과 모욕에 관한 법규 위반, 반사회적 역사의식, 인종이나 성적 차별, 사생활 보호 위반, 초상권 침해, 청소년보호 위반 등이 있다.

CSA가 내놓는 심의결과는 '경고'나, 벌금형을 포함한 '처벌'이 대부분을 이루고 있으며, 사법 소송은 CSA와 방송사 간의 분쟁 혹은 경제 사범 등의 범법적 혐의가 있거나 방송사에 대한 개인의 법적 소송이 발생한 경우 진행되는데, 이때는 공정거래위원회나 사법부의 협조 하에 법적 절차가 진행되며 CSA는 의견을 개진한다.

CSA가 방송사에 대해 가할 수 있는 제재는 4가지 형태이다. 첫 번째는 프로그램이나 광고의 일부분에 대해 중지 명령을 내릴 수 있고, 두 번째는 최대 1년까지 허가 및 협약 기간의 축소를 명령할 수 있다. 그리고 세 번째로 프로그램의 제작과 방영에 따른 벌금형을 명령할 수 있고, 네 번째로 협약의 일방적인 해약과 허가권 취소 권한이 있다.

제 5 절 독일 ; 공·민영 차등규제

독일 헌법인 「기본법」 제5조 제1항에서는 "신문의 자유와 방송 및 영화를 통한 보도의 자유는 보장된다."고 명시하고 있는데, 이는 민주적 의사결정 과정에서 정보전달 및 여론형성 기관으로서의 방송의 중요성과 책임성을 헌법적으로 규정하는 것이다.

독일 기본법은 우리의 헌법에 해당되는데 제73조 제7항에서 통신서비스를 연방의 배타적 입법권으로 적시한 반면, 방송 서비스는 언급하지 않고 있으며, 제30조와 제70조는 제73조에서 명시되지 않은 사안들은 각 주의 주권에 속하는 사항들로 규정하고 있다. 이에 따라 미디어정책의 권한은 주정부에 있는 것으로 해석된다.

다만, 경향성을 인정받아 외부적 다원주의를 적용받는 신문과 달리, 독일의 방송규제는 전통적으로 내부적 다원주의 원칙을 따라왔다. 다원주의 형성을 위한 절차와 규율을 방송에 강제적으로 적용함으로써, 결과적으로 다양한 견해의 표출을 이뤄낸다는 것이다.

하지만 기술 발전 등 방송환경의 변화에 따라 채널이 크게 늘어나면서 공영방송에 대해서는 내부적 다원주의의 원칙을 철저히 적용하되, 민영방송에는 공정성과 공적 책임에 관한 최소한의 원칙을 지키도록 하는 선에서 외부적 다원주의의 원칙을 확대 적용해 나가고 있다. 이에 따라 독일에서는 방송이 공영이냐 민영이냐에 따라 규제 법률과 규제기관, 심의기준이 각각 다르게 적용되는 이원적 규제방식이 운용되고 있다.

독일에서는 방송에 관한 법규 제정과 규제 권한을 16개 주가 별도로 갖고 독자적으로 관할한다. 이는 과거 나치 정권에서 방송이 정치적 선전도구로 쓰였다는 반성에 따른 것이며, 독일 헌법인 「기본법」 제30조와 제70조에 근거하고 있다.

이에 따라 다양한 방송 관련 법규가 존재하는데, 우선 공영방송과 민영방송 등 방송 전반을 아우르는 연방 단위의 「방송텔레미디어국가협약」이 있다. 이는 방송 환경 변화로 채널이 급증함에 따라 연방정부 차원에서 이를 일관성 있게 규제할 필요성에 따라 탄생한 방송관련 최상위 법률이다. 우리나라의 방송법에 해당하는 이 협약은 여러 주의 각기 다른 방송규정을 통일한 것으로 독일의 각 주가 1987년에 체결했다.

이밖에 민영방송을 규제하는 「주미디어법」, 공영방송을 규제하는 각각의 주별 「공영방송법」 등이 존재한다. 규제기구로는 공영방송의 경우 방송사 내부 기구인 방송평의회가 담당하며, 민영방송은 개별 주마다 설치돼 있는 미디어청에서 관리감독 역할을 수행한다.

공영방송사를 감독하는 방송평의회는 정당과 사회, 문화, 시민단체 등 독일사회에서 다양한 이해관계를 대변하는 단체와 기관들의 대표로 구성되어 공적 규제기관의 성격을 띤다고 볼 수 있기 때문에, 공영방송에 대한 규제를 '공적 자율규제'로 부르기도 한다. 평의원들의 방송책무 역시 법률에 규정되어 있는데, 방송사 경영과 인사, 전략 수립, 프로그램 제작, 편성과 함께 사후심의까지 관여한다.

주미디어청은 민영방송에 대한 인허가와 방송정책 입안, 제작지원 등의 업무를 담당하며 민영 방송사들은 본사가 있는 지역의 주 방송법에 따라 주미디어평의회로부터 면허교부나 프로그램 사후심의, 시청자 불만처리 업무 등에 대한 감독을 받는다.

만약 연방 단위의 법률과 주 단위의 법률이 서로 충돌할 경우 연방헌법재판소가 헌법해석을 통해 문제를 해결하며 이를 '방송판결'이라 명명한다. 한편, 방송·통신 융합에 따른 뉴미디어에 대해서는 텔레미디어(Telemedien)라는 개념을 만들어 연방정부와 주정부가 함께 규제한다. 또, 방송콘텐츠에 대한 내용심의는 미디어의 자유와 사회질서 유지라는, 상황에 따라 상충할 수 있는 가치의 조화를 위해 정부 기관과 민간이 협력하는 시스템을 갖추고 있다.

Ⅰ. 소유규제

독일은 이종 미디어 간 교차소유를 허용하지만, 미디어산업에서 자본집중으로 생겨나는 지배적 여론의 등장은 억제하는 방향으로 미디어 정책을 운용하고 있다. 비방송사업자인 대기업이 방송사업자를 합병할 경우에도 지분 제한은 없다. 다만, 일간 신문사나 통신사가 단일 시장 안에서 지상파 사업자와 결합할 경우, 지분소유 제한 대신, 30%의 시청점유율 상한선 규제가 적용된다.

한 기업 그룹에 속한 채널들의 시청점유율이 30%를 넘어설 때는 「방송국가협정」 제26조 제3항과 제4항에 의거해, 견해의 다양성을 해칠 우려가 있다는 판단 아래 주미디어청의 제재를 받게 된다. 제재 내용은 방송 채널 신설과 다른 채널의 지분 매입이 금지될 뿐만 아니라, 해당 기업은 시청점유율이 30% 아래로 내려갈 때까지 지분을 매각하거나 방송 시간을 제3자에게 할애해야 한다.

16개 주 단위의 방송법은 대부분 1990년대 중반 이후 제정되어 관할 지역 내의 민영방송의 인허가 및 감독권을 규율하고 있는데, 이를테면, 노르트라인-베스트팔렌주는 1998년 4월 25일 독자적인 방송법(Rundfunkgesetz fuer das Land Nordrhein-Westfalen, LRG NW)을 발효시켰다.

반면, 공영방송은 각 방송사마다 별도의 법률이 존재하며, 방송 관련 법규가 연방차원이 아닌 주(州) 사이의 국가협약의 형태로 존재하는데 「ARD 국가협약」이나 「ZDF 국가협약」 등이 그에 속한다.

> 국가협약은 통상 국가 간에 체결하는 협약을 말하지만, 독일의 경우에는 게르만법 체계에 근거를 둔 역사적 전통에 따라 협약이라고 부르는데, 이때 일반적으로 의회의 승인이나 동의가 필요 없는 경우에는 협정(Abkommen)이라 칭하고, 의회의 동의가 필요한 경우에는 협약(Vertrag)이라고 부른다.

Ⅱ. 편성규제

독일은 주 단위로 규제체계를 다르게 운영하고 있기에 편성에 대한 부분도 주별로 약간의 차이가 존재한다. 다만, EU 차원의 이른바 「시청각 미디어서비스 지침」에 따라 영화나 영상물의 경우 유럽 제작물을 50% 이상 전체 방송사가 편성하고 있다.

공·민영의 이원적 규제체계에 따라, 공영방송은 방송의 의미를 다원주의 실현을 통한 다양성 추구에 방점을 두면서 소외계층 관련 프로그램, 뉴스와 정보, 심층 탐사 보도, 문화와 어린이 프로그램 등 공익적 요소가 강한 제작물에 집중한다.

그에 비해 민영방송은 연예 및 오락 프로그램, 리얼리티 쇼, 영화와 같은 시청률에 유리한 프로그램으로 종합편성을 자유롭게 하되, 다양성의 기초 수준은 보장하도록 규율하고 있다. 하지만 이와 같은 이원적 분담체계는 최근 들어 많은 공영방송들이 민영방송과의 시청률 경쟁으로 인해 민영방송이 개발한 프로그램들을 모방하면서 의미가 퇴색하고 있다는 비판도 제기된다.

독일에서 내부적 다원주의에 의한 견해의 다양성의 보장은 개별 방송사 내부에서 다양한 편성이 이루어지게 함으로써 확보하는 방식과, 한 지역에서 제공되는 여러 방송사의 콘텐츠를 총량적으로 봤을 때 다양성이 달성되도록 하는 방식 모두 헌법적으로 용인되고 있다.

한편, 「방송국가협정」(Rundfunkstaatsvertrag) 제31조에 따라 민영방송에 대해서는 외주제작 편성 비율을 규제하고 있는데, 주당 260분 및 주시청시간대에는 최소 75분을 외주에 맡기도록 하고 있다. 권장되는 외주 제작프로그램은 교육 및 정보, 문화 프로그램이며,

외주 독립제작사들은 각 주의 민영방송 인허가를 관할하는 주미디어관리청에서 제작 참여 허가를 승인받아야 한다.

Ⅲ. 심의규제

최상위법인 「방송텔레미디어국가협약」 제41조에서는 방송콘텐츠의 심의규제에 대한 대원칙을 명시하고 있다. 주요 내용은 인간의 존엄성을 존중하고 보호해야 한다는 것과, 타인의 견해나 도덕적·종교적·세계관적 신념을 존중하고 차별을 하지 않아야 한다는 내용이다. 이 같은 규정은 관념적이고 추상적일 수 있지만, 하위법 제정이나 규제기구 심의의 기준이 된다는 점에서 중요한 의미를 지닌다.

이런 원칙 하에서 주미디어청은 산하에 텔레비전 자율규제기구(Die Freiwillige Selbstkontrolle Fernsehen, FSF)와 영화 자율규제기구(Freiwillige Selbstkontrolle der Filmwirtschaft, FSK)를 설립해 민영방송을 규제하며, 전자는 영화를 뺀 프로그램 전반을 심의하고 후자는 드라마와 TV 영화를 심의해 연령에 따라 프로그램을 등급 분류한다.

공영방송의 경우는 공영방송법에 따라 사회 여러 집단의 대표들로 구성된 방송평의회에서 심의를 담당한다. 여기에 지난 2003년 제정된 「청소년미디어보호국가협약」이 방송·통신 콘텐츠 규제의 포괄적인 법률로서 효력을 발휘한다. 이 협약은 공영방송과 민영방송을 포함하여 언론의 성격을 지닌 다양한 형태의 뉴미디어까지 심의·규제하는 역할을 수행한다. 독일에서 방송·통신 관련 규제의 핵심은 어린이와 청소년의 보호이기 때문에 이 법은 사실상 방송 심의와 관련된 기본법 성격을 갖고 있으며, 이를 기반으로 주정부들은 청소년미디어보호위원회(Kommission fuer Jugendmedienschutz, KJM)

를 설치한다.

이 위원회는 민간 자율심의기구에 대한 승인권을 갖고 있는데, 앞서 언급한 텔레비전 자율규제기구(FSF)와 영화 자율규제기구(FSK)도 여기에서 승인을 받아야 한다. 독일의 방송심의가 '규제적 자율심의'로 불리는 이유가 이처럼 정부가 방송콘텐츠 심의에 직접 관여하지 않고 법률을 통해 간접적으로 감독하기 때문이다.

방송사업자가 민간 자율심의기구의 결정 내용을 이행하지 않을 경우, 청소년미디어보호위원회는 방송사업자에게 제재 결정을 내리게 되며, 방송 면허권을 가진 주미디어청은 해당 사업자에게 제재 조치를 집행해야 한다.

공영방송의 경우, 방송평의회는 방송사 사장으로부터 프로그램 기획 단계부터 관련 내용을 보고받으며, 프로그램이 방송된 후에는 시청자가 제기한 불만이나 내부 평가 시스템을 통해 심의 절차를 진행한다. 방송평의회에서 문제를 제기할 경우, 경영진과 제작 책임자가 방송평의회에 참석해 해결방안을 논의하고 제안하게 된다.

제 6 절 시사점

지금까지 살펴본 선진 5개국들은 각국의 헌법이나 역사적·정치적 배경에 따라 내부적 혹은 외부적 다원주의 원칙을 다르게 적용하고 있었지만, 그 기본에는 모두 방송의 자유를 통해 표현의 자유를 확장하고 민주주의 실현을 돕는다는 공통의 목표를 갖고 있었다.

미국의 경우 전세계에서 가장 많은 방송이 설립돼 치열한 경쟁을 벌이고 있는 여건에다, 표현의 자유를 절대적으로 보장하는 연방헌법 증보 제1조(The First Amendment)의 영향으로 외부적 다원주의 원칙을 따르고 있는 반면, 근대사에 전쟁과 시민혁명 등의 역사를 거친 유럽 국가들은 권력의 선전도구였던 방송의 어두운 과거에 대한 트라우마 때문에 대체로 내부적 다원주의 원칙을 적용하고 있다.

선진 5개국에서 발견되는 방송규제의 공통점을 추출해보면, 우선 여론의 독점화를 막고 견해의 다양성을 확보하기 위해, 시청점유율이나 교차소유 제한 등의 형태로 미디어에 대한 소유규제를 시행하고 있다는 점이다. 이는 미디어산업의 급변으로 생존을 위한 인수합병이 늘면서 거대자본에 의한 여론의 독과점 우려가 커짐에 따라 이를 막는 것이 규제의 중요한 목표가 되고 있다는 뜻이다.

다양한 방송프로그램을 송출하기 위한 편성규제의 경우, 미국은 연방헌법 증보 제1조(The First Amendment)의 정신에 따라 거의 규제가 없었다. 그에 비해 다른 대부분의 국가들은 교육이나 시사·보도 등 공익적 프로그램의 편성을 방송사에 의무적으로 할당하는 한편, 드라마나 연예 등 인기가 높은 오락 프로그램에 대해서는 방송 분량을 권고하는 등의 미약한 규제에 그치고 있었다.

이는 광고나 프로그램 판매에 크게 도움이 되지 않는 공익적 프로그램을 기피하는 방송사의 속성에 제동을 걸고, 편성을 통해 공적 책임의 구현을 강제화하는 조치로 볼 수 있다. 이와 더불어 유럽 방송사들은 EU 차원의 지침에다 고유문화의 창달과 유지 차원에서 유럽 혹은 자국 제작물을 의무 편성하는 조항을 만들어놓고 있었다.

송출된 방송프로그램의 평가에 대한 심의규제를 보면, 선진 5개국 모두 방송사나 방송사 연합의 자율심의 및 자율규제에 방점을 두고 있으며, 위반이 심각한 경우에만 정부가 개입하는 형태를 취하고 있었다.

정부가 법률로 민간 자율기구의 설립기반을 만들어준 뒤, 민간 영역에서 자체 심의를 시행하고 개선 및 구제방안을 마련하는 방식이다. 예를 들어 독일의 경우 연방정부와 주정부가 규제 관련 법적 가이드라인을 제시하면 민간이 그에 합당한 자율규제 기구를 만들어 심의기능을 작동시키는데, 규정 위반의 경우에만 정부가 공적 기구를 통해 제재를 가하는 형태이다.

종합하자면 선진국들은 방송에 대해 조직적 절차적 규율을 입법적으로 형성하되, 내용규제에 있어서는 공권력의 직접적 개입보다는 방송사업자의 자율에 맡기고 간접적으로 관리·감독권을 행사하는 형태를 취하고 있는 경우가 우세한 것으로 분석된다. 또한, 선진 각국이 공통적으로 방송규제를 통해 얻고자 하는 가장 큰 목적은 헌법상의 다원주의 원칙 실현과 그 결과인 다양성의 확장이었다. 그 다양성의 가장 중요한 부문이 바로 이 책에서 다루고 있는 정치적 견해의 다양성으로 분석된다. 이는 대부분 국가의 방송법이 정치적 견해에 대한 표현의 기회균등과 공정성 원칙을 담고 있는 부분에서 확인할 수 있었다.

[표 7] 선진 5개국의 방송규제 현황

	미국	일본	영국	프랑스	독일
규제 철학	-외부적 다원주의, 자유주의 관점 -사상의 자유시장	공공복지의 증진	-내부적 다원주의 원칙 -다양성, 공정성, 외설과 폭력 억제	-공정한 표현의 기회 제공 -문화적 다양성 보장	-내부적 다원주의 -공·민영의 공적책임 차별화
소유 규제	-신문과 유료방송(위성, 케이블, IPTV 등)간 결합제한 없음	-신문과 유료방송간 결합제한 없음	-신문과 유료방송간 결합제한 없음	-신문과 유료방송간 결합제한 없음	-신문, 지상파방송, 유료방송간 결합제한 없음

소유규제	- 신문과 지상파방송간 결합허용. 동일지역내 결합허용	- 신문과 지상파방송간 결합을 허용하되, 동일지역내 신문 · 라디오 · TV의 동시 소유 금지	- 신문과 지상파방송간 결합을 허용하되, 시장점유율 20% 이상의 전국 일간지는 채널3 면허취득 금지	- 신문과 지상파방송간 결합을 허용하되, 동일지역내 일정 기준 이상의 신문·라디오·TV 동시소유금지	- 단, 한 사업자가 소유한 모든 채널의 시청률점유율은 30% 이하로 제한
편성규제	- 어린이 프로그램 의무편성 외 편성규제 없음	- 교육, 시사·보도 등 공익 프로그램의 편성 비율 할당 - 방송법에 공공질서 보장과 다양한 정치적 관점에 관한 원칙 명시	- 시사·보도, 교육프로그램 쿼터제 - 드라마, 오락 등 방송 분량 권고	- 유럽산 60%및 프랑스어 제작물 40%의무편성 - 정치적 표현 동일시간 분배 원칙	- 50% 이상 유럽 제작물 - 외주제작 일정 할당
심의규제	- 방송사 자체 심의 중점 - 외설적 표현에 한해 예외적으로 FCC 개입	- 심의에 대한 제도적 개입 배제 - 방송사 자체 심의 및 자율심의기구인 BPO에 의한 자율규제	- 자율규제 권장, 법적 개입 최소화 - 개인피해구제 오프콤 개입	- CSA가 비방, 모욕, 반사회적 역사인식, 인종 및 성적 차별, 청소년 보호위반 등 중점 심의	- 정부가 법률로 간접 감독 - 공 · 민영별로 민간 자율규제

이와 함께 방송환경의 전반적인 변화가 방송에 적용되는 규율의 변화를 압박하고 있는 점이 주목된다. 인터넷 기반의 통신기술 발달과 방송·통신 융합 환경에 따라 주파수 부족이나 고비용 구조에 바탕을 둔 방송의 수적인 한계가 극복되자, 방송의 주관적 공권성을 인정하는 분위기가 점차 힘을 얻고 있었다. 그에 따라 종전 TV를 중심으로 만들어져 온 방송규제 논리들이 약해지면서 방송의 공적 가치보다 산업화 논리가 우선시되는 경향이 전세계적으로 나타나고 있음을 확인할 수 있었다.

제 4 장

다원주의 원칙에서 바라본 국내 방송법

제1절 방송 미디어 유형 확대와 규제변화 추이

「방송법」 제2조 제1항은 방송프로그램을 기획·편성 또는 제작하여 이를 공중에게 전기통신설비에 의하여 송신하는 것을 방송으로 정의하고, 방송의 종류로 텔레비전(TV) 방송, 라디오 방송, 데이터 방송, 이동멀티미디어(DMB) 방송 등을 들고 있다.

또 제2항에서는 방송사업의 유형을 구분하고 있는데, KBS, MBC, SBS와 지역민방 등 지상의 무선국을 관리 운영하면서 방송을 행하는 사업을 지상파방송사업으로 분류하고, 그 밖에 유선방송국 설비를 이용하는 종합유선방송사업, 인공위성을 활용한 위송방송사업, 그리고 앞의 세 사업자와 특정 채널의 전부 혹은 일부 시간에 대한 전용사용계약을 체결하여 그 채널을 사용하는 방송채널사용사업 등을 방송법상의 사업유형으로 정해놓고 있다.

이와 같은 방송사업 유형은 미디어 기술 발전과 산업 환경 변화에 따라 순차적으로 방송법의 규율에 도입되어왔으며 지금도 그 과정 속에 있다.

국내 방송사업이 가장 큰 변혁을 맞게 된 계기는 SBS의 개국으로 지역민방 시대가 개막한 1991년이다. 시청자들의 프로그램 선택권 확대라는 목적 아래 민방 시대가 열린 후 10년 만인 2002년에는 위성방송이 출범했고 이어서 2007년에 IPTV가 등장했다.

IPTV는 초고속 인터넷망을 통해 방송콘텐츠를 제공하는 서비스로, 일반 케이블방송이 자체 편성에 따라 일방적으로 방송을 내보내는데 비해 IPTV에서는 시청자가 자신이 원하는 시간에 보고 싶은 프로그램을 볼 수 있다. 이후 2009년에는 종합편성과 보도전문채널까지 가세하면서 방송콘텐츠 공급의 다양성이 크게 증대되었다.

여론형성에 영향력이 크다고 평가받는 종합편성과 보도전문채널이 2009년 허가되기 직전에는 소유·겸영 규제를 둘러싼 논쟁이 거세게 일었다. 종합편성과 보도전문채널 사업 신청자가 대부분 신문사업자였던 점에 비추어, 이념적 편향성이 뚜렷한 신문사업자의 방송 겸영이 특정한 방향으로의 여론독과점과 정치적 편향을 가져와, 다양성과 민주주의 형성에 악영향을 줄 것이라는 우려가 한편에서 제기된 것이다.

조선일보, 동아일보, 중앙일보, 매일경제 등 당시 보수로 분류되던 신문들이 일제히 종합편성 및 보도전문채널 사업에 뛰어들 경우, 보수적 이념의 전파력이 커져 여론의 다양성이 크게 쇠퇴할 뿐만 아니라, 소수 언론 자본에 의한 미디어 독점이 더 심각해 질 것이라는 주장이었다.

이에 반해 다른 쪽에서는 미디어 환경 변화에 못지않게 시청자들도 능동적 소비자로 변했기 때문에 채널 확대는 오히려 여론의 다양성 확대에 도움이 될 것이라고 반박했다. 또, 지상파 3사가 갖고 있던 보도시장의 독과점적 지배력을 해소해 민주주의 발전에 기여하는 동시에, 경쟁력이 취약해진 미디어 기업에도 활력을 불어넣는 기회가 될 것이라고 강조했다.

우여곡절 끝에 2009년 7월 통과된 방송법은 유력 신문들의 방송

소유로 여론독과점이 커질 것이란 우려를 불식시키기 위해, 견해의 다양성 보장을 위한 규제 방안으로 방송통신위원회로 하여금 '미디어다양성위원회'를 구성해 방송사업자의 시청점유율 산정과 매체 간 합산영향력지수 등을 개발하게 하고 시청점유율 제한 규정도 신설했다.

> 제35조의4(미디어다양성위원회)
> ① 방송통신위원회는 방송의 여론 다양성을 보장하기 위하여 미디어다양성위원회를 둔다.
> ② 미디어다양성위원회위원은 방송통신위원회위원장이 방송통신위원회의 의결을 거쳐 위촉한다.
> ③ 미디어다양성위원회의 직무는 다음 각 호와 같다.
> 1. 제69조의2에 따른 방송사업자의 시청점유율 조사 및 산정
> 2. 매체간 합산 영향력지수 개발
> 3. 여론 다양성 증진을 위한 조사·연구
> 4. 그 밖에 여론 다양성 보장을 위하여 필요한 사항으로서 대통령령으로 정하는 사항
> ④ 제3항제2호의 매체간 합산 영향력지수는 2012년 12월 31일까지 개발을 완료한다.
> ⑤ 미디어다양성위원회의 구성과 운영 등에 필요한 사항은 대통령령으로 정한다.

이렇게 종합편성채널이 자리를 잡은 지 10여 년이 지난 시점에서 다시 새로운 유형의 방송에 대한 규제 논쟁이 고개를 들고 있다. 초고속인터넷과 PC, 스마트폰 등 첨단 통신기기의 결합이 인터넷상의 실시간 방송환경을 만들어내면서 1인 방송 혹은 개인방송이란 이름의 신종 미디어가 등장한 것이다. 아프리카TV, 판도라TV, 카카오TV 등의 이른바 개인방송 전문 플랫폼에서는 수많은 개인방송 제작자들이 만들어낸 다양한 콘텐츠들이 쏟아져 나오고

있다.

한국언론진흥재단의 '2018 언론수용자 의식조사'에 따르면 유튜브를 포함한 온라인 동영상 플랫폼 이용률은 33.6%로, 종이신문 17.7%와 라디오 20.8%에 비해 훨씬 높았다. 인터넷 개인방송 플랫폼인 아프리카TV의 경우 2015년 기준 월평균 방문자수는 683만 명이었으며, 일평균 5,000개 방송이 송출되었다.

전통적인 방송이 드라마나 연예 등의 오락 프로그램이나 정통 시사·보도물 같은 대형 콘텐츠를 실시간으로 대중에게 일방적으로 제공하는 방식인데 비해, 개인방송은 게임·식문화·건강·뉴스·의료·성인물·문화해설·제품평가 등에 관한 온갖 유형의 소형 콘텐츠를 실시간 방송뿐만 아니라, 저장된 동영상을 언제 어디서든 볼 수 있는 종합동영상 서비스까지 제공하는 형태로 진화해 왔으며 쌍방향 소통도 가능하다.

현재 개인방송의 이름으로 송출되는 콘텐츠들은 국내외 전용 플랫폼뿐만 아니라, 유튜브나 포털사이트, SNS와 같은 다양한 플랫폼에서도 제공되고 있는데, 이 연구에서 다루고자 하는 정치나 사상, 이념적 견해를 전문으로 하는 개인방송 채널들도 크게 늘고 있다.

문제는 이런 개인방송들이 시청자와 가입자를 늘리기 위해 무한경쟁을 하는 과정에서 선정적이고 폭력적인 콘텐츠들을 양산하고 있고, 더욱이 뉴스나 정치적 견해를 표현하는 개인방송에서도 거짓 내용을 담은 가짜뉴스를 남발하거나 왜곡된 사실에 기반을 둔 극단적 견해로 대중을 선동하는 경우가 다반사로 행해지고 있다는 것이다.

콘텐츠 공급자와 수요자들이 상호작용을 통해 자극적 콘텐츠에 익숙해지고 그에 따른 사회적 비용이 증가하면서 지금보다 강한 규제의 필요성이 제기되고 있지만, 관련 업계는 개인방송에 대한 규제 입법이 신산업의 몰락을 가져올 것이라며 강하게 반발하는 상황이다. 이에 따라 개인방송에 대한 정의와 규율 역시 향후 방송법이 포괄하거나 제외해야 할 중요한 과제로서 국회와 업계, 전문가집단 간에 심도 있는 논의가 필요해 보인다.

제 2 절 방송법에 담긴 다원주의 원칙

민주적 의사결정을 위한 건전한 여론의 형성은 광범위하고 정확한 정보를 전제로 한다. 그 정보를 제공할 뿐만 아니라 의제설정 기능을 통해 여론의 방향성을 제안하는 역할을 하는 기관이 바로 미디어다. 더욱이 방송은 그 특성상 신문보다 더 많은 공적책임을 가진 것으로 해석되는 만큼, 다양한 정보와 견해의 소통 공간으로서 작동하게끔 헌법상의 다원주의 원칙에 의한 규제 형성이 정당화된다.

따라서 방송의 자유는 이중적 특성을 지니게 된다. 방송을 통한 자유로운 견해의 표명이 정부의 간섭으로부터의 해방을 전제로 하는 것이지만, 다양한 견해의 균형 잡힌 소통 공간으로 기능하기 위해서는 다시 정부의 간섭이 필요하기 때문이다.

방송이 다원주의 실현을 위해 생성해야 할 다양성은 이 논문에서 주목하는 견해의 다양성이 전부는 아니며, 실제로 방송법도 서로 다른 성격의 다양성을 포괄적으로 담고 있다. 견해의 다양성과 더불어 집단과 지역, 계층, 콘텐츠의 분야와 수신 방법의 다양성까지도 입법 형성에 고려되어야 한다. 하지만 그 가운데서도 헌법의 다원주의 원칙이 방송을 통해 형성하려 하는 가장 중요한 목적은 분명 다양한 견해의 활성화라고 할 수 있다.

이 목적을 위해 우리 헌법은 방송의 자유를 제한하고 있는데, 그 근거는 헌법 전문과 제21조가 내포하고 있는 다원주의 원칙과 함께, 헌법 제37조 제2항에서도 발견할 수 있다. 동조 제2항은 “국민의 모든 자유와 권리는 국가안전보장·질서유지 또는 공공복리를 위하여 필요한 경우에 한하여 법률로써 제한할 수 있으며, 제한하는 경우에도 자유와 권리의 본질적인 내용을 침해할 수 없다.”고 규정하고 있다. 여기서 ‘공공복리’를 위한 경우가 바로 제한의 근거이다.

다양한 목소리의 전파라는 공공복리를 위해 소유와 편성에 대한 규제가 헌법적으로 정당화된다. 방송은 그 특성상 소수의 거대자본이 소유할 수밖에 없고 또 허가라는 제도적 절차를 거치는 만큼, 자본과 국가권력의 영향을 받을 수밖에 없다. 그러기에 방송을 소유하지 못한 국민을 배려하고 그들로 하여금 방송을 통한 인격의 발현과 표현의 자유를 누리도록 하기 위해서 헌법은 방송의 설립과 운영에 대해 제도적 절차적 규율을 요구하는 것이다.

헌법재판소는 ‘국회법 제34조 등 위헌확인’의 결정문[36]에서 “인간의 존엄성과 자유로운 인격의 발현을 최고의 가치로 삼는 우리 헌법질서에서 소수에 대한 배려가 전혀 없다면, 다수에 의해 압도당한 소수는 영원히 소수로 머무를 수밖에 없으며, 이 경우 다양한 견해가 공존하는 다원주의 사회로의 발전은 결코 이루어질 수 없을 것이다.”라고 판시해 다원주의 실현을 위한 규율의 필요성을 말해주고 있다.

이에 근거해 「방송법」 제1조는 “이 법은 방송의 자유와 독립을 보장하고 방송의 공적 책임을 높임으로써 시청자의 권익 보호와 민주적 여론형성 및 국민문화의 향상을 도모하고 방송의 발전과 공공복리의 증진에 이바지함을 목적으로 한다.”고 그 목적을 밝히

36) 헌재 2008. 3. 27. 2004헌마654, 판례집 20-1상, 375, 387.

고 있다.

현행 방송법제 안에 내재된 다원주의 원칙은 국민의 다양한 견해를 담을 수 있게끔 방송국들이 양적·질적 혹은 외부적·내부적으로 다원화를 이루는 한편으로, 그 안에서 다채로운 콘텐츠의 공급은 물론, 여러 이익집단과 개별 국민의 방송 기회까지도 원칙적으로 제공돼야 한다는 것이다.

방송에서 다원주의를 실현하기 위한 법 제도는 헌법을 포함해 방송법 및 동법 시행령 등에 나와 있는데, 「방송법」 제8조는 특수관계자가 취득할 수 있는 지분의 한도를 정하고 있고, 신문 방송 겸영 때에도 여러 가지 제한 규정을 두고 있다. 또 제9조는 지상파와 위성방송 사업 등에 대한 허가와 승인 및 등록을 규정하고 있다.

진입규제와 더불어, 송출 내용의 다양성을 확보하기 위해 동법 제69조와 제72조는 편성과 채널 운용에 대한 기준을 명시하고 있다. 제6조에서는 방송의 공정성과 공익성 조항을 따로 두고 있는데, 제1항은 "방송에 의한 보도는 공정하고 객관적이어야 한다."고 규정해 정치적 혹은 이념적 편향성을 포함한 모든 부문의 불공정성을 경계하고 있고, 제2항에서는 "방송은 성별·연령·직업·종교·신념·계층·인종 등을 이유로 방송편성에 차별을 두어서는 아니된다."는 내용으로 다양성을 주문하고 있다.

그리고 제5항은 "방송은 상대적으로 소수이거나, 이익추구의 실현에 불리한 집단이나 계층의 이익을 충실하게 반영하도록 노력하여야 한다.", 제9항은 "방송은 정부 또는 특정 집단의 정책 등을 공표함에 있어 의견이 다른 집단에게 균등한 기회가 제공되도록 노력하여야 하고, 또한 각 정치적 이해 당사자에 관한 방송프로그램을 편성함에 있어서도 균형성이 유지되도록 하여야 한다."는 내용으로 다양성에 근거한 공정성과 공익성을 규정하고 있다.

이 밖에도 방송법은 방송 내용에 대한 시청자들의 다양한 불만을 수용하고 그에 대한 개선점을 마련하기 위한 기구로, 방송사 내에 시청자권익보호위원회를 두도록 하고 있으며, 방송사들 스스로도 콘텐츠의 다양성을 위해 노사합의로 제작가이드라인과 보도준칙, 그리고 관련 문제 발생을 조율할 공정방송협의회(위원회)나 편성위원회 등을 마련해 놓고 있다.

방송·통신 융합 환경을 조율하는 「방송통신발전기본법」에도 제1조와 제3조에서 공익성 및 공공성의 보장과 공공복리의 증진이라는 공적책임의 완수가 목적임이 명기돼 있는데, 지역 혹은 계층 간의 균등한 발전, 사회적 소수 또는 약자 계층 등의 방송·통신 소외 방지를 위해 노력하여야 한다고 규정하고 있다.

> 제1조(목적) 이 법은 방송과 통신이 융합되는 새로운 커뮤니케이션 환경에 대응하여 방송·통신의 공익성·공공성을 보장하고, 방송·통신의 진흥 및 방송·통신의 기술기준·재난관리 등에 관한 사항을 정함으로써 공공복리의 증진과 방송·통신 발전에 이바지함을 목적으로 한다.
>
> 제3조(방송·통신의 공익성·공공성 등) 국가와 지방자치단체는 방송·통신의 공익성·공공성에 기반한 공적 책임을 완수하기 위하여 다음 각 호의 사항을 달성하도록 노력하여야 한다. 1. 방송·통신을 통한 공공복리의 증진과 지역 간 또는 계층 간의 균등한 발전 및 건전한 사회공동체의 형성 2. 건전한 방송·통신문화 창달 및 올바른 방송·통신 이용환경 조성 3. 방송·통신기술과 서비스의 발전 장려 및 공정한 경쟁 환경의 조성 4. 사회적 소수 또는 약자계층 등의 방송·통신 소외 방지 5. 방송·통신을 이용한 미디어 환경의 다원성과 다양성의 활성화 6. 투명하고 개방적인 의사결정을 통한 방송·통신 정책의 수립 및 추진

이와 같은 방송법의 내용들은 인쇄미디어에 관한 규율인 신문법과는 확연한 차이를 보인다. 방송법이 제1조 목적조항을 통해 시청

자의 권익보호, 민주적 여론형성, 공공복리의 증진에 방점을 두면서 다양성 증진을 위한 목적으로 소유와 편집 등에서 내부적 다원주의를 강조하고 있는데 비해, 신문의 매체적 특성을 규율하는 「신문 등의 진흥에 관한 법률」(이하 신문법)에서는 방송법의 근간을 이루고 있는 공익성과 공정성, 공공복리, 다양성과 다원주의 등에 관한 강조를 찾아볼 수 없다.

「신문법」 제1조 목적조항을 보면, "이 법은 신문 등의 발행의 자유와 독립 및 그 기능을 보장하고 사회적 책임을 높이며 신문 산업을 지원·육성함으로써 언론의 자유 신장과 민주적인 여론형성에 기여함을 목적으로 한다."고 규정하고 있다.

이는 방송법에서 강조하는 시청자의 권익과 공공복리보다는 신문 자체의 자유로운 형성과 표현의 자유, 그 자유를 통한 민주적 여론형성에 중점을 두고 있는 것으로 평가된다. 또 동법 제3조(신문 등의 자유와 책임)에서는 제1항에서 "신문 및 인터넷신문에 대한 언론의 자유와 독립은 보장된다."고 하고 있고 제2항에서는 "정보원에 대하여 자유로이 접근할 권리와 그 취재한 정보를 자유로이 공표할 자유를 갖는다."고 하여 취재와 표현의 자유를 보다 강조하고 있다.

신문 사업이 상대적으로 훨씬 약한 법적 규율 아래 외부적 다원주의의 혜택을 누리고 있는 데 비해, 방송은 공공복리의 달성이라는 공적책임을 위해 내부적 다원주의를 강하게 적용받으며 엄격한 제도적 규율에 얽매여 있는 것이다.

제 3 절 방송법상 다원주의 확보를 위한 세부 규제

Ⅰ. 소유·겸영 규제

헌법상 다원주의 원칙에서 바라볼 때, 견해의 다양성을 제고할 수 있는 가장 주요한 과제가 미디어의 소유 집중에 따른 여론독과점을 억제하는 일이다. 이를 위해 「방송법」 제9조는 "방송사업을 하고자 하는 자는 일정 요건을 갖추어 정부로부터 허가를 받아야 한다."고 하여, 지상파방송은 방송통신위원회로부터, 위성방송과 종합유선방송 및 중계유선방송사업은 과학기술정보통신부장관의 허가를 받도록 하고 있다.

또, 「방송법」 제10조에서는 허가나 승인 과정에서 공익성의 실현 가능성이나 지역적, 사회적, 문화적 타당성 등을 따진다. 또, 대기업 및 그 계열사나, 일간신문, 외국자본, 뉴스통신의 방송사업 진출을 허용하되, 겸영이나 지분은 제한하는 규정도 담고 있다.

[표 8] 방송사업자에 대한 지분제한 규제 현황

<table>
<tr><th rowspan="3">구분</th><th colspan="7">방송사업자</th><th colspan="2" rowspan="2">뉴미디어 사업자</th></tr>
<tr><th colspan="4">콘텐츠사업자</th><th colspan="3">플랫폼사업자</th></tr>
<tr><th>지상파</th><th>종편PP</th><th>보도PP</th><th>일반PP (CJ ENM)</th><th>SO</th><th>위성</th><th>IPTV</th><th>OTT</th><th>포털</th></tr>
<tr><td>1인 지분제한</td><td>40%↓ (K, M제외)</td><td>40%↓</td><td>40%↓</td><td>-</td><td>-</td><td>-</td><td>-</td><td>-</td><td>-</td></tr>
<tr><td>대기업 지분제한</td><td>10%↓</td><td>30%↓</td><td>30%↓</td><td>-</td><td>-</td><td>-</td><td>49%↓</td><td>-</td><td>-</td></tr>
</table>

신문 지분제한	10%↓	30%↓	30%↓	-	49%↓	49%↓	49%↓	-	-
외국인 지분제한	금지	20%↓	10%↓	49%↓	49%↓	49%↓	49%↓	-	-

※ 출처; 방송법 제8조 내용중 지분제한 비율 발췌 정리

이는 자본 권력이 방송시장에서 독과점을 형성해 견해의 다양성을 해치는 상황을 경계하기 위한 것이지만, 미디어 융·복합 상황에서 산업 경쟁력을 약화시킨다는 비판과 함께, 다른 한편에서는 결과적으로 전국지 성격의 일간지에게 종합편성채널의 겸영을 허용함으로써 미디어 시장 전체로 볼 때 정치적 편향성을 증가시켰다는 상반된 평가를 동시에 받고 있다.

이와 함께 「방송법」 제62조는 전국지 신문사의 종합편성채널 소유에 따른 여론독과점 우려를 불식시키기 위해, 특정 매체의 합산 시청점유율이 30%를 넘지 못하게 규정하고 있다. 종합편성채널을 소유 중인 신문의 경우, 신문 구독률을 시청점유율로 환산해 채널 점유율에 더한 뒤 합산 점유율이 30%를 넘게 되면, 방송통신위원회가 방송사업 소유 제한, 방송광고 시간제한, 방송 시간의 일부 양도 등의 규제를 가하게 된다.

Ⅱ. 다양성 보장을 위한 편성규제

「방송법」 제2조 제15항은 편성에 대해 “방송되는 사항의 종류, 내용, 분량, 시각, 배열을 정하는 것”으로 규정하고 있다. 또, 「방송법」 제69조는 제1항에서 방송사업자로 하여금 방송프로그램을 편성할 때 공정성·공공성·다양성·균형성·사실성 등에 적합하게 해야 한다고 규정하고 있다.

편성의 다양성은 연예나 보도, 오락, 드라마 등 방송 분야의 다

양성도 있지만, 헌법상의 다원주의 원칙에서 바라볼 때는 각각의 프로그램 영역에서 송출되는 콘텐츠에 내포된 시각의 다양성까지 포함된다고 볼 수 있다.

방송사업자 유형은 종합편성사업자와 전문편성사업자로 나눠지는데, 종합편성사업자는 보도, 교양, 오락, 연예 등 여러 분야의 방송을 다양하게 방송할 수 있는 반면, 전문편성사업자는 방송법이 허가하는 특정 분야만을 송출할 수 있다.

편성은 방송의 자유 가운데 사실상 콘텐츠에 관한 가장 핵심적 영역이라 볼 수 있다. 방송 장르 가운데 어떤 부문을 중점적으로 제작하고 제작 시간을 배분하며, 송출 시간을 어디로 정하는가에 따라, 해당 방송사가 지향하는 사회적 가치가 표출된다.

편성에 대한 다양성 요구 규정은 「방송법」 제69조 제2항과 제3항에서 볼 수 있는데, 종합편성사업자는 정치·경제·사회·문화 등 각 분야의 사항을 균형 있게 표현하는 동시에, 주요 방송 시간대가 특정 분야에 편중되지 않도록 해야 한다고 명시돼 있다.

이 연구가 주목하는 견해의 다양성을 편성에서 언급한 부분은 제6조 제9항인데, 정책 공표에서 의견이 다른 집단에 균등한 기회를 제공해야 하며 방송편성에서도 균형이 유지되도록 해야 한다고 명시하고 있다. 이 조항은 방송사 사주나 혹은 방송사에 절대적 영향력을 행사하는 특정 집단이 정치적 의도를 포함한 특별한 목적을 갖고 편향성을 가진 콘텐츠를 집중해서 내보내는 것을 막음으로써, 사상과 정치적 견해의 다양성을 확보하기 위한 직접적인 규율로 이해된다.

편성의 다양성과 관련, 공영과 민영을 분리해야 한다는 의견도 있는데, 민영방송은 재원이 광고 수입이어서 인기 있는 프로그램에 집중할 수밖에 없는데다, 사주나 회사의 경영 방침에 의거한 특정한 이념적 경향성이 존재할 수 있기 때문에, 수신료를 재원으로 하는 공영방송과 같은 정도로 프로그램이나 견해의 다양성을 요구하는 것은 무리라는 것이다.

Ⅲ. 심의·평가 규제

심의평가 규제가 작동하는 방식은 송출된 콘텐츠의 공정성이나 다양성에 대한 사후 평가 결과를 채널 재허가에 반영함으로써, 방송이 헌법상의 공적 책임을 수행하도록 압박하는 형태이다.

「방송법」 제17조 제1항은 일정 기간의 허가시한이 만료될 때마다 방송사업자가 과학기술정보통신부장관 또는 방송통신위원회의 재허가를 받도록 하고 있다. 이 과정에서 사업자는 방송법에 따른 평가를 받게 된다.

평가는 프로그램의 질적 수준과 자율규제 운영상황을 관찰하는 방송 내용의 영역, 공익적인 프로그램의 다양한 짜임새를 보는 편성의 영역, 그리고 재무 건전성과 경영 투명성을 살피는 운영 능력의 영역 등 세 가지 부문에서 이뤄진다. 여기에 언론중재위원회나 법원의 오보 관련 결정과 방송콘텐츠에 대한 사후 심의기관인 방송통신심의위원회의 벌점이 감점 요소로 작용한다.

지금까지 방송사 대부분이 아주 적은 점수 차로 재허가를 받아온 사실을 감안할 때 방송통신위원회의 방송평가는 내부적 다원주의 실현을 위한 강력한 규제 수단으로 작용해 왔다고 볼 수 있다.

그러나 이 연구에서 주목하는 정치적 편향성의 문제나 견해의 다양성에 대한 직접적인 평가항목이 빠져 있기 때문에, 현행 방송통신위원회의 방송사 평가 절차가 헌법이 민주주의 실현을 위해 방송에 요구하는 다양한 견해의 활성화를 직접적으로 보장하기에는 전체적으로 그 역량에 한계가 있는 것으로 평가된다.

[표 9] 방송통신위원회 방송평가 영역 및 배점

영역	평가항목	지상파				SO	위성	PP		
		TV	지역	R	DMB			종편	보도	홈쇼핑
내용	방송통신위원회의 프로그램 질	65						55		
	방송사 자체 프로그램 질	35						35		
	프로그램 관련 수상실적	50	50	35	25	10	10	40	50	
	자체심의/공정보도 위원회 운영현황 및 결과	65	50	20	5	10	15	55	70	70
	시청자 평가프로그램 편성 및 운영현황	35	40					35	40	25
	시청자 의견반영 여부	30	40	35	15	20	30	30	40	25
	소 계	**280**	**180**	**90**	**45**	**40**	**55**	**250**	**200**	**120**
편성	시청자위원회 운영현황 및 결과	25	30					25	30	15
	어린이 프로그램 편성	50	50					40		
	장애인 시청지원 프로그램 편성	50	50			30	40	40	60	40
	재난방송 편성 및 운영현황	55	60	60	25	30	30	45	60	20
	비상업적 공익광고 편성	10	10					10		
	주시청시간대 균형적 편성	50						40		
	UHD 프로그램 편성(TV-중앙)	30								
	자체제작 비율 및 지역성 프로그램 편성(TV-지역)		70							
	직접/외주제작 편성					20	25			
	시청자 참여 프로그램 편성					30				
	지역성 구현 프로그램 편성					50				
	시청자 정보프로그램 편성									5
	DMB방송용 프로그램 편성				30					
	소 계	**270**	**270**	**60**	**55**	**160**	**95**	**200**	**150**	**80**

운영	재무의 건전성	25	35	30	45	40	45	25	35	40
	경영투명성 확보방안	15	20	25	35	25	35	20	20	30
	인적자원 개발 투자	15	20	25	30	25	35	15	20	30
	방송콘텐츠 및 방송기술 투자	40	35	30	45	40	45	35	35	40
	장애인/여성 고용	20	20	25	30	25	35	20	20	30
	제작·유통상 공정거래 질서 확립 노력	30	10	10	10			30	10	
	개인정보보호의 적절성	5	10	5	5	40	45	5	10	40
	수신료 배분 적정성					40	40			
	채널공급 계약시 선정기준 적정성					40	40			
	채널구성 다양성					25	30			
	상품선정기준의 적정성									30
	협력업체 만족도									30
	한국소비자원 민원									30
	소 계	**150**	**150**	**150**	**200**	**300**	**350**	**150**	**150**	**300**
총 계		**700**	**600**	**300**	**300**	**500**	**500**	**600**	**500**	**500**
감점	방송심의 관련 제규정 준수 여부	사업자군 총점에서 감점(최대 10%)								
	언중위 및 법원의 오보 관련 결정	〃								
	방송편성 관련 제규정 준수 여부	〃								
	방송법, 공정거래법 등 관계 법령 준수 여부	〃								

※ 출처; 2019년도 방송통신위원회 방송평가 보도자료에서 발췌

방송통신위원회와는 별개로 「방송통신위원회의 설치 및 운영에 관한 법률」 제18조에 따라 민간 독립기구로 만들어진 방송통신심의위원회는 방송사의 심의를 전문으로 하는 조직이다. 2007년 정

부 조직개편으로 방송위원회 내의 심의 부분과 정보통신윤리위원회의 심의 업무가 합쳐져 독립적으로 탄생한 방송통신심의위원회는 심의 결과에 따라 방송사 재허가와 관련된 방송통신위원회의 평가점수를 감점할 수 있는 권한을 갖고 있다.

> 第18조(방송통신심의위원회의 설치 등) ① 방송 내용의 공공성 및 공정성을 보장하고 정보통신에서의 건전한 문화를 창달하며 정보통신의 올바른 이용환경 조성을 위하여 독립적으로 사무를 수행하는 방송통신심의위원회(이하 "심의위원회"라 한다)를 둔다.
> ② 심의위원회는 9인의 위원으로 구성한다. 이 경우 심의위원회 위원장(이하 "심의위원장"이라 한다) 1인, 부위원장 1인을 포함한 3인의 위원을 상임으로 한다.
> ③ 심의위원회 위원(이하 "심의위원"이라 한다)은 대통령이 위촉한다. 이 경우 3인은 국회의장이 국회 각 교섭단체 대표의원과 협의하여 추천한 사람을 위촉하고, 3인은 국회의 소관 상임위원회에서 추천한 사람을 위촉한다. <개정 2020. 6. 9.> -이하 생략-

방송통신심의위원회는 상임위원회, 방송심의소위원회, 통신심의소위원회, 광고심의소위원회를 운영하는데, 5명 이내의 위원으로 구성되는 방송심의소위원회는 방송사업자 의견진술 등을 거쳐 경미한 위반에는 행정지도성 조치를 하고, 위원들 간에 이견차가 커거나 제재조치 혹은 과징금 결정이 필요할 경우 위원장에게 전체회의 심의를 요청한다.

심의 절차는 민원이나 모니터를 통해 올라온 심의 규정 위반 소지가 있는 안건을 먼저 방송심의소위원회가 살펴본 뒤, 전체 회의에서 심의의결을 하게 된다. 위반 정도에 따라 가벼운 '권고'나 '의견제시' 같은 행정지도부터, '주의', '경고', '관계자 징계', '과징금 부과'와 같은 제재 조치가 시행되며, 이는 앞서 살펴본 방송통신위원회의 방송평가 점수에 감점으로 작용한다. 방송통신위원회의 방송평가가 정량적 평가를 담당한다면, 방송통신심의위원회의 심의는 정성적 평가를 담당하는 것으로 볼 수 있다.

방송통신심의위원회 심의위원 구성은 정부와 여당이 6명, 야당이 3명을 추천하고 대통령이 위촉하는 방식이다. 정부 여당에 유리한 심의위원 구성 때문에 위원회가 견해의 다양성과 관련된 뉴스나 시사 프로그램을 심의할 때 공정성과 객관성에 한계가 존재한다는 지적이 많다.

방송통신심의위원회가 정부 비판 프로그램을 심의했던 내용을 분석한 유승관의 연구[37]를 보면, 야당 추천 위원의 의견과 심의결과가 일치하는 경우가 20%에 그친 반면, 여당 추천 위원의 경우는 80%대에 달했다. 이런 결과는 정파적 심의위원의 구성이 정치적 심의를 초래해 결과적으로 심의의 공정성을 해치고 있음을 보여준다.

Ⅳ. 조직·설치 규제

「방송법」 제87조는 시청자의 다양한 의견을 방송 전반에 반영할 수 있도록 종합편성, 보도전문편성, 상품판매를 하는 방송사업자에 대해 시청자위원회를 두도록 규정하고 있다. 시청자위원회는 방송편성에 관한 의견제시와 시정 요구권이 있으며 시청자가 입은 침해를 구제하는 업무를 담당하는데, 필요할 경우 방송통신위원회에 출석해서 자신의 의견을 진술할 수 있다.

또 「방송법」 제35조는 방송통신위원회가 여론 다양성을 확보하

37) 유승관, "방송통신심의위원회의 보도교양방송 프로그램 심의 결정의 특성 연구", 『언론과 법』, 제15권 제3호, 한국언론법학회, 2016, 67면.

기 위해 '미디어다양성위원회'를 두도록 하고 있다. 이 기구는 종류가 다른 매체 간의 합산 영향력 지수를 개발해 이를 토대로 특정 방송사업자의 시청점유율이 독과점 상태를 이루고 있는지 여부를 파악한 뒤 방송통신위원회에 보고한다. 이 과정을 통해 미디어의 구조적 다양성이 유지되고 있는지를 살피는 것이다.

한편, KBS, MBC, SBS 등 지상파 3사의 경우, 방송사 내부에 편향성을 견제하고 공정성을 확보하기 위한 여러 자율기구들을 두고 있는데, 대표적인 것이 공정방송협의회(위원회)이다. 이는 시사·보도 부문의 공정성 확보 차원에서 민감한 이슈나 편파성 의혹이 있는 콘텐츠에 대해 노사 대표가 함께 개선책을 마련하기 위해 만든 자율적 장치이다.

또, 견해의 차이가 큰 주제를 많이 다루는 보도 부문의 경우, 기자협회 차원에서도 취재 매뉴얼을 만들어놓은 경우도 많다. 여기에는 논란이 큰 사안의 경우 특정 이념이나 세력의 입장에 편중되지 않도록 검증 노력을 강화하는 등의 내용을 담아서 견해의 다양성이 위협받지 않도록 자체 규율하고 있다.

이를 테면 SBS 보도본부의 '뉴스제작매뉴얼'을 보면, 사실 확인과 공정성 확인 등 두 가지 부분에서 기사검증을 철저히 할 것을 명시하고 있다. 공정성 확인 부분의 목록을 보면 ▲특정한 정치적 의견이나 사회적 관점에 편향되거나 특정 세력이나 집단, 개인에게 이익을 주는 게 아닌지 ▲사회적 약자보다 강자의 이익에 더 치중하거나 사회적 소수나 약자의 정당한 권익을 무시하지 않는지 ▲공익적 목적보다 특정인, 단체, 기관을 비방하거나 명예를 훼손하는 건 아닌지 ▲광고주의 영향력으로부터 독립적인지 ▲지연이나 학연 또는 자신이나 이해관계자의 이익이 기사판단에 영향을 미치지 않았는지 등을 검증하도록 되어 있다.

그러나 이런 조직이나 규율들이 방송이 표출해야 할 견해의 다양성을 견고하게 보장하기에는 많은 부분에서 미흡하다고 판단된다. 미디어다양성위원회의 경우 미디어의 독과점 방어를 위한 정책 자료를 제공하는 것이 주요 역할이라서, 그 명칭에 비해 견해의 다양성을 직접적으로 유도하는 역할은 제한적이다. 그리고 방송사 내부의 자율기구들은 노사관계에 문제가 생겼을 때는 제대로 작동할 수 없으며, 그것을 바로 잡을 수 있는 강제 규율도 없다. 시청자위원회는 시청자들의 의견이나 불만 처리가 주된 업무이기 때문에 견해의 다양성에 유의미한 영향을 미치기에는 매우 미약한 것으로 평가된다.

제 4 절 방송 유형에 따른 방송사 간 차별적 규제

방송에 관한 소유 및 편성규제, 심의와 조직설치 규제의 대원칙과 기본 골격은 방송 전반에 똑같이 적용된다. 다만, 지상파와 종합유선방송, 위성방송, IPTV, 채널사용자 등 사업자 형태 혹은 채널 유형에 따라, 그 고유의 특성과 시청자 편익을 감안해 규제 유형과 강도에 차별이 주어진다.

대표적인 차별적 규제의 영역이 광고와 편성인데, 이 두 가지 영역은 방송사의 수익과 경쟁력에 결정적 영향력을 미치는 요소인 만큼, 방송사업자 간에 차별규제의 타당성과 합리성 여부를 놓고 논란이 끊이지 않고 있다. 하지만 규제 완화 논의가 정치권이나 관계 당국에서 나올 때마다 경쟁업계 및 시민단체의 반발로 변화가 쉽지 않은 영역이기도 하다.

Ⅰ. 광고의 차별적 규제

광고는 민영방송의 수익 창출 및 생존 기반이면서, 방송의 자유 가운데 편성의 자유에 관한 영역이기도 하다. 또한 방송사의 지속 가능성을 담보하는 결정적 토대인 만큼, 방송의 자유 보장을 위해 헌법상 보호되어야 할 기본권적 지위를 갖는 것으로 해석된다.

규제가 없으면 방송사업자가 무작정 광고를 늘릴 것 같지만, 광고를 많이 할수록 시청자들이 다른 곳으로 채널을 돌릴 가능성이 높아지는 만큼, 광고는 생존기반인 동시에 경쟁력 약화의 요인이기도 한 이중성을 갖고 있다. 달리 말하자면, 시장에 맡겨둬도 광고는 경쟁 원리에 따라 어느 정도 자율 조정이 될 수 있다는 의미다.

하지만 광고의 자유는 다른 기본권과 마찬가지로 헌법 제37조 제2항의 공공복리 등의 사유나, 헌법 제21조 4항의 타인의 권리 혹은 공중도덕 및 사회윤리 보호를 위해 제한될 수 있다. 방송광고는 지금까지 유형별로 차별규제가 실시되어 왔는데, 그중 가장 많은 논란을 불렀던 것이 지상파 방송에 대한 중간광고 금지였다.

[표 10] TV방송사업자 광고 차별규제(2021년 7월 이전)

지상파방송 사업자	방송채널사용사업자	종합유선방송 사업자	위성방송 사업자	IPTV사업자
*지상파방송사업을 하기 위하여 제9조 제1항의 규정에 의하여 허가를 받은 자	*방송채널사용사업을 하기 위하여 제9조제5항의 규정에 의하여 등록을 하거나 승인을 얻은 자	*종합유선방송사업을 하기 위하여 제9조 제2항의 규정에 의하여 허가를 받은 자	*위성방송사업을 하기 위하여 제9조제2항에 따라 허가를 받은 자	*인터넷 멀티미디어 방송 제공사업자(인터넷 멀티미디어 방송 제공 사업을 하기 위하여 제4조 제1항에 따른 허가를 받은 자)

<table>
<tr><td></td><td colspan="2">* 방송을 목적으로 하는 지상의 무선국을 관리·운영하며 이를 이용하여 방송을 행하는 사업</td><td colspan="4">*지상파방송사업자·종합유선방송사업자 또는 위성방송사업자와 특정채널의 전부 또는 일부 시간에 대한 전용사용계약을 체결하여 그 채널을 사용하는 사업</td><td rowspan="2">* 종합유선방송국(다채널방송을 행하기 위한 유선방송국설비와 그 종사자의 총체를 말한다. 이하 같다)을 관리·운영하며 전송·선로설비를 이용하여 방송을 행하는 사업</td><td rowspan="2">*인공위성의 무선설비를 소유 또는 임차하여 무선국을 관리·운영하며 이를 이용하여 방송을 행하는 사업</td></tr>
<tr><td></td><td>중앙 지상파</td><td>지역 지상파</td><td>지상파 PP</td><td>종편 PP</td><td>보도 PP</td><td>일반 PP</td></tr>
<tr><td>중간광고</td><td colspan="3">• 중간광고 금지</td><td colspan="5">• 중간광고 허용
<table>
<tr><th>방송프로그램(중간광고 포함) 길이</th><th>횟수</th><th>광고시간</th></tr>
<tr><td>45분 이상 60분 미만</td><td>1회 이내</td><td rowspan="6">매회의 광고시간은 1분 이내</td></tr>
<tr><td>60분 이상 90분 미만</td><td>2회 이내</td></tr>
<tr><td>90분 이상 120분 미만</td><td>3회 이내</td></tr>
<tr><td>120분 이상 150분 미만</td><td>4회 이내</td></tr>
<tr><td>150분 이상 180분 미만</td><td>5회 이내</td></tr>
<tr><td>180분 이상~</td><td>6회 이내</td></tr>
</table></td></tr>
<tr><td>총량</td><td colspan="3">• 해당프로그램 편성시간의 100분의 18 이하</td><td colspan="5">• 해당프로그램 편성시간의 100분의 20 이하</td></tr>
<tr><td>광고시간 평균</td><td colspan="3">• 채널별 1일 프로그램 방송광고 비율 평균 100분의 15 이하</td><td colspan="5">• 채널별 1일 프로그램 방송광고 비율 평균 100분의 17 이하</td></tr>
<tr><td>프로그램 광고</td><td colspan="3">• 해당프로그램 편성시간의 100분의 15 이하</td><td colspan="5">• [규제 없음]</td></tr>
</table>

※ 출처; 한국방송협회 내부 자료 가운데 관련 내용 발췌 정리

지상파방송이 중간광고를 할 수 없게 된 것은 지난 1974년 오일쇼크가 닥치자 정부가 국민의 절약을 유도한다는 명목으로 소비조장 효과가 있는 TV 광고량을 줄이기 위해 프로그램 내 중간광고 금지조치를 단행하면서부터였다. 당시에는 지상파 방송사만 존재

해 방송에 대한 구분이 무의미했기 때문에 차별적 규제로는 볼 수 없었다.

40여 년이 지나면서 당시의 도입목적이 사라졌을 뿐만 아니라, 다양한 형태와 속성을 지닌 수백 개 채널이 경쟁하는 동시에, 종합유선방송이나 위성방송을 포함한 유료방송의 광고 매출이 지상파방송을 넘어서는 상황이 되자, 지상파방송에 대한 중간광고 금지는 더 이상 합리적 이유를 상실했다는 목소리가 커졌다.

거기에다 방송광고 시장의 위축으로 지상파 방송사의 경영 어려움이 가중되고, 설상가상으로 광고주들이 광고효과가 높은 중간광고를 선호하면서 지상파 광고의 상당 부분이 중간광고가 가능한 유료방송으로 옮겨간 것으로 분석됐다.

방송통신위원회의 방송사업자 재산상황을 보면, 방송광고 매출시장은 2006년~2016년 사이에 3조3,747억 원에서 3조2,247억 원으로 4% 감소한 반면, 지상파방송의 광고 매출은 2조4,638억 원에서 1조6,182억 원으로 34% 급감했다. 또 2019년 한 해로 보면, 지상파 전체로 2,000억 이상 적자를 본 것으로 나타났으며, 방송사업 매출은 전년 대비 2,797억 원 감소한 3조5,168억 원, 이 가운데 광고 매출은 2,008억 원 줄어든 1조999억 원을 기록했다.

방송사별로는 KBS가 2018년 585억 원, 2019년 759억 원의 사업손실을 기록한 이후 2020년에도 140억 원의 적자를 기록하는 등 연 3년째 적자행진을 했으며, MBC 역시 2017년 이후 많게는 1,000억 원이 넘는 적자를 보이기도 했다. SBS와 지역 민방들도 2015년 이후 영업이익이 현저히 줄어들어 손익분기점을 겨우 넘거나 적자를 기록하는 등 경영이 악화했다.

유료방송이 드라마나 연예 등의 프로그램에서 획기적인 도약을 이루고 있는 부분도 있지만, 아직까지 전체 시청률 측면에서 지상파 3사가 압도적인 우위를 갖고 있음에도 광고 매출이 하락하는 것은 바로 이런 중간광고에 대한 차별적 규제가 가장 큰 요인이란 게 지상파방송의 주장이었다.

[표 11] 2018년 1분기 프라임시간대 평균시청률(AGB닐슨)

<table>
<tr><td colspan="2">KBS</td><td colspan="2">MBC</td><td>SBS</td></tr>
<tr><td colspan="2">8.0%</td><td colspan="2">6.5%</td><td>8.9%</td></tr>
<tr><td>채널A</td><td>JTBC</td><td>MBN</td><td>TV조선</td><td>tvN</td></tr>
<tr><td>1.6%</td><td>3.9%</td><td>2.4%</td><td>1.6%</td><td>2.9%</td></tr>
</table>

※ 출처; 한국방송협회, "방송산업 발전을 위한 지상파방송 현안개선 과제" (2018.8), 7면.

반면, 종합편성채널을 비롯한 다른 유료방송 채널들은 광고주들에게 인기가 높은 중간광고를 활용해 광고 패키지를 다양하게 구성함으로써 광고 판매를 크게 늘리고 있으며 그에 따라 일부 채널은 지상파 방송사의 광고 매출을 추월했다.

[표 12] 2018년 1~5월 주요 방송사 광고판매 현황

(단위: 억원)	KBS(2TV)	MBC(서울)	SBS	종편 합	CJ ENM
18년(1-5)	1,417	1,144	1,500	2,232	1,940
17년(1-5)	1,472	1,347	1,489	1,848	1,850
증감액	−55	−203	+11	+384	+90
증감률	3.7%	15.1%	0.7%	20.8%	4.9%

※ 출처; 한국방송협회, "방송산업 발전을 위한 지상파방송 현안개선 과제" (2018.8), 7면.

상황이 이렇게 되자, 지상파 방송사들은 방송통신위원회와 국회에 지상파에 대한 중간광고 금지규제를 개선해 달라는 요구를 집중적으로 제기했다. 거기에 맞서 정치권과 시민단체들은 공공재인

전파를 이용하는 지상파방송이 헌법적으로 더 높은 수준의 공공성을 요구받기 때문에, 시청자의 편익을 해치는 중간광고 금지가 타당하다며 규제완화에 반대했다. 여기에다 지상파 방송사로의 광고 유출을 우려하는 종합편성채널과 신문사 등의 반대까지 가세하면서 지상파 중간광고 허용은 번번이 무산되었다.

오랜 민원제기에도 중간광고 금지규제가 풀리지 않자, 지상파방송들은 2017년부터 하나의 프로그램을 1부와 2부로 나누어 형식상 독립 프로그램으로 편성한 뒤, 그 사이에 광고를 끼어 넣는 분리형 편성 광고 PCM(Premium Commercial Message)을 도입했다.

PCM은 기존 광고보다 1.5배~2배가량 비싸기 때문에 지상파방송사 입장에서는 활로를 개척한 셈이다. 그러나 이는 또 유사 중간광고라는 지적과 함께 시청자의 시청권을 제한한다는 시민단체의 반발을 불렀다. 특히 예능이나 드라마 같은 오락성 프로그램에 도입했던 PCM을 지상파 방송들이 뉴스에까지 속속 도입하면서 논란은 더 커졌다. 2020년 6월에 MBC가 메인뉴스인 「뉴스데스크」에 PCM을 시작한데 이어, 같은 시간대 경쟁 프로그램인 SBS의 「8뉴스」가 뒤이어 같은 해 9월에 도입했다.

뉴스에 대한 PCM 도입은 시민단체와 여론의 즉각적인 반발을 불렀다. SBS 8뉴스의 PCM 도입에 대해 문화연대, YMCA, 언론개혁시민연대, 한국여성민우회 등의 시민단체들은 반대 성명서에서, 편법 중간광고 도입은 지상파방송으로서의 공적 책임을 외면한 것이며 종국적으로 신뢰하락과 채널외면을 부를 것이라고 비난했다.

이런 반대 논리에 맞서 지상파방송들은 중간광고가 허용될 경우 만성적인 적자구조 개선으로 질 높은 프로그램 제작이 가능해 궁극적으로 시청자에게 이익이 돌아갈 것이라는 입장을 고수했다.

또, KBS, MBC, SBS 등 중앙 지상파 광고 매출과 연동해 광고를 판매하는 지역 및 라디오 방송의 매출도 함께 늘어나, 지역 소외 방지 및 견해의 다양성 확대에 도움이 되고 방송통신발전기금과 국가 세수까지 증가해 전반적으로 방송의 공익성 증대에 기여하게 될 것이라고 주장해 왔다.

이런 오랜 갈등은 지상파 중간광고 도입을 골자로 하는 방송법 시행령이 2021년 7월 1일부로 발효되면서 막을 내렸다. 방송통신위원회는 규제폐지의 논리로 지상파 독과점 시대에 수립된 지상파 중간광고 금지 규제가 방송 산업의 경쟁력을 약화시켜온 만큼, 낡은 규제를 바꿔 매체 간의 균형발전 및 방송시장의 활력 제고를 도모하기 위함이라고 밝혔다.

[표 13] TV방송사업자 광고 차별규제(2021년 7월 이후)

<table>
<tr><th></th><th colspan="2">지상파방송사업자</th><th colspan="3">방송채널사용사업자</th><th>종합유선방송사업자</th><th>위성방송사업자</th><th>IPTV사업자</th></tr>
<tr><td></td><td colspan="2">지상파방송사업*을 하기 위하여 제9조제1항의 규정에 의하여 허가를 받은 자
* 방송을 목적으로 하는 지상의 무선국을 관리·운영하며 이를 이용하여 방송을 행하는 사업</td><td colspan="3">방송채널사용사업*을 하기 위하여 제9조제5항의 규정에 의하여 등록을 하거나 승인을 얻은 자
*지상파방송사업자·종합유선방송사업자 또는 위성방송사업자와 특정채널의 전부 또는 일부 시간에 대한 전용사용계약을 체결하여 그 채널을 사용하는 사업</td><td rowspan="2">종합유선방송사업*을 하기 위하여 제9조제2항의 규정에 의하여 허가를 받은 자
* 종합유선방송국(다채널방송을 행하기 위한 유선방송국설비와 그 종사자의 총체를 말한다. 이하 같다)을 관리·운영하며 전송·선로설비를 이용하여 방송을 행하는 사업</td><td rowspan="2">위성방송사업*을 하기 위하여 제9조제2항에 따라 허가를 받은 자
*인공위성의 무선설비를 소유 또는 임차하여 무선국을 관리·운영하며 이를 이용하여 방송을 행하는 사업</td><td rowspan="2">인터넷 멀티미디어 방송 제공사업자(인터넷 멀티미디어 방송 제공사업을 하기 위하여 제4조제1항에 따른 허가를 받은 자)</td></tr>
<tr><td></td><td>중앙 지상파</td><td>지역 지상파</td><td>종편 PP</td><td>보도 PP</td><td>일반 PP</td></tr>
<tr><td>중간</td><td colspan="8">• 중간광고 허용
<table><tr><th>방송프로그램(중간광고 포함) 길이</th><th>횟수</th><th>광고시간</th></tr><tr><td>45분 이상 60분 미만</td><td>1회 이내</td><td rowspan="2">매회의</td></tr><tr><td>60분 이상 90분 미만</td><td>2회 이내</td></tr></table></td></tr>
</table>

<table>
<tr><td>광고</td><td colspan="2"><table><tr><td>90분 이상 120분 미만</td><td>3회 이내</td><td rowspan="4">광고시간은 1분 이내</td></tr><tr><td>120분 이상 150분 미만</td><td>4회 이내</td></tr><tr><td>150분 이상 180분 미만</td><td>5회 이내</td></tr><tr><td>180분 이상~</td><td>6회 이내</td></tr></table></td></tr>
<tr><td>총량</td><td colspan="2">• 해당프로그램 편성시간의 100분의 20 이하</td></tr>
<tr><td>방송광고시간평균</td><td colspan="2">• 채널별 1일 프로그램 방송광고 비율 평균 100분의 17 이하</td></tr>
<tr><td>가상/간접</td><td colspan="2">• 해당 프로그램 시간의 100분의 7 이내</td></tr>
<tr><td>판매대행</td><td>• 대행 판매
※ 종편PP의 경우, 자사렙 통해 사실상 직접 판매</td><td>• [규제 없음 = 직접 판매]</td></tr>
<tr><td>결합판매</td><td>• 결합판매 의무</td><td>• [규제 없음]</td></tr>
</table>

Ⅱ. 편성의 차별적 규제

헌법이 방송에서 다원주의 원칙을 구현하는 가장 형식적인 수단이 바로 편성이다. 반면, 방송사업자 입장에서는 자신의 자본력과 인적 자원을 고려해 가장 효율적인 편성으로 광고 수익을 극대화할 수 있는 방송 운영의 자유를 제한당하는 상황에 놓이게 된다. 다시 말해 다원주의 실현을 위해 편성의 자유를 제한하는 것은 공공성을 위해 방송사업자의 수익성을 희생하는 측면이 있는 것이다.

방송법은 채널의 성격에 따라 특정 장르 비율의 상하한선을 차별해서 정하고 있다. 이에 대해 방송사들은 회사마다 제작에 필요한 자금 동원 능력에 큰 차이가 있고 경쟁력 있는 분야도 서로 다름에도 불구하고, 이를 무시하고 일괄적으로 규제하는 것은 불합리하다는 입장이다.

예를 들어 드라마, 예능, 스포츠로 구성되는 오락 장르의 경우 지상파와 종합편성채널 할 것 없이 50% 상한 규제를 함께 받고 있는데, 이 규정은 제작비 여력이 적어서 보도와 시사프로그램을 많이 편성하는 종합편성채널에는 유리하게 작용하지만, 유료방송과의 치열한 경쟁 관계로 인해 수익성 좋은 오락 장르를 많이 편성해야 할 필요성이 있는 지상파방송사에는 경쟁력을 저해하는 요인이라는 것이다.

「방송법」 시행령 제50조 규정에 따르면 지상파 방송사들에게 50% 이하로 제한되는 오락 장르는 유료방송업자인 일반 프로그램 공급업체에게는 80% 이상 편성이 허용된다. 이와 더불어 국내 방송협력업체의 보호와 성장을 위한다는 명목으로 지상파 방송사에는 외주제작 및 국내 제작물 편성 비율을 다른 유료방송이나 종합편성채널보다 훨씬 높게 책정해 공적 책임을 부과하고 있는 것도 차별규제의 한 부분으로 지적된다.

[표 14] TV방송사업자간 편성 차별규제 현황

<table>
<tr><th rowspan="2">구분
(기준)</th><th colspan="2">지상파방송사업자</th><th colspan="3">방송채널사용사업자</th><th rowspan="2">종합유선방송
사업자</th><th rowspan="2">위성방송
사업자</th></tr>
<tr><th>중앙
지상파</th><th>지역
지상파</th><th>종편
PP</th><th>보도
PP</th><th>일반
PP</th></tr>
<tr><td>오락에 관한
방송프로그램
(매반기)</td><td colspan="7">(종합편성을 행하는 방송사업자)
• 당해 채널의 매반기 방송시간의 100분의 60 이하</td></tr>
<tr><td>순수외주
편성비율
(반기
방송시간)</td><td colspan="2">• KBS1TV : 반기 방송시간의 100분의 19 이상
• KBS2TV : 반기 방송시간의 100분의 35 이상
• MBC, SBS : 반기 방송시간의 100분의 30 이상
• 지역MBC, 지역민방 : 반기 방송시간의 100분의 20 이상
• EBS : 반기 방송시간의 100분의 16 이상</td><td>• 100분의 30 이상</td><td colspan="4">• [규제 없음]</td></tr>
</table>

<table>
<tr><td>주시청시간대 순수외주 편성 (반기 방송시간)</td><td>• 100분의 10 이상</td><td>• 100분의 10 이상</td><td colspan="2">• [규제 없음]</td></tr>
<tr><td>국내제작 편성비율 (연간 방송시간)</td><td>• 종합편성방송사업자: 100분의 80 이상
• 전문편성방송사업자: 100분의 60 이상</td><td colspan="2">• 100분의 40 이상</td><td>• 100분의 50 이상</td></tr>
<tr><td>국내제작 영화비율 (연간)</td><td>• 해당 채널의 연간 전체 영화방송시간의 100분의 25 이상</td><td colspan="3">• 해당 채널의 연간 전체 영화방송시간의 100분의 20 이상</td></tr>
<tr><td>국내제작 애니메이션 (연간 방송시간)</td><td>• 해당 채널의 연간 전체 애니메이션 방송 시간의 100분의 45 이상
• (예외)
- 교육을 전문으로 편성하는 방송사업자: 100분의 8 이상
- 종교를 전문으로 편성하는 방송사업자: 100분의 4 이상</td><td colspan="3">• 해당 채널의 연간 전체 애니메이션 방송 시간의 100분의 30 이상</td></tr>
<tr><td>신규 애니메이션 (연간 방송시간)</td><td>KBS, MBC, SBS
100분의 1 이상

단, EBS는 1000분의 3이상</td><td colspan="3"><table>
<tr><td></td><td>전년도 방송사업매출액</td><td>편성비율</td></tr>
<tr><td rowspan="4">종편 PP</td><td>500억원 미만</td><td>1000분의 3 이상</td></tr>
<tr><td>500억원 이상 600억원 미만</td><td>1000분의 5 이상</td></tr>
<tr><td>600억원 이상 700억원 미만</td><td>1000분의 7 이상</td></tr>
<tr><td>700억원 이상</td><td>1000분의 10 이상</td></tr>
<tr><td rowspan="4">애니메이션 PP</td><td>50억원 이상 100억원 미만</td><td>1000분의 3 이상</td></tr>
<tr><td>100억원 이상 150억원 미만</td><td>1000분의 6 이상</td></tr>
<tr><td>150억원 이상 200억원 미만</td><td>1000분의 8 이상</td></tr>
<tr><td>200억원 이상 방송사업자</td><td>1000분의 10 이상</td></tr>
</table></td></tr>
<tr><td>비상업적 공익광고 (매월 방송시간)</td><td>• 1000분의 2 이상</td><td colspan="3">• 1000분의 0.5 이상</td></tr>
</table>

Ⅲ. 심의의 차별적 규제

방송통신위원회와는 별도 기구로 방송·통신관련 심의를 전문으로 하는 방송통신심의위원회의 운용을 보면, 같은 사안에 대해서도 지상파와 종합편성 등 방송유형에 따라 심의의 강도나 조치를 달리 적용하는 경우가 많다.

대체로 지상파에 대해선 엄격한 잣대를 들이대는 반면, 종합편성채널이나 기타 유료방송에 대해서는 상대적으로 느슨한 잣대와 조처를 취한다는 게 방송업계의 평가다. 지상파에서 발생했으면 경고 이상의 중징계를 받을 사안들이 종합편성채널이라는 이유로 권고 등의 경징계에 그친다는 이야기다.

이런 차별적 잣대의 근거로는 「방송법」 제32조에서 공정성 및 공공성 심의는 "매체별·채널별 특성을 고려하여야 한다."는 내용과, 「방송통신심의위원회 규칙」 제141호 제5조의 심의기본원칙 제2항 "위원회가 이 규정에 따라 심의를 할 때는 방송매체와 방송채널별 전문성과 다양성의 차이를 고려하여야 한다."는 항목인데, 지상파방송의 압도적인 지배력이 사라진 지금, 심의에 있어서 비대칭 규제를 하는 게 바람직한가에 대한 논란이 일고 있다.

방송법 제32조(방송의 공정성 및 공공성 심의)	**방심위 규칙 제141호 제5조(심의의 기본원칙)**
방송통신심의위원회는 방송·중계유선방송 및 전광판방송의 내용과 그 밖에 전기통신회선을 통하여 공개를 목적으로 유통되는 정보중 방송과 유사한 것으로서 대통령령으	① 위원회는 방송매체와 방송채널별 창의성, 자율성, 독립성을 존중하여야 한다. ② **위원회가 이 규정에 따라 심의를 할 때는 방송매체와 방송채널**

로 정하는 정보의 내용이 공정성과 공공성을 유지하고 있는지의 여부와 공적 책임을 준수하고 있는지의 여부를 방송 또는 유통된 후 심의·의결한다. **이 경우 매체별·채널별 특성을 고려하여야 한다.**	**별 전문성과 다양성의 차이를 고려하여야 한다.** ③ 위원회가 이 규정을 해석、적용할 때에는 사회통념을 존중하여야 한다.

방송심의 처분의 차등적용과 관련한 박기묵·우형진의 연구[38]를 보면, 대체로 종합편성채널이 지상파보다 월등히 많은 지적을 받을 뿐만 아니라, 그에 따른 경징계 및 중징계 건수도 훨씬 많지만, 징계 가운데 경징계의 비율이 상대적으로 크게 높아서 법적 제재의 압박은 지상파보다 훨씬 덜한 것으로 평가되었다.

현재 방송시장이 지상파든 종합편성채널이든 모두 케이블을 통해 그 콘텐츠를 전국으로 전송하고 있고, 종편의 시청률이 지상파와 비견될 정도로 크게 올랐음을 감안할 때, 이와 같은 비대칭 규제의 개선 역시 필요한 것으로 분석된다.

제 5 절 소결

방송에 관한 규율은 국내외 할 것 없이 헌법상 다원주의 원칙의 실행을 통한 사회 전반에 걸친 다양성의 확충을 목표로 하고 있었다. 방송의 자유를 제한하는 소유 및 겸영이나 편성, 심의 등에 대한 규제들은 헌법이 보장하는 국민의 기본권인 표현의 자유를 방

38) 박기묵, 우형진 “보도교양 방송프로그램의 윤리적 수준과 소재 및 표현기법에 관한 방송심의결정 분석연구”, 『방송통신연구』, 한국방송학회, 2015, 157면.

송이라는 수단을 통해 보다 많은 국민이 향유할 수 있도록 제도화하는 것에 맞춰져 있다.

이처럼 규율을 지배하는 대원칙은 동일하지만 구체적인 실행방식과 규율이 달성한 다양성 실현의 정도는 선진 5개국과 한국이 상당한 차이를 보이는 것으로 파악된다. 우선, 한국은 선진 5개국에 비해 소유, 편성, 심의 등 주요 규제 항목에서 대체로 더 직접적이고 구체적이며 엄격한 규제를 시행하는 것으로 분석된다.

선진국들이 '방송의 자유' 확보에 있어서 정치권력으로부터의 자유가 가장 중요한 과제라는 판단 아래, 조직적 절차적 규율은 정하되 그 실행방식에 있어서는 민간자율 기구를 제도적으로 인정하고 이를 간접적으로 관리·감독하는 형태를 많이 취했던데 비해, 한국은 정치권력의 영향을 강하게 받는 규제기구를 통해 직접 개입하는 특징을 지니고 있었다.

부문별로 보면 첫째, 여론의 독과점을 막기 위한 소유규제의 경우 주요국들은 모두 각국의 미디어산업 여건에 맞춘 독과점 규제 방안을 갖고 있었다. 한국은 「방송법」 제10조에서 1인 지분 제한을 두는 한편, 대기업 및 그 계열사나, 일간신문, 외국자본, 뉴스통신이 방송사업에 진출할 때 겸영이나 지분을 제한했다. 또 이종 미디어를 소유한 특정 매체의 시청점유율이 일정 수준을 넘을 때, 방송통신위원회가 이 채널이 가진 방송 시간의 일부 양도 등을 강제하는 조치를 취할 수 있다.

미국은 대기업의 방송사 지분 매입 제한 규정이 없으며, 1975년부터 시행되어오던 단일 시장 내에서의 이종 미디어 결합과 복수채널 운용 금지도 2017년 폐지됨으로써 주요국 가운데 가장 자유로운 방송산업 환경이 형성돼 있다. 일본은 공영방송에 해당하는 기간방송에 대해서는 '매스미디어 집중배제의 원칙'에 따라, 1개 사업자가 신문 방송 라디오 등 3개 사업을 동시에 소유하지 못하도록 하는 '3사업 지배금지'와, 1개 사업자가 동일 지역 안에서 2개 이상의 방송국을 갖지 못하게 하는 '복수국 지배금지'를 시행하고 있다.

영국은 방송을 BBC와 BBC를 제외한 기타 방송으로 구분해 허가제를 운용 중인데, 민간부문의 소유규제를 보면, 20% 이상의 시장점유율을 가진 신문사에게는 채널3, 채널5, 라디오 채널의 면허 취득을 금지한다. 채널3 면허소유자 역시 동일 지역 내 신문 지분의 20% 이상을 소유할 수 없다. 프랑스는 이종 미디어의 교차소유를 허용하되, '3개 중의 2개' 원칙에 따른다. 지상파TV, 라디오, 신문 가운데 2개 영역만 지분 소유가 가능하게 한 것이다.

독일은 이종 미디어 간의 결합이나 대기업의 지분 매입을 자유롭게 허용하지만, 일간 신문사나 통신사가 단일 시장 안에서 지상파 사업자와 결합할 때는 30%의 시청점유율 상한 규제를 갖고 있다. 한 기업에 속한 채널들의 시청점유율이 이를 넘어설 때는 지분 혹은 방송 시간을 제3자에게 넘겨야 한다.

주요국들의 소유규제는 각 국가의 산업적 특성이나 미디어 역사에 따라 형태를 조금씩 달리 하고 있지만, 지배적 여론의 등장을 막는다는 목표는 동일했다. 한국의 소유규제와 눈에 띄는 차이점은 비교 대상 선진국의 경우 모두 대기업의 미디어 사업 진입에 제한이 없는 반면, 한국은 특정 규모 이상의 대기업이 지상파와 종합편성채널 그리고 보도전문채널에 진출할 때 지분을 제한했다.

또 1인 지분 제한의 경우에는 한국(40%)과 프랑스(49%)가 제한을 두고 있고, 나머지 미국과 영국, 일본, 독일은 제한 규정이 없었다. 또 주요국들은 신문과 TV, 라디오 간에 결합을 허용하되 동일 지역 내 교차소유를 금지하는 형태가 많았는데, 독일과 한국은 교차소유를 허용하되 동일 사업자의 시청점유률이 일정 수준 이상을 넘어서는 것을 막는 형태였다.

두 번째로 편성 영역에서는 미국은 연방헌법 증보 제1조(The First Amendment)의 원칙에 따라 프로그램 편성에 정부가 거의 개입하지 않았다. 다만, 어린이 대상 프로그램에 대해서만 의무편성과 광고 제한 등의 제한적 규율이 적용되었다. 나머지 대부분의 국가들은 편성규제의 적용에 있어서 공·민영을 분리한 뒤, 민영방송보다 공영방송에 시사·보도나 어린이 프로그램 등 공익적 프로그램의 편성 비율을 더 높이 책정하는 규제행태를 보였다.

특이한 부분은 영국과 프랑스는 유독 지상파 민영방송에게는 공영방송과 비슷한 정도의 편성규제를 시행하고 있었는데, 이는 다른 국가들에 비해 이들 두 국가가 지상파 직접 수신 비율이 월등히 높은 수용자 특성을 갖고 있어서, 지상파의 공공재 논리에 따른 의무를 더 크게 지우고 있는 것으로 해석된다.

[표 15] 주요 선진국의 방송 플랫폼별 가입자 비율

구분	미국	영국	프랑스	독일	일본
지상파 직접수신	19.3%	38.7%	46.3%	8.9%	3.6%
무료 위성	4.4%	5.5%	8.9%	34.5%	7.5%
유료방송(위성, 케이블, IPTV등)	76.4%	55.8%	44.9%	56.6%	88.9%

※ 출처; "2019 국제방송시장조사", 정보통신정책연구원(2019. 12) 정책자료 재정리

이에 비해 한국은 편성규제를 공·민영이 아닌 송출 형태에 따라 차등 적용하고 있었다. 종합유선방송이나 위성방송, 전문채널, 종합편성채널 등과 비교해, 지상파방송에게는 광고효과가 높은 오락프로그램 비율은 낮추고, 외주편성이나 국내제작편성 등의 비율은 높이는 등, 공적 책임을 훨씬 더 많이 부과하는 쪽으로 방송법상 편성의 차별이 이뤄지고 있었다.

마지막으로 심의평가 규제에서 국내외의 차이가 가장 두드러졌다. 비교 대상 5개국들은 제도적으로 민간 자율기구의 설립기반을 만들어 콘텐츠에 관련한 사후심의 및 구제 절차를 민간 자율에 맡기되, 중대 위반 사항에만 정부가 직접 나서 규제하는 형태를 취하는 경우가 많았다.

국가별로 보면, 미국은 외설적 표현을 제외하고 대부분의 표현이 헌법적으로 보호되며, 콘텐츠 심의 역시 방송사 자율심의가 중심이고 FCC 개입은 외설적 표현에 한해 예외적으로 허용되었다. 일본도 방송사 자율심의체제로 심의평가를 운용하고 있었으며, 그에 따라 우리의 방송통신심의위원회 같은 심의전문 기관이나 심의규정이 존재하지 않았다.

영국에서는 오프콤이 자율규제를 권장하며 자율규제가 어려운 상황에는 공동규제로 법적 개입을 최소화한다. 독일의 경우 공영방송은 공영방송법에 따라 구성된 방송평의회에서, 민영방송은 주미디어청 산하의 자율규제기구에서 심의를 담당한다. 정부가 직접 심의에 참여하지 않고 자율심의기구의 설립기반만 만들어주는 방식이기 때문에 '규제적 자율심의'로 불린다.

이에 비해 한국은 방송통신심의위원회라는 심의 전문기관이 방송콘텐츠를 직접 심의하고, 그 결과가 방송 재허가에 중대한 영향을 끼치는 구조이다. 게다가 방송통신심의위원회의 위원 구성이 여야 할당에 따른 정파적 절차에 따르고 있어, 심의 결과에 대한 공정성 시비까지 빈발하고 있다.

부문별로 살펴본 결과, 한국의 방송규율들은 헌법적 다원주의 실현을 위한 세 가지 영역 모두에서 주요 선진국에 비해 훨씬 강한 규제를 시행하고 있다고 볼 수 있다. 실제로 주요 국가의 방송규제 강도를 유형별로 비교 분석한 다른 연구[39]에서 세 영역만을

39) 성욱제·이재영, "국내 방송규제 합리화를 위한 국가간 규제체계 비교연구", 정

떼 내어 관찰해보면, 소유, 편성, 심의 등의 세 영역 모두 한국이 다른 5개국에 비해 월등히 높은 강도를 보이고 있다.

[표 16] 주요 국가의 유형별 규제강도

- 수치는 규제강도를 강3점, 중2점, 약1점으로 환산한 뒤, 전문가 의견을 구해 평균을 낸 값이다.

구분	한국	미국	일본	영국	프랑스	독일
소유규제	강(2.8)	약(1.4)	약(1.4)	약(1.2)	중(2.0)	중(2.0)
편성규제	강(2.6)	약(1.2)	약(1.2)	중(2.2)	중(2.2)	중(2.0)
심의규제	강(2.4)	약(1.4)	약(1.2)	중(1.8)	약(1.6)	약(1.6)

※ 출처: 성욱제·이재영, "국내 방송규제 합리화를 위한 국가간 규제체계 비교연구", 정보통신정책연구원(2013. 11), 126면에서 발췌 재정리

규제 전반에서 볼 때 주목되는 부분은 비교 대상 5개국 대부분이 소유와 재원 조달 측면에서 방송을 공영과 민영으로 분리해 규제를 차등 적용하고 있다는 것이다. 헌법적으로 공적 책임을 더 많이 부여받고 있는 공영방송 혹은 기간방송에 대해서는, 내부적 다원주의 원칙을 엄격히 적용해 규율의 적용 강도를 더 높이는 형태가 일반적이었다.

예를 들어 방송콘텐츠에 대한 사전 규제인 편성의 경우 공영방송에 대해서는 견해 및 장르의 다양성과 내용의 공정성을 민영방송보다 훨씬 더 강하게 요구하고, 송출 내용에 대한 사후심의 역시 더 엄격한 잣대를 들이대는 것이다.

반면, 한국은 공·민영에 관계없이 지상파와 케이블, 위성방송 등 전송방식에 따라 차별규제하고 있는데, 이는 방송산업 초기 단계에서 전파의 유한성에 근거한 지상파방송의 공공재 논리에 따른

보통신정책연구원, 2013, 126면.

것으로 보인다. 그러나 시청자 입장에서 볼 때 전파의 유한성 개념이 사실상 무의미해진 지금의 국내 현실로 볼 때 이에 대한 제도개혁이 필요한 것으로 평가된다.

[표 17] 선진 5개국과 한국의 방송규제 개괄

	선진 5개국	한국
규제특징	제도적 규율에 따른 간접규제	규제기구에 의한 직접규제
차별규제 기준	공영과 민영에 따른 차별	지상파와 비지상파 차별
독립성	공영방송 독립성 중시	공영방송 정치병행성 심각
소유제한	대기업 제한 없음	대기업 제한 존재

또 한 가지 눈에 띄는 점은 미디어 환경의 급변에 따라 이종 미디어 간의 합병이나 채널 겸영이 크게 늘고, 거기에 대자본이 가세하면서 미디어 독과점에 따른 여론 다양성 훼손 우려가 커지고 있다는 것이었다. 그에 따라 주요 국가들 대부분이 국가별 특성에 따라 다양한 소유규제를 시행하면서 새로운 미디어의 등장과 산업 환경의 변화에 따라 규제방식을 정밀하게 다듬고 있었다.

이런 점에서 볼 때, 한국의 방송·통신 시장 역시 향후 미디어 융합이 한층 가속화하여 인수합병이 활발해질 것으로 예상되는 만큼, 거대자본에 의한 여론의 독과점을 막을 수 있도록 시청점유율 규제 등을 앞으로도 정밀하게 운용할 필요가 있겠다.

제 5 장

한국 방송의 규제체계에 대한 비판적 분석

국가가 덜 간섭할수록 더 고양되는 개인의 자유와 달리, 방송의 자유는 견해의 활성화라는 헌법적 목적에 부합하도록 내부적 다원주의 원칙에 따른 제도화를 통해 이뤄지는 자유다.

그렇다면 이 같은 제도적 규제로 기본권인 방송의 주관적 자유를 제한함으로써, 총체적으로 볼 때 한국인들이 더 많은 견해 표명의 기회를 얻고 여론이 다양화하면서 견해와 사상의 경합을 통한 민주적 의사결정이 고양됐을까.

우리 사회에서 방송은 격동적인 현대사만큼 끊임없이 크고 작은 변혁을 겪고 있다. 경제와 문화 등의 측면에서 명실공히 선진국으로 분류되고 있는 한국에서 방송은 프로그램 제작 능력과 기술적 발전 측면에서는 경제·문화 선진국인 한국의 위상에 맞게 선진 방송으로 분류될 만큼 높은 평가를 받고 있다.

하지만 헌법이 요구하는 다원주의의 실현, 특히 다양한 견해의 활성화에 대한 기여도 측면에서는 상당히 미흡하다는 평가가 지배적이다. 경제·문화 선진국의 위상과 달리 삼류로 분류되고 있는 정치에 강하게 종속됨으로써 다양한 견해의 활성화는커녕, 오히려 극단적 편향성으로 사회적 갈등을 조장함으로써 헌법적 요구에서 멀어지고 있다는 것이다.

본 장에서는 정치민주화 이후 30여 년이 흐르는 동안 다원주의 실현의 매개체가 되어야 할 방송이 오히려 그 목적과 반대로 역주하고 있는 구체적인 현실을 살펴보고, 그 원인이 된 정치권력과의 연대성 문제와, 제구실을 하지 못한 조직적 절차적 규율의 허점, 그리고 권력으로부터 독립성을 확보하지 못한 방송으로 인해 나타난 여론의 문제점 등 한국의 방송이 민주적 여론형성에 기여하기 위해 반드시 극복해야 할 문제들을 짚어보고자 한다.

제1절 공영적 방송사의 정체성 위기

80년대 이전까지 한국의 TV방송 시장은 사실상 KBS와 MBC를 양 축으로 하는 공영방송 체제였다. 당시의 방송법을 보면, 제1조 목적조항에서 "이 법은 방송의 자유와 공적기능을 보장함으로써 민주적 여론형성과 국민문화의 향상을 도모하고 공공복지의 증진에 기여함을 목적으로 한다."라고 되어 있다.

이를 현재 방송법의 목적조항인 "이 법은 방송의 자유와 독립을 보장하고 방송의 공적 책임을 높임으로써 시청자의 권익보호와 민주적 여론형성 및 국민문화의 향상을 도모하고 방송의 발전과 공공복리의 증진에 이바지함을 목적으로 한다."라는 내용과 비교해보면, 기본 골격은 그대로 유지된 채 '방송의 독립 보장'과 '시청자 권익 보호', '방송의 발전에 기여' 등이 추가됐을 뿐이다.

TV에서 공영방송만 존재했던 80년대 이전 시기와, 90년대 지상파 민영방송의 등장에 이어, 2000년대 케이블을 통한 종합편성채널이 등장하는 시기까지, 방송법의 세부 사항들이 수많은 변화를 거쳤지만 헌법이 요구하는 방송 미디어의 내부적 다원주의 원칙은 지금까지 충실히 반영되어왔다.

그렇다면 헌법이 방송법을 통해 구현하고자 하는 방송의 자유는 그동안 어떤 변화를 거치면서 우리 사회에서 다원주의를 표현하고 있을까. 지난 1987년 박종철군 고문치사 사건으로 촉발된 민주화 운동과 그에 따른 6.29 선언은 한국의 공영적 방송의 성격을 재규정하는데 큰 영향을 미쳤다.

당시 민주화와 직선제 개헌 요구가 거세지자, 노태우 민정당 대통령 후보는 6.29 특별선언을 발표하며, 거기에다 언론개혁에 관련된 중요한 내용을 담았다. 언론자유의 향상을 위해 제도와 관행을 획기적으로 개선하고 자율성을 최대한 보장하겠다는 것이 주요 내용이었다.

세부적으로는 KBS를 일본의 NHK처럼 명실상부한 공영방송으로 만들고, MBC 역시 공익 장학법인체를 설립해 운영을 맡김으로써 공영방송 체제로 바꾸겠다는 내용이 담겨있었다. 6.29 선언이 있은 지 1년여를 거치는 동안 관련 내용을 담은 「방송법」과 「한국방송공사법」, 「방송문화진흥회법」이 통과됐고, 이를 규율할 방송위원회가 조직되었다.

이 시기에 공정보도 운동이 언론노조를 중심으로 활발하게 전개됐으며, 특히 MBC 문화방송의 경우 형식적으로는 정치권력의 영향력 아래 있는 공영방송임에도 불구하고, 정권에 비판적인 기사를 자유롭게 쏟아내며 자유언론의 대명사가 되기도 했다.

정치 민주화 이후 정치권력의 공영적 방송사에 대한 직접적인 통제 행위가 상당 부분 약화됐지만, 그와 같은 욕구가 완전히 사라진 것은 아니었다. 6.29 선언을 통해 언론자유를 최대한 보장하겠다고 천명했던 노태우 정부의 경우에도 매체조정활동으로 불렸던 문화공보부의 개입과 언론인 개별 접촉을 이용한 통제가 지속되었다. 이후 들어선 김영삼, 김대중, 노무현, 이명박 등의 민간출신 대통령의 재임 기간에도 형태와 정도는 달랐지만, 정권에 우호적인 콘텐츠 제작과 방향 설정에 대한 압박은 변함없이 이어졌다.

국내에서 공영적 방송사에 대한 정치적 통제 욕구는 보수정권이 진보정권보다 상대적으로 강한 것으로 언론학계는 분석해왔다. 이를테면 노무현 정부에 뒤이은 이명박 정부의 경우, 청와대 언론특보를 지낸 이들이 공영적 방송사들의 경영진으로 임명되면서 정책 관련 보도에 대한 사전 통제까지 이뤄졌다.

이런 행태는 방송사 내부 구성원들의 반발을 불러왔고, 정부의 낙하산 인사와 방송개입 반대 투쟁이 일면서 공영적 방송사들은 장기 파업과 대량 해고 사태라는 유례없는 파행을 겪어야 했다. 특히 이 과정에서 6.29 선언 직후 잠시나마 노영(勞營) 방송으로 불릴 정도로 언론자유를 누렸던 MBC가 가장 큰 혼란을 겪었다.

낙하산 인사로 임명된 김재철 사장을 반대하던 기자들이 한직으로 발령 나거나 해고당했고, 부족한 인원을 이른바 시용기자로 충원하면서 향후 큰 분쟁의 불씨를 남겼다. 여론 형성에 영향력이 컸던 시사보도 프로그램들도 불똥을 맞았다.

광우병 사태를 촉발한 것으로 여겨졌던 「PD수첩」이 속해있던 MBC 시사교양국이 해체됐으며, KBS에서도 탐사보도팀이 없어지고 「미디어포커스」와 「시사투나잇」이 폐지되었다. 전관용, 진중권, 윤도현 같은 진보 성향의 MC들도 물러났다.

8년간 이어졌던 보도전문 채널 YTN의 기자 해직사태도 2008년 촉발되었다. 이명박 정부가 출범했던 2008년 5월, 정부가 대선캠프 언론특보 출신의 구본홍씨를 YTN 사장으로 내정하자, YTN 노조는 석 달 동안 '낙하산 사장 반대' 및 '공정 방송'을 명분으로 출근 저지 투쟁을 벌였다.

사측은 그해 10월 인사위원회를 열어 노조위원장을 비롯한 노조원 6명을 해고하는 등 모두 33명을 중징계했다. YTN 해직사태는

2017년 문재인 정부 출범과 함께 해직자들 가운데 노종면, 조승호, 현덕수 기자가 3225일 만에 최종적으로 복직할 때까지 이어졌다.

공영적 방송사의 파행은 박근혜 정부에서도 계속되었다. 이명박 정부에서 촉발된 MBC와 YTN의 분쟁사태는 조직 내부의 갈등까지 가세하면서 더 악화되어 갔다. 특히 정권 후반기에 박근혜 전 대통령 탄핵사태가 발생하면서 정권교체 가능성이 높아지자, 이념적 성향이 서로 다른 방송사 조직원들은 극단적 대립 상황을 연출했는데, 정권과 공영적 방송사 간의 갈등이 구성원의 결속마저도 파국으로 몰아넣는 상황으로까지 이어진 것이다.

그 와중에 공정성을 확보하지 못한 채 이리저리 흔들렸던 보도 내용들은 외부로부터 혹독한 평가를 받았고, 시청자의 외면으로 시청률은 물론 신뢰도까지 하락하는 상황으로 이어졌다.

박근혜 정부 시기인 2013년에 사단법인 미디어미래연구소가 실시한 설문조사 결과를 보면, 신뢰성 부문에서 2008년부터 2010년까지 1위를 차지했던 KBS는 2013년 5위로 추락했고, 공정성 부문에서도 2007년~2008년 2위에 있었지만, 2013년에는 신뢰성과 마찬가지로 5위로 하락했다. 이렇게 KBS의 신뢰성과 공정성이 급락하던 시기는 노사갈등으로 언론노조 KBS 본부에서 94일간 파업이 진행됐던 기간과 겹쳐있다.

이 조사에서는 MBC의 추락도 주목된다. 2007년부터 2010년까지 신뢰성과 공정성 부문에서 각각 4위를 차지했던 MBC는 2012년 이후 순위에서 아예 사라졌다. 2012년은 공정방송 실현을 명목으로 MBC노조가 170일 간의 장기 파업을 벌이던 때였다.

[표 18] 언론사 신뢰성 순위 변화 추이

	2007	2008	2009	2010	2011	2012	2013
1	한겨레	KBS	KBS	KBS	경향신문	경향신문	YTN
2	KBS	YTN	YTN	YTN	YTN	한겨레	한겨레
3	YTN	경향신문	경향신문	경향신문	한겨레	YTN	경향신문
4	경향신문	한겨레	한겨레	한겨레	KBS	KBS	SBS
5	MBC	MBC	MBC	MBC	한국일보	SBS	KBS
6	한국일보	SBS	한국일보	한국일보	MBC	한국일보	한국일보
7	오마이뉴스	한국일보	오마이뉴스	중앙일보	오마이뉴스	MBN	중앙일보
8	중앙일보	국민일보	SBS	SBS	노컷뉴스	중앙일보	뉴스Y

※ 출처; 사단법인 미디어미래연구소

[표 19] 언론사 공정성 순위 변화 추이

	2007	2008	2009	2010	2011	2012	2013
1	YTN	YTN	YTN	YTN	YTN	YTN	YTN
2	KBS	KBS	경향신문	한국일보	한국일보	SBS	SBS
3	경향신문	경향신문	KBS	KBS	경향신문	한국일보	한국일보
4	MBC	MBC	MBC	MBC	KBS	KBS	경향신문
5	한국일보	다음	한국일보	경향신문	다음	경향신문	KBS
6	SBS	한국일보	한겨레	다음	네이버	MBN	뉴스Y
7	한겨레	한겨레	다음	SBS	한겨레	뉴스Y	MBN
8	다음	SBS	네이버	네이버	SBS	노컷뉴스	JTBC

※ 출처; 사단법인 미디어미래연구소

2017년 정권교체 이후, 정부나 지자체가 출자한 KBS와 MBC, EBS, TBS 등 공영방송과, 공공기관이나 공기업이 출자한 YTN이나 연합TV뉴스 등 준공영방송을 포함한 이른바 공영적 방송사들의 헤게모니 변화 역시 극적이었다.

이전 보수정권과 이념적 성향을 달리하는 문재인 정부가 들어서자, 보수정권 10년 동안 해고와 한직 배치 등의 심각한 피해를 입었던 방송사 노조원들이 일제히 복직이나 복권됨과 동시에 사장과 보도본부장을 비롯한 요직에 올랐다. 반대로 전 정권 시절, 주요 보직자들은 사실상 전부 자리에서 물러났다.

파행이 가장 극심했던 MBC에서는, 이전 보수정권에서 해직자였던 최승호씨가 문재인 정부 초대 MBC사장에 올랐으며, 이어서 노조위원장 출신의 박성제씨가 후임을 맡았다. KBS에서는 PD협회장 출신의 양승동 사장이 선임되었다. 또, 보수정권에서 수난을 겪었던 김어준, 김제동, 주진우, 김용민 같은 진보 성향 인사들이 주요 시사프로그램 앵커로 대거 기용되었다.

보수정권 당시와 비슷한 해고 사태도 일부 재현되었다. MBC의 경우 안광한, 김장겸 전 사장 재임 당시인 2016~2017년에 채용된 전문 계약직 아나운서 11명에 대해, 최승호 사장 취임 이후 계약 갱신을 무효화하고 특별채용을 통보하면서 실제로는 단 1명만 특별 채용했다.

이후 계약이 만료된 아나운서 가운데 9명이 서울지방노동위원회에 구제신청을 냈는데, 서울지방노동위원회와 중앙노동위원회는 부당해고에 해당한다고 판단했다. 이에 불복해 MBC는 소송을 제기했고 법원은 노동위원회의 판단에 손을 들어주었다.

이런 상황으로 보건데, 한국의 공영적 방송사들은 87년 민주화 운동 이후 방송법이 목적하는 '방송의 자유' 확보와 정치적 독립을 실현하지 못한 채, 정치권력에 휘둘리고 정권 교체에 따라 내부 조직원들끼리 서로에 대한 포상과 보복을 반복하는 악순환의 고리에서 벗어나지 못했다. 그 과정에서 공영적 방송의 책무인 견해의 다양성 제공은 요원한 과제가 되었다.

제 2 절 정치종속과 다원주의의 위기

Ⅰ. 공영적 방송사의 정치병행성(political parallelism)

헌법의 다원주의 정신이 방송 미디어에 요구하는 것은, 방송사가 사회 여러 영역에서 분출되는 다양한 견해의 통로인 동시에 경연장의 역할을 함으로써, 사상과 의견의 경합을 북돋워 민주적 의사결정의 창출에 도움을 주는 것이다.

다원주의는 표현의 자유라는 기본권 보장의 원리인 동시에, 국민의 표현의 자유를 방해할 수 있는 '미디어의 자유'를 제한하는 원리이기도 하다. 그러기에 정치적, 문화적 다양성 확장에 장해가 되는 미디어의 독점이나 편향성을 억제하는 입법이 다원주의의 원칙에 의해 가능한 것이다. 정부는 사상과 견해의 다양성을 유지하고 활성화하기 위해, 방송법을 포함한 여러 규율을 통해 여론시장에서 생길 수 있는 방송의 오작동을 경계하고 통제한다.

사전적 의미의 공영방송은 수신료나 정부 재정 등의 공적 재원으로 운영된다는 측면에서 광고를 재원으로 하는 민영방송보다 공적 책임의 정도가 훨씬 높다. 다양한 견해의 수용으로 다원주의를 구현해야 한다는 헌법적 요구가 바로 그 공적 책임과 중요하게 연결돼 있다. 다시 말해, 공영방송이 조직적 절차적으로는 국가권력의 지배를 받을 수밖에 없지만, 역설적으로 국가권력과 자본으로부터 독립해 국민 전체의 견해를 반영하고 다양성을 확장해야 하는 숙명을 지닌 것이다.

산업 초기 전파의 유한성에다 거대한 자본소요 및 막대한 영향력 때문에 대부분 공영 형태를 띠었던 방송 미디어에 대해, 세계 각국이 내부적 다원주의 모델을 적용해 여러 제도적 장치를 작동시킴으로써 견해의 다양성을 강제적으로 표출하도록 한 것도 그 때문이다.

그런 배경에서 본다면 정부가 출자했거나 공익재단이 대주주인 KBS나 MBC, 그리고 법정기관 또는 공공기관이 대주주이고 사장을 비롯한 임원 선임에서 정부의 입김이 작용하는 YTN과 연합뉴스TV, 민영방송인데도 유한한 자원인 전파를 쓴다는 이유에서 공영적 성격을 강요받는 SBS 등의 미디어들은 조직 내에서 내부적 다원주의의 작동으로 다른 미디어에 비해 훨씬 공정하고 다양한 견해를 발산하는 매개체 역할을 수행했어야 했다.

하지만, 앞서 살펴본 바와 같이 공영적 방송사의 정치종속화는 정치권력의 이념과 이해에 부합하는 편향성을 창출했고 그 과정에서 내부적 다원주의를 위한 실체적 규범들이 무력화되었다. 방송의 정파성과 관련해 최영재는 이들 공영적 성격의 방송사들이 '낙하산 인사'를 통한 집권세력 편향의 정치종속적 지배구조에 얽매여 있으며, 정치종속화는 공영방송의 경영진 구성뿐만 아니라 보도 전반에 침범함으로써 '방송의 자유'를 위축시키고 있다고 평가했다.[40]

낙하산 인사는 정치권력이 공영적 방송사를 정권 친화적인 여론 형성의 도구로 사용하려는 의도가 깔린 것이므로, 정권의 이념적 지향성에 부합하는 인물이 사장으로 선임될 수밖에 없고, 이렇게 임명된 사장은 다시 자신과 비슷한 성향을 가진 인물들로 보도 부문을 포함한 주요 보직자를 임명하게 된다. 결국 이들이 뉴스를 선택하고 방향성까지 제시하면서 공영적 방송사의 이념적 편향성

40) 최영재, "공영방송 보도국의 정파적 분열", 『커뮤니케이션이론』, 제10권 제4호, 한국언론학회, 2014, 481면.

이 강화된다.

이는 실제로 방송사 구성원들에 대한 설문조사에서도 나타났는데, 공영적 방송사들의 파행이 심각했던 이명박 정부 후반기와 박근혜 정부 초기에, 방송기자클럽이 실시했던 조사내용을 보면, 새 사장이 선임되면 곧바로 이어지는 내부 조직개편, 특히 보도국 인사에서 기자들의 이념적 성향이나 정파적 특성에 따라 직제 구성이 다시 이루어진다는 응답이 KBS나 MBC, YTN 같은 공영적 방송사에서 다른 곳보다 훨씬 높게 나타났다.

[표 20] 방송사 사장 변경에 따른 보도국 재편 질문

- 질문; 새 사장이 오면 보수나 진보 등 정파적 특성에 따라 보도국 인사가 새로 라인업되는 편이다.

(5점 만점)

	N	평균	표준편차	F(유의도)
KBS	22	4.45	.510	10.21 (p=.001)
MBC	20	4.10	.912	
SBS	20	3.05	1.050	
MBN	24	3.04	.955	
CBS	19	3.21	1.032	
YTN	21	4.05	.865	
합계	126	3.65	1.053	

※ 출처; 최영재, "공영방송 보도국의 정파적 분열" (2014), 497면에서 인용

때로는 이들 공영적 방송사의 보직간부가 청와대나 행정기관의 정무직으로 이동한 뒤 소속했던 방송과 긴밀한 협조체계를 구축하면서 정치병행성이 한층 강화되기도 한다. 그뿐만 아니라 총선에 출마해 국회의원에 당선된 뒤, 옛 직장을 압박하거나 지원하는 입법화에 나서기도 한다. 이런 상황은 필연적으로 공영적 방송사의

정치종속과 편향성을 강화하고, 반대로 다양성은 억제하는 결과로 이어진다.

정치병행성에 따른 파동을 가장 심하게 겪고 있는 MBC의 경우 20대 총선에서 9명, 21대 총선에서는 5명의 당선자를 배출했다. 보수와 진보정권이 번갈아 들어설 때마다 MBC가 심각한 내부 분열과 갈등을 겪어온 만큼, 그 과정에서 자의 반 타의 반으로 정치권에 들어선 기자나 아나운서 출신 국회의원들은 전 직장에서의 갈등을 국회로까지 연장하는 모양새를 띠고 있다.

20대 총선 당시 야당이던 더불어민주당에 집중됐던 MBC출신 국회의원들은 21대 총선에서는 여당에서 야당으로 입장이 바뀐 미래통합당에서 집중적으로 나왔다. 이들은 대개 자신과 성향이 다른 정권의 방송 장악 시도에 저항하다 불이익을 당한 끝에 야당에서 정계에 입문하거나, 자신과 성향이 같은 정권의 발탁을 받아 청와대 등에서 근무하다 출마한 경우로 구성된다. 어찌 되었든 정치병행성에 따른 공영적 방송사의 내홍은 그 구성원의 정계 입문으로 이어졌고, 이는 다시 정치병행성을 굳히는 요소로 작용하고 있다.

공영적 방송사의 이런 정치병행성은 또한 5년마다 대통령 선거를 통해 집권세력이 바뀔 때마다 방송사 내부의 헤게모니가 바뀔 가능성을 예고한다. 현재의 정치권력과 연대하면서도, 미래 정치권력의 향배에 촉각을 곤두세우고 현 조직의 운명을 내맡길 수밖에 없는, 불안하고 수동적인 운명의 굴레를 자의반타의반으로 뒤집어 쓴 것이다.

한국에서 공영적 방송이 다양한 견해의 통로와 공론장이란 본연의 모습으로 탈바꿈하기 위한 길은 정치병행성의 질곡을 벗어던지는 것에서 출발해야 한다. 공영방송이 표현의 자유를 위해 가장 경계해야 할 권력이 바로 정치권력이다. 정치권력으로부터의 독립은 헌법이 한국의 공영적 방송사들에게 요구하는 가장 강력한 과제라 할 수 있다.

Ⅱ. 다원주의의 위축과 편향적 콘텐츠의 증가

2009년 TV조선과 채널A, JTBC, MBN 같은 종합편성채널의 출범으로 방송에 있어서의 시청자 선택권은 크게 넓어졌다. 하지만 그것이 견해의 다양성 강화라는 민주주의 발전으로 이어진 것은 아니었다. 종합편성채널을 모두 기존의 메이저 신문들이 소유함으로써, 견해의 다양성은커녕 기존 메이저 신문의 여론독과점 정도와 이념적 영향력을 더 강화하는 역할을 했기 때문이다.

이를 테면 조선일보가 TV조선을, 동아일보가 채널A, 매일경제가 MBN을 소유함에 따라 이들 신문들의 보수적 성향이 그대로 자회사인 종합편성채널에 반영됨으로써, 전체 미디어시장으로 볼 때 이념적 편향이 한층 강화된 것이다.

다만, 이 부분에서 JTBC는 예외로 볼 수 있는데 중앙일보는 보수 색채인데 비해 JTBC는 진보적인 성향을 가졌기 때문이다. 이와 관련해 양사의 지주회사인 중앙홀딩스 홍석현 회장은 2018년 11월 21일 CBS 라디오 '시사자키 정관용입니다'에 출연해, "손석희라는 인물의 상징성과 방송에 대한 프로페셔널리즘을 높이 사서 JTBC에 영입했으며 손사장의 영입과 함께 JTBC의 논조가 중앙일보와는 상당히 달라질 것으로 예상했지만, 인위적으로 어떤 방향을 설정을 하지 않았다."고 밝힌 바 있다. 이를 두고 일각에서는 중앙일보측이 서로 다른 이념적 성향을 가진 정권이 번갈아 들어서더라도 미디어 사업이 휘둘리지 않도록 전략적 선택을 했다는 해석을 하기도 한다.

미디어 시장 전반에서 이념적 편향성이 강화된 현실은 정치권력으로 하여금 공영적 성격의 방송사들을 자신의 영향력 아래 두면서 언제 닥칠지 모르는 거대 언론과의 여론전에 대응하고자 하는 의도를 가지게 만들었다.

신문과 종편채널들은 대체로 자신들과 이념적 성향이 같은 정권에 대해 우호적인 성향을 보이지만, 때때로 특정 부문에서 자사의 이익과 부합하지 않을 경우, 같은 성향의 정권에 대해서도 맹렬한 공격성을 보인 전례가 많았다. 예를 들면 박근혜 정부 말기에 우병우 민정수석과 송희영 조선일보 주필을 둘러싼 청와대와 조선일보의 공방은, 정권과 같은 이념적 지향성을 가진 언론이라도 자사의 이해관계와 배치될 때 적대적 위치로 변할 수 있음을 보여주는 가장 현실적 사례이다.

이런 사례는 진보·보수정권 할 것 없이 공영적 방송사를 장악함으로써 정권의 방패막이로 사용하겠다는 욕구를 강하게 불러일으켰다. 정치권력의 이런 욕구는 결과적으로 공영적 방송사 경영진에 대한 낙하산 인사와 그에 따른 정치병행성의 강화로 이어졌고, 정권 친화적인 구성원들이 조직의 헤게모니를 장악하면서 친정권 성향의 견해가 양산됐다.

낙하산 인사에 따른 대량 해고사태와 방송사 내 진영갈등을 촉발하며 유례없는 공영적 방송사의 파행을 유발했던 이명박 정부 시기에, 한국일보가 한국언론학회 소속 교수 42명을 인터뷰한 설문조사를 보면, KBS에 대해 정치적 편향성 정도가 '높다'는 응답이 52.4%, '매우 높다'가 28.6%로, 조사 대상자의 81%가 높다고 평가했다. MBC도 편향성 평가에서 자유롭지 못했다. 편향성이 '높다'는 응답이 57.1%, '매우 높다'가 23.8%로 전체적으로 볼 때 높다는 응답이 80.9%에 달했다.

이런 결과가 생긴 이유로는 '사장 등 경영진의 정치적 중립성 문제'(복수응답 85.7%)를 꼽는 응답자가 압도적으로 많았다. 뒤이어

'정치권의 개입'(33.3%), '채널 증가에 따른 시청률 경쟁 심화'(16.7%) 등이 올랐다.

문재인 정권은 이전 보수정권 하의 공영적 방송사가 가졌던 극단적 편향성을 비판하며 출범했지만, 그럼에도 불구하고 방송의 정치병행성과 편향성 논란을 비켜가지 못했다.

박근혜 정부와 문재인 정부에서 방송된 지상파 시사프로그램을 비교·분석한 서울대 언론정보연구소의 연구41)는 "두 시기 모두 논쟁적 사안에서 피해자와 가해자, 약자와 강자를 분명하게 편 가르고, 전자를 옹호하고 후자를 비판하는 경향이 일관되게 발견되었다."고 분석했다.

하나의 아이템을 다룰 때 어느 한 편의 이해당사자만을 편든 경우, 어떤 식으로 편을 갈라 누구에게 편향적이었는지를 질적으로 분석한 결과를 보면, 박근혜 정부 때는 TV 시사프로그램이 주로 '야권' '탈북자' '갈등 피해자' '서민' '노인' 등을 옹호한 반면, '언론' '정책당국' '북한' '갈등 가해자'를 비판한 것으로 나타났다.

이에 비해 문재인 정부 때는 '정부·여당' '북한과 북한 친화측' '사건·사고 피해자' '유족' '비리 폭로자' '자영업자' '가맹점주' '노동자' '실업자' 등의 경제적 약자를 옹호한 반면, '이명박 정부' '박근혜 정부' '전두환' '트럼프' '이재용 일가' '삼성 및 삼성 출입기자' '보수언론' 등을 비판한 것으로 나타났다.

또, 문재인 정부 들어 TV 시사보도 콘텐츠에서 출연자, 진행자, 자료화면, 인터뷰이 등에서 편향성이 전반적으로 증가했으며, 특히 이 시기에 새로 만들어진 「김어준 블랙하우스」, 「오늘밤 김제동」, 「저널리즘 토크쇼」, 「탐사기획 스트레이트」 등에서 편향성이 두드러졌다고 이 연구는 분석했다.

---

41) 윤석민, "박근혜-문재인 정부시기 지상파 시사프로그램 평가 연구", 서울대 언론정보연구소, 2019, 121면.

실제로 문재인 정권 출범 즈음인 2017년 말과 2018년 초 MBC와 KBS의 사장이 각각 진보 성향의 인사로 교체된 후, 이들 두 회사의 시사 프로그램들은 전 정권의 적폐 고발이나 재벌 비판에 총력전을 벌였다.

KBS의 대표 시사고발 프로그램인 「추적60분」은 삼성의 비리 의혹과 박근혜 정부 때의 사법 농단 의혹에 관련된 아이템을 집중적으로 방영했고, MBC 「PD수첩」 역시 전 정권 때의 국정원과 사법부의 정치공작, 정치 권력과 대기업의 유착 등 주로 과거 정권의 의혹을 파헤치는 주제를 중점적으로 다뤘다.

국정감사를 통해 나온 자료들도 공영적 방송의 편향성을 보여준다. 문재인 정부에서 야당인 국민의힘 의원들이 내놓은 자료들을 보면, 2020년 1월부터 9월까지 TBS 「김어준의 뉴스공장」 189회를 전수 분석한 결과, 민주당원 패널이 출연한 횟수는 238차례인 반면, 국민의힘 소속 패널은 총 71회 출연에 그쳤다.

KBS1 라디오 「김경래의 최강시사」 패널 출연도 2020년 1월부터 8월까지 당적이 민주당인 사람이 170회인 데 비해 국민의힘은 104회였다. 21대 총선 선거운동 기간인 2020년 4월 2일부터 14일까지의 출연도 진보 성향 21회, 보수 성향 7회로 3배가량 차이가 났다.

또, MBC 「스트레이트」가 2020년 2월부터 9월까지 내보낸 158편의 아이템을 분석한 결과를 보면, 국민의힘 비판 보도가 80건이었던 데 비해, 민주당 관련 보도는 단 3건뿐이었다. 특히 국민의힘 나경원 전 원내대표의 아들 관련 의혹을 3차례 보도하는 사이에, 추미애 법무부 장관과 조국 전 법무부 장관의 아들 문제는 전혀 다루지 않았다.

이런 요소로 미루어 볼 때, 뿌리 깊은 정치병행성이 초래하는 공영적 방송사의 정치적 편향성은 보수와 진보 정권을 막론하고 아직까지는 벗어날 수 없는 굴레로 보인다. 더욱이 대선이 5년마다 반복됨을 감안하면, 공영적 방송사들은 정치권력의 변동 때마다 조직 내 헤게모니가 모두 바뀌는 동시에, 새로운 이념적 편향성을 표출하는 악순환에 빠져있는 것이다. 이 과정에서 공영적 방송사를 다양한 견해의 공론장으로 만들겠다는 헌법상의 내부적 다원주의 원칙은 그 효력을 잃고 만다.

제 3 절 다원주의적 규제체계의 위기

I. 정치종속적 규제기구의 한계

앞서 기술한 바와 같이 신문은 설립의 용이성에 따른 양적 다양성이 각양각색의 견해나 이념의 교류를 활성화하는 외부적 다원주의의 특성을 가진데 비해, 방송은 설립의 어려움에 따른 양적 제한성 때문에 법적 규율에 의한 내부적 다원주의를 적용해 다양한 견해를 가진 콘텐츠의 생산을 강제화한다. 달리 말하면 출판의 자유, 즉 인쇄매체의 자유는 굳이 국가의 도움을 받지 않더라도 자연스럽게 보장되는 반면, 방송을 통한 표현의 자유는 국가가 간섭하고 구조적으로 규제해야 얻어진다는 뜻이다.

그런데 우리의 방송사를 보면, 다양한 여론의 형성을 북돋우려고 내부적 다원주의 원칙 하에서 만들어놓은 방송 관련 규제들이 제 기능을 발휘하지 못하고, 오히려 편향성을 더 조장하는 방향으로 작동하는 경우가 많았다.

1987년 정치 민주화 이후 가장 많은 파동을 겪어온 MBC의 경우, 내부에서 노사분규와 파행 인사, 편향적 보도 등 민감한 문제가 터졌을 때, 이를 바로잡아야 할 규제기구들이 제 기능을 발휘하지 않았다. 대주주이면서 관리 감독 기구인 방송문화진흥회나 감독관청인 방송통신위원회 등의 기관들은 사태를 방관하거나, 오히려 거기서 한발 더 나아가 그동안 누적돼온 많은 문제들이 정상화되는 과정에서 불가피하게 발생하는 현상이라고 치부하기도 했다.

헌법상의 다원주의 원칙에 따라 공영적 방송사의 독립성과 다원성을 규율해야 할 감독기구가 그 본연의 역할과는 반대로 정치종속과 편파성을 조장하게 된 것은 공영적 방송사의 지배구조를 형성하는 조직적 절차적 규율의 문제점 때문이다.

MBC의 조직구성과 운영을 규정한 「방송문화진흥회법」에 따르면, MBC 대주주인 방송문화진흥회의 이사는 모두 9명이다. 이들 이사들은 방송에 관한 전문성과 사회 각 분야의 대표성을 고려하여 방송통신위원회가 임명하며, 그 과정에서 정치권의 여야가 비공식적 관행에 의해 추천권을 행사한다.

그런데 방송문화진흥회를 관리 감독하는 대통령 직속의 방송통신위원회는 국회의장이 추천하는 3명(야당 추천 2명 포함)과 대통령이 임명하는 2명(위원장 포함) 등 여야 3대2 구도로 구성된다. 결국 대통령과 방송통신위원회, 그리고 방송문화진흥회로 이어지는 규제기관의 후견주의적 속성이 자연스레 공영적 방송사의 정치병행성과 편향성을 만들어내고 있는 것이다.

국가 기간방송인 KBS도 비슷한 상황에 놓여있다. 방송법 제46조에 따르면 KBS 이사 11명은 방송통신위원회가 국회 등의 추천을 받아 대통령에게 추천하게 되어 있고, 관행에 따라 여당에 더 많은 추천권이 배정된다.

이 과정에서 정파적 이해가 반영될 수밖에 없고 그에 따라 이사회의 정치적 독립성이 약화되어 내부적 다원주의 원칙이 구조적으로 제한된다. 또한 정치권이 자신들의 정파적 이해관계에 부합하는 인물들을 우선 추천함으로써, 이사들의 전문성과 사회적 대표성에도 문제가 많다는 지적이 끊이지 않는다.

전체적으로 보면 KBS의 경우에도, 대통령은 실질적으로 이사회 이사와 이사장뿐만 아니라 이사회가 임명·제청하는 사장까지 광범위하게 인사권을 행사하게 되면서, 헌법상 다원주의 실현을 위한 공영방송의 첫 관문인 '정치권력으로부터의 독립'이 구조적으로 치밀하게 제약받고 있음을 알 수 있다.

[표 21] KBS, MBC 지배구조

	KBS	MBC
이사회	- 이사 11명을 방통위에서 추천 - 대통령이 임명 - 이사회에서 이사장 호선	- 방송문화진흥회 이사 9명을 방통위에서 임명 - 이사회에서 이사장 호선
사장	- 이사회 제청으로 대통령이 임명	- 방문진 이사회에서 사장 선임
집행 기구	- 사장이 부사장, 본부장 임명 - 부사장은 이사회 동의 필요.	- 사장이 MBC 경영진 구성
법적 근거	방송법	방송문화진흥회법

※ 방송법 제46조 및 방송문화진흥회법에서 발췌 정리

한전KDN과 한국인삼공사, 한국마사회 등 공기업이 전체 지분의 절반 이상을 보유한 채 대주주로 있는 YTN 역시 사정은 크게 다르지 않다. 공기업에 대한 청와대의 절대적 영향력을 감안할 때, YTN 사장을 비롯한 임원 선임은 사실상 정치권력의 의지에 따라 이뤄져 왔다고 볼 수밖에 없으며, 때로는 거기에서 더 나아가 청와대와 YTN 간에 인적 교류까지 있을 정도로 양자는 긴밀하게 엮여있었다.

정치권력이 공영적 방송사에 대한 관리·감독 기관의 구성부터 방송사 내부의 지배구조 형성에까지 직접적으로 광범위하게 관여하는 상황에서, 다양한 견해의 표출을 위한 방송의 독립과 내부적 다원주의의 형성을 기대하는 것은 현실적으로 힘들다.

공영적 방송사의 오랜 파행을 이런 상황에 빗대어보면, 잘못 설계된 규제 장치들이 정치병행성에 따라 구조적으로 탄생한 편향성에 오히려 명분을 달아주는 역작용을 하고 있는 것으로 평가된다.

Ⅱ. 심사·평가 규율의 오작동

방송사업 재허가의 기준이 되는 방송통신위원회의 방송사 평가제도는 기능적으로 방송의 정치적·이념적 다양성 확보에 전혀 도움을 주지 못하고 있다. 평가항목과 척도를 보면 방송통신위원회나 방송사 자체의 프로그램 질 평가와 수상실적, 자체심의와 공정성 관련 자율규제제도 운영상황, 방송통신위원회에 접수된 시청자 의견처리의 적절성, 재난방송 편성 실적, 자막·수화방송 편성 비율, 재무 건전성 등으로 구성돼 있어, 견해의 다양성을 담보할 수 있는 항목이 거의 없다.

여기에 비해, 심의 전문기관인 방송통신심의위원회는 공정성과 객관성을 심의의 주요근거로 삼고 있기에, 방송사에 공정하고 다양한 견해의 표현을 압박할 수 있다. 방송통신심의위원회가 전체회의에서 심의 의결한 법정제재 조치의 결과는 방송통신위원회의 방송사 재허가 평가점수에 감점 요소로 합산된다. 주의는 1점, 경고 2점, 징계 4점, 5,000만원 미만 과징금은 10점, 5,000만원 이상 과징금은 15점의 벌점이 각각 부과된다.

방송사들이 지금까지 대체로 미세한 점수 차로 재허가를 받아왔다는 점을 감안할 때, 이런 벌점은 방송사에게 큰 부담으로 작용한다. 당초 이런 부담은 서로 다른 견해를 공정하게 담도록 공영적 방송사를 압박하는 수단으로 설계된 것이지만, 현실에서는 반대로 작용하고 있다는 평가가 많다.

방송심의에 대한 공정성과 객관성에 대한 의심은 방송통신심의위원회의 결정이 법원에서 뒤집히는 사례가 잇따르면서 증폭돼왔다. 방송통신심의위원회의 제재 결정에 이의가 있는 방송사업자는 법원에 소송을 제기할 수 있다. 이 때 피고는 제재 결정을 한 방송통신심의위원회가 아니라, 제재 통보 때 명의자이면서 제제권한을 가진 방송통신위원회이다.

방송통신심의위원회의 제제조치에 반발해 방송통신위원회를 상대로 건 소송에서 방송사가 이긴 경우는 허다하다. 예를 들면 2010년 11월에 방영된 KBS 「추적60분」의 '의문의 천안함, 논쟁은 끝났나'에 대해 KBS가 방송통신위원회를 상대로 낸 경고조치 취소소송에서 서울고등법원은 원고의 손을 들어줬다. 「추적 60분」의 '서울시 공무원 간첩사건 무죄판결의 전말' 편에 대해서도 방송통신심의위원회는 공정성 위반 등의 이유로 법정제재인 '경고'(벌점 2점) 처분을 결정했지만 결국 법원에서 처분취소 판결을 받았다.

이밖에 세월호 구조작업에 다이빙벨을 투입해야 한다는 내용의 뉴스를 내보냈다가 방송통신심의위원회로부터 '관계자 징계'(벌점 4점)의 중징계 처분을 받았던 JTBC도 법원으로부터 제재조치가 위법하다는 판결을 받은 바 있고, 정부 정책을 일방적으로 비판했다는 사유로 CBS 「김미화의 여러분」에 내려졌던 방송통신심의위원회의 '주의'(벌점 1점) 결정이 부당하다는 판결이 있기도 했다.

방송통신심의위원회의 결정이 법원에서 뒤집히는 사례가 많다는 사실은 그만큼 무리한 편향적 판단이 많았음을 방증하는 것인데, 그 이유로 꼽히는 첫 번째가 방송통신심의위원회가 뉴스나 시사프로그램을 심의할 때 공정성, 객관성 등의 규정을 적용함에 있어서, 여야 추천 6:3으로 구성된 위원들의 정치적 성향이 그대로 반영되기 때문이라는 것이다.

방송통신심의위원회의 9명 위원은 심의의 정파성을 피하기 위해 국가공무원이나 정당인을 배제하고, 대통령 인수위 출신이나 방송·통신 종사자, 선출직 공직자는 해당 업무에서 떠난 지 3년이 지나야 위원자격을 얻도록 하는 등 「방송통신위원회의 설치 및 운영에 관한 법률」에서 자격을 엄격하게 규정하고 있다.

> 제19조(심의위원의 결격사유) ① 다음 각 호의 어느 하나에 해당하는 사람은 심의위원이 될 수 없다.
> 1. 「국가공무원법」 제2조 또는 「지방공무원법」 제2조에 따른 국가공무원 또는 지방공무원. 다만, 「교육공무원법」 제2조제1항에 따른 교육공무원이나 「법원조직법」 제4조 또는 제5조에 따른 대법관 또는 판사의 경우는 제외한다.
> 2. 「정당법」 제22조에 따른 당원
> 3. 방송·통신 관련 사업에 종사하거나 위원 임명 전 3년 이내에 종사하였던 사람
> 4. 「국가공무원법」 제33조 각 호의 어느 하나에 해당하는 사람
> 5. 「공직선거법」 제2조에 따른 선거에 의하여 취임하는 공직에서 퇴직한 날부터 3년이 지나지 아니한 사람
> 6. 「대통령직 인수에 관한 법률」 제6조에 따른 대통령직인수위원회 위원의 신분을 상실한 날부터 3년이 지나지 아니한 사람

하지만 사실상 정부와 여당이 6명, 야당이 3명을 추천하고 대통령이 위촉하는 방식이어서 구조적으로 공정한 심의가 이뤄지기 어렵다는 평가가 많았다. 실제로 방송업계 전반에서는 심의위원들에 대해, 소명의식을 갖고 공정하고 객관적인 심의를 하기보다는, 자신을 추천해준 권력의 의지를 많이 반영해왔다는 평가가 지배적이다. 특히 이념적 성향을 띤 민감한 이슈에는 여당 추천 위원과 야당 추천 위원 간에 이견 차가 극심해 종국에는 6:3의 정파적 다수결 심의로 이어진다는 것이다.

다원주의에 기여해야 할 당위성을 지닌 방송심의가 정치권력과 연관된 심의위원 구성으로 인해 오히려 다양한 견해의 표현을 위축시키고 편향성을 조장하는 쪽으로 작동하고 있다는 우려는 학계에서도 꾸준히 제기되어 왔다.

방송심의의 정파성에 관한 김재영·이승선의 연구[42]를 보면 여야 추천 6:3의 방송통신심의위원회 위원 구성은 심의에 있어서 다수결에 의한 차별과 배제, 의결정족수 충족을 위한 합의, 제재 수위의 자의적 적용, 진영논리에 따른 차별심의를 순차적이고 복합적으로 만들어냈다고 밝히고 있다.

심의규정 자체의 적절성에도 문제가 있다. 방송통신심의위원회의 심의규정 가운데 견해의 다양성 확보와 관련된 부분은 제9조 공정성과 제14조 객관성 규정이다. 공정성 제9조 제2항은 “방송은 사회적 쟁점이나 이해관계가 첨예하게 대립된 사안을 다룰 때에는 공정성과 균형성을 유지하여야 하고 관련 당사자의 의견을 균형있게 반영하여야 한다.”고 명시하고 있다.

또, 제3항은 “방송은 제작기술 또는 편집기술 등을 이용하는 방법으로 대립되고 있는 사안에 대해 특정인이나 특정 단체에 유리하게 하거나 사실을 오인하게 하여서는 아니 된다.”고 정하고 있다. 이와 함께 제14조 객관성 조항은 사실을 정확하고 객관적인 방법으로 다뤄야 한다는 내용을 담고 있다.

제9조(공정성)

① 방송은 진실을 왜곡하지 아니 하여야 한다. <개정 2014. 1. 9.>

② 방송은 사회적 쟁점이나 이해관계가 첨예하게 대립된 사안을 다룰 때에는 공정성과 균형성을 유지하여야 하고 관련 당사자의 의견을 균

42) 김재영·이승선, “방송심의의 정파성에 대한 시론적 검증”, 방송과 커뮤니케이션 제16권 제4호, 문화방송, 2015, 82면.

형 있게 반영하여야 한다.
③ 방송은 제작기술 또는 편집기술 등을 이용하는 방법으로 대립되고 있는 사안에 대해 특정인이나 특정 단체에 유리하게 하거나 사실을 오인하게 하여서는 아니된다.
④ 방송은 당해 사업자 또는 그 종사자가 직접적인 이해당사자가 되는 사안에 대하여 일방의 주장을 전달함으로써 시청자(라디오방송의 청취자를 포함한다. 이하 같다)를 오도하여서는 아니된다.

제14조(객관성) 방송은 사실을 정확하고 객관적인 방법으로 다루어야 하며, 불명확한 내용을 사실인 것으로 방송하여 시청자를 혼동케 하여서는 아니된다.

문제는 이런 조항들의 구체성이 떨어지는 탓에 자의적 해석이 가능하다는 것이다. 공정성과 객관성 조항이 견해의 다양성 증대를 위해 방송의 자유라는 기본권을 제한하는 입법이라면, 헌법 제37조 제2항에 따라 상충하는 법익을 교량해야 하며 그 과정에서 과잉금지의 원칙과 명확성의 원칙을 충족해야 한다. 더욱이 기본권 제한의 효과가 클수록 법률의 명확성은 더 요구되는 것으로 헌법재판소는 판단해왔다.

방송통신심의위원회 심의 규정의 적절성을 유추해 볼 수 있는 사건이 하나 있다. 2008년 인터넷 논객 미네르바가 포털사이트 다음 아고라에서 금융위기설을 주장하다 허위사실 유포 혐의로 구속됐던 사건에서 청구됐던 헌법소원심판의 경우, "공익을 해할 목적으로 전기통신설비에 의하여 공연히 허위의 통신을 한 자를 형사처벌"하는 「전기통신기본법」 제47조 제1항이 죄형법정주의의 명확성 원칙을 위반하는지 여부에 관해 헌법재판소는 위헌결정을 내렸다.[43]

결정 내용을 보면, 이 사건 법률 조항 가운데 '공익'이 "헌법상

43) 헌재 2010. 12. 28. 2008헌바157 등, 공보 제171호, 132, 133.

기본권 제한에 필요한 최소한의 요건 또는 헌법상 언론·출판의 자유의 한계를 그대로 법률에 옮겨 놓은 것에 불과할 정도로 그 의미가 불명확하고 추상적이다."라고 판단했다.

또 "어떠한 표현행위가 '공익'을 해하는 것인지, 아닌지에 관한 판단은 사람마다의 가치관, 윤리관에 따라 크게 달라질 수밖에 없다."고 밝혔다. 그에 따라 재판부는 "이 사건 법률조항은 수범자인 국민에 대하여 일반적으로 허용되는 '허위의 통신' 가운데 어떤 목적의 통신이 금지되는 것인지 고지하여 주지 못하고 있으므로 표현의 자유에서 요구하는 명확성의 요청 및 죄형법정주의의 명확성 원칙에 위배하여 헌법에 위반된다."고 결정했다.

재판부는 또 문제의 조항이 기본권 제한의 원칙인 과잉금지의 원칙에도 어긋난다고 해석했다. '공익' 개념의 포괄성으로 인해 규제하지 않아도 될 영역까지 규제하는 것은 물론, 기본권 주체들로 하여금 규제당할 것을 우려해 사전에 표현을 억제하는 결과를 초래함으로써 과잉금지의 원칙에도 위배되며, 종국적으로 표현의 자유를 침해하기에 헌법을 위반한다는 것이다.

이 판결에 비추어 본다면, 견해의 다양성을 위해 기본권인 방송의 자유를 제한하는 방송통신심의위원회의 공정성과 객관성 조항은 구체성이 떨어져 명확성의 원칙에 어긋날 뿐만 아니라, 심의위원들의 정파적 심의를 통해 방송 재허가에 큰 영향을 미치는 벌점이 방송사에 부과됨으로써 방송사의 표현의 자유가 억제된다는 측면에서 과잉금지의 원칙에서도 벗어난다고 볼 수도 있다.

또, 형식상 사후심의의 형태지만 심의 결과가 방송사의 활발한 의견 개진을 억제한다면 결과론적으로 사전검열과 다를 바 없다는 주장도 제기될 수 있다. 더욱이 방송통신심의위원회가 형식적으로는 민간 독립조직이라 하지만, 조직구성과 실질적인 역할에 있어서 사실상 공권력의 행사 주체인 행정기관에 해당한다는 판례[44]들에 비추어 보면, 방송통신심의위원회의 활동이 행정권에 의한 사전검열이라는 위헌적 요소를 내포하고 있는 것으로 해석될 여지도 있다.

견해의 다양성을 담보하기 위한 방송심의규정이 오히려 견해의 활성화를 해치는 방향으로 작동하는 상황에 대한 고민은 우리보다 앞서 미국에서도 제기됐었다. 미연방통신위원회(FCC)는 시청자에게 다양한 견해를 제공한다는 취지에서 1949년부터 1987년까지 「공정성 원칙」(The Fairness Doctrine)을 방송심의에 도입했었다.

이 원칙에 따라 미국 방송사들은 사회적 논란이 큰 쟁점에 대해 상반되는 견해를 모두 보여주고 균등하게 보도해야 했으며, 이를 어긴 방송사는 FCC로부터 무거운 제재를 받았다. 그러자 미국 방송사들은 회사 운영에 큰 차질을 안기는 규제를 피하기 위해, 사회적으로 중요하지만 논란이 큰 정치적 현안에 대해서는 자기검열을 통해 알아서 피하는 경향을 보였다.

공정성 원칙이 기대와 달리 사실상 견해의 다양성을 해친다는 비판이 쏟아지자 FCC는 1987년 공정성 원칙이 미국 연방헌법 증보 제1조(The First Amendment)의 언론 자유 보장에 어긋나고 견해의 다양성을 북돋우기보다는 오히려 억제한다고 판단하고 이를 폐기하는 결정을 했다.

미국의 사례는 방송에서 견해의 다양성을 고양하기 위한 공정성이나 객관성 규제가 방송 제작자로 하여금, 은연중에 콘텐츠의 주제 선택이나 내용 구성에 있어서, 스스로 사전검열에 가까운 행위를 하게끔 압박할 가능성이 있음을 보여주고 있다. 나아가 공정성 심의가 사회적으로 중요한 정치적 사안을 바라보는 시각에 대해 일종의 가이드라인을 방송사에 제시하는 이른바 '규제의 역설'이 될 수 있다는 이야기다.

---

44) 서울행법 2016. 10. 27. 선고 2016구합51610 판결.

이제 한국의 상황을 돌아보자. 방송이 다원주의를 제대로 실현하는지를 검증하고 압박하는 최후 보루인 심의평가 조항이 위헌적 요소를 담고 있고, 심의기구가 정파적으로 운영되고 있는 상황에서 견해의 활성화를 기대하기는 어렵다. 견해의 다양성을 확보하기 위한 강력한 규제가 한국의 현실에서는 오히려 편향성을 조장하고 있는 셈이다.

방송법에 따라 설치된 부가적 기구들도 다원주의 실현에는 역부족이다. 시청자의 피드백을 강화하고, 시청자의 다양한 의견을 반영할 수 있게 만든 시청자위원회 역시 정치적 견해나 사상의 다양성을 보장하도록 특화된 것이 아닐뿐더러, 그 결정 사항의 구체적 실행도 의견제시나 시정 요구에 그쳐 강제성에도 한계가 있다. 시청자 위원의 만족도 등 일부 운영평가 내용이 방송통신위원회의 심사평가 척도의 한 부분으로 들어가는 정도로, 견해의 다양성 구현에 대한 압박으로 작용하기에는 그 기능이 너무 약하다.

미디어의 다양성과 관련된 직접적인 기구로 방송법 제35조에 근거한 방송통신위원회 산하 미디어다양성위원회가 있지만, 이 위원회는 특정 방송사업자의 시청점유율이 독과점 상태를 이루고 있는지 여부를 주로 따질 뿐, 개별 방송사의 정치적 이념적 편향성에 대해 직접 개입하지 않는다.

제 4 절 다원주의적 여론형성의 위기

Ⅰ. 여론과 뉴스의 이념적 극단화 심화

한국의 미디어는 현재 중도나 온건은 사라지고 심각한 편향성이 난무하는 상황이다. 이는 여론의 극단적 양분화와도 관련이 있다. 미디어의 편향성과 여론의 극단화 중에서 어느 한쪽이 다른 쪽에 절대적으로 영향을 끼쳤다기보다는 상호작용의 결과로 봐야 한다.

미디어에 대한 신뢰도 역시 갈수록 하락하고 있다. 그에 따라 국민들은 여러 성향의 뉴스를 살피기보다는 자신의 이념적 지향성에 맞는 언론의 뉴스만을 선택해서 구독하는 경향이 크게 높아졌다.

이런 분석을 뒷받침하는 조사 결과가 있다. 영국 옥스퍼드대 부설 로이터저널리즘연구소와 한국언론진흥재단이 공동 연구해 2020년 6월 17일 발표한 '디지털 뉴스 리포트 2020'을 보면, 뉴스 이용에서 한국인의 이념적 편향성이 세계적으로 높은 수준으로 나타났다.

이 보고서는 2012년부터 매년 발행되고 있는데, 세계 주요 국가의 디지털 뉴스 이용에 대한 조사 결과를 담고 있다. 2020 보고서에는 한국인 2,304명을 포함한 40개국 80,155명을 온라인으로 조사한 결과를 담았다.

여기서 한국편 분석을 보면, 한국 응답자의 44%가 '나와 같은 관점의 뉴스'를 선호한다고 답해 40개국 평균 28%보다 16%p 더 높아 조사대상국 가운데 4위였다. 한국보다 비율이 높은 곳은 터키(55%), 멕시코(48%), 필리핀(46%) 등이었다. '나와 반대되는 관점의 뉴스'를 선호한다는 비율도 한국은 4%에 머물러 체코(3%), 헝가리(3%), 대만(3%), 폴란드(3%)에 이어 다섯 번째로 낮은 수준이었다. '특정 관점이 없는 뉴스'를 선호한다는 응답은 52%로 40개국 평균(60%)보다 낮았다.

반면, 독일은 80%, 일본 78%, 영국 76%, 미국 60%, 프랑스 58%의 응답자가 특정 관점이 없는 객관적 뉴스를 선호한다고 밝혀, 한국의 뉴스 이용 편향성이 상대적으로 크게 높은 것으로 분석되었다. 객관적 뉴스의 선호비율이 높은 국가들의 특징은 대체로 독립적이고 강력한 공영방송사가 존재하는 곳이었다.

[표 22] 관점별 뉴스 선호도(백분율%)

	나와 같은 관점 뉴스	특정 관점 없는 뉴스	나와 반대되는 관점 뉴스
40개국 평균	**28**	60	12
한국	**44**	52	4
미국	**30**	60	10
프랑스	**20**	58	22
일본	**17**	78	5
독일	**15**	80	5
영국	**13**	76	11

※ 한국언론진흥재단-로이터저널리즘연구소 설문조사 발췌 재정리

'나와 같은 관점의 뉴스'를 선호하는 정도는 정치 성향에 따라 달랐는데, 보수 또는 진보의 정치적 성향이 강할수록 특정 뉴스에 대한 선호 정도가 더 높았다. 특히 '매우 보수'인 사람들의 선호가 66%로 다른 집단보다 높았다. 정치관심도 별로도 '매우 관심이 있다'고 응답한 사람의 70%가 같은 관점의 뉴스 선호를 보였다.

특히 충격을 주는 조사 결과는 뉴스 전반에 대한 신뢰가 조사대상 40개국 가운데 한국이 최하위를 기록했는데, 한국이 조사대상

에 포함된 2016년 이후 5년째 꼴찌였다. 뉴스에 대한 신뢰 하락은 뉴스콘텐츠 자체의 품질 하락 요인보다는, 편향성이 강한 독자나 시청자들이 시각이 다른 언론기관에 대해 갖고 있는 불만과 관점 불일치 때문으로 풀이되었다.

편향성을 가진 독자와 시청자가 많아지고, 신문과 방송들이 수요자의 편향성에 부응하면서, 아이러니컬하게도 매체의 편향성이 강할수록 신뢰도가 아예 높거나 아예 낮아지는 진영논리가 작용하는 것으로 이 연구에서는 분석되었다.

신뢰한다는 응답을 받은 비율은 JTBC가 54%로 1위, MBC가 53%로 2위, YTN이 51%로 3위, 그 다음으로 KBS 50%, SBS 49%의 순이었다. 불신 응답 비율은 조선일보가 42%로 1위, TV조선이 41%로 2위, 중앙일보가 36%로 3위, 동아일보가 35%로 4위, 채널A가 34%로 5위였다.

이런 결과로 미루어 보면, 한국의 미디어 현실은 중립적이거나 객관적 성향을 가진 미디어보다는 이념적으로 보수 혹은 진보의 색채를 강하게 띠고 있는 경우가 많고, 그 성향이 강할수록 구독자나 시청자가 몰리는 경향이 상호작용하면서 견해의 다양성은 줄어들고 극단성이 강화되는 것으로 판단된다.

예를 들어 문재인 정부에서 대표적인 친여 매체로 평가되는 JTBC의 경우 정권 출범 초기 정권 지지층들이 집중적으로 몰리면서 MBC보다 월등히 높은 시청률을 기록했지만, 이후 MBC가 노조위원장 출신들이 사장으로 취임한 뒤 뉴스를 재정비하고 문재인 정부와의 이념적 연대성이 강한 보도를 잇달아 내보내자 상황이 달라졌다.

그전까지는 진보성향의 시청자를 양사가 나눠 가졌던 상황이었는데, JTBC가 친여 성향의 부담을 조금씩 덜어내려고 애썼던 반면, MBC는 문재인 정권의 가치들과 동조화를 강화하면서, 문재인 정부의 지지층에 속하는 시청자들이 JTBC에서 MBC로 대거 갈아탄 것이다.

닐슨코리아 시청률 조사에 따르면, 문재인 정권 초기인 2018년 8월 JTBC 메인뉴스는 6%대 안팎의 시청률로 3%대인 MBC 메인뉴스에 비해 두 배가량 높은 수치를 기록했다. 하지만 MBC가 정권 친화적인 인물들로 조직구성을 완료한 뒤 친정부 성향의 뉴스를 집중적으로 내보내자, 진보 성향의 시청자들이 상대적으로 더 강한 편향성을 가진 MBC 쪽으로 이동해, 2020년 6월에는 MBC 시청률이 6%대 안팎으로 오른 반면 JTBC는 3%대 안팎으로 추락해 상황이 역전됐다.

또 하나 눈여겨 볼만한 미디어는 지상파 민영방송인 SBS다. 민영방송임에도 불구하고 정권이 바뀔 때마다 재허가의 눈치를 볼 수밖에 없는 SBS의 경우, 양쪽 진영의 눈 밖에 나지 않기 위해 중립 혹은 중도적 객관적 보도를 지향하지만, 그 결과 양쪽 진영 모두의 미움을 받는 동시에, 편향성이 심한 시청자들로부터도 외면받는 처지에 놓인다고 내부 구성원들을 이야기한다. 결국, 미디어와 수용자가 상호작용을 통해 모두 극단적 편향성으로 치닫는 상황에서 객관적·중립적 입장의 미디어는 설 자리가 날이 갈수록 좁아지고 있는 것으로 분석된다.

이에 비해 TV조선이나 채널A 같은 종합편성채널들은 지상파인 SBS보다 암묵적 제도적으로 규제의 정도나 정치적 압박이 덜한데다, 모회사인 신문의 이념적 성향을 시청자들이 이미 인지한 상태여서 종편의 편향성 역시 시청자들이 큰 이질감 없이 받아들이고 있는 것으로 판단된다.

미디어의 편향성과 그에 대한 불신은, 그 상황을 초래한 데 상당 부분 책임이 있는 정치의 신뢰에도 영향을 끼친다. 미디어의 편향성과 정치 신뢰의 관계에 대한 민영의 연구[45)]는 미디어가 그에 요구되는 규범을 지켜 공공성이 높다고 평가받을수록 정치 신뢰도 역시 상승하며, 반대로 미디어가 정치권력에 밀착되고 특정 이념에 치우쳤다고 평가될수록 정치 제도 전반에 대한 불신이 증가한다고 설명한다.

한국인들의 편향성이 높아지고 한국의 방송사들이 편향성의 늪에서 헤매는 가운데 정치에 대한 신뢰마저 추락하는 현실은, 방송의 정치병행성으로 인해 다양한 견해의 합주를 통한 민주주의의 실현이라는 헌법상의 다원주의 원칙이 심각한 문제에 봉착했음을 보여주고 있다.

Ⅱ. 의제설정과 공정한 분석 기능의 상실

시청자들이 이처럼 뉴스를 편향적으로 선택하면서 현상에 대한 분석을 통해 주요한 사안을 선별하고 의미를 부여해 수용자에게 선날해주는 미디어의 의세설성 기능은 사실상 힘을 잃고 있다. 의제 설정은커녕 오히려 시청자들의 편향성에 영합해 소재를 선택하고 내용을 가다듬는 '여론 영합적' 제작 형태까지 나타나고 있다.

언론이 여론을 선도하는 게 아니라 여론에 언론이 영합하는 상황이 반복되고 더 나아가 상호작용하면서, 이해집단 간의 갈등은 더욱 커지고 사회 전반적으로 합의와 조율이라는 민주주의의 미덕은 힘을 잃고 있다. 견해의 다양성이 위축되면서 극단적 견해의 갈등 양상이 고착되고, 진영논리에 따라 치열하게 싸우는 여론을 언론이 부추기는 행태가 반복되고 있다.

주요 이슈나 정책에 대한 뉴스의 판단은 실효성이나 지속가능성,

45) 민영, "저널리즘 전문성과 정파적 편향성이 언론신뢰와 정치신뢰에 미치는 영향", 『한국언론학보』, 제60권 제6호, 한국언론학회, 2016, 148-149면.

헌법적 가치 혹은 시대정신에 따라 이뤄지는 게 아니라, 철저히 해당 언론이 가진 이념적 성향에 따라 단편적인 비판과 옹호의 잣대를 번갈아 들이대다 보니 국민은 더 헷갈릴 수밖에 없다.

예시 1) 부동산 정책

대표적인 것이 부동산 분야에 대한 언론의 판단이다. 부동산은 최소한 한국인에게는 가장 큰 자산인 동시에 재산증식 수단이다. 또 사용에 따라 효용이 감소하는 게 아니라, 세월이 갈수록 가치와 효용성이 높아지는 특이한 내구재이기도 하다.

따라서 부동산 정책은 그 어떤 정책보다도 모든 국민의 눈과 귀를 민감하게 자극해왔으며, 정권 입장에서도 자신의 이념을 표현하고 지지율을 견고히 하는 가장 중요한 정책 분야였다. 다른 한편으로는 자칫 잘못 휘두를 경우 정권의 운명을 좌지우지하는 양날의 칼이기도 했다.

방송뉴스를 포함한 언론이 부동산 시장과 정책을 바라보는 시각과 내용을 논하기에 앞서, 먼저 한국 부동산 시장의 근저에 깔린 복잡하고 특수한 사정을 이해할 필요가 있다.

정권을 막론하고 부동산 광풍과 그에 대응한 정책 양산의 시초는 항상 강남 집값이었다. 주기적으로 꿈틀거리는 강남 집값은 전 세계에서 유례를 찾기 힘든 고도성장의 성과 이면에서, 빈부격차라는 자본주의의 실패를 상징하는 동시에 서민들의 상대적 박탈감을 자극하는 요소였다. 정치공학적으로 볼 때 강남 집값을 잡는다는 것은 양극화 해소와 국민 정서 위무라는 두 마리 토끼를 동시에 잡을 수 있는 매력적인 선택지였다.

그러기에 보수나 진보 가릴 것 없이 정치권력들은 크고 작은 정치적 악재에 직면했을 때 강남 부동산을 표적으로 삼아 관심의 전환이나 후견 세력의 결집을 도모해왔다. 그 과정에서 강남은 자연스레 불로소득의 아성이고, 탈세의 경연장이면서, 부동산 광풍의 진원지인 동시에, 가계 부실을 조장해 국가 전체에 위험을 주는 대상이 돼 갔다.

수요보다 공급이 많으면 가격이 떨어지는 것이 자본주의 경제 원리다. 강남 부동산 급등을 막으려면 분당처럼 강남 인근에 대규모 주택단지를 건설하거나 재건축 용적률을 크게 올리면 된다. 하지만 예전만큼 땅 구하기가 녹록지 않다.

게다가 상대적으로 쉬워 보이는 용적률 상향을 통한 재건축은 위험한 선택이 될 수 있다. 재건축을 통해 공급을 늘리는 데는 대개 4, 5년 걸리는데 여기서 두 가지의 불편한 상황이 생겨난다.

첫째는 공급에 따라 중기적 가격안정을 도모할 수 있지만, 단기적 가격 급등을 감수해야 한다. 게다가 단기 급등의 과실은 당연히 강남 주민이 가져가 엄청난 불로소득으로 주변과의 자산 격차를 더 벌리게 된다.

두 번째는 공급이 완료되는 시점이 4, 5년 뒤인데 그때면 정권이 바뀐다. 가격 안정의 공을 다음 정권이 가져가는 셈이어서 정치적으로 감내하기 힘들다. 5년 단임 대통령제인데다, 더욱이 우리처럼 같은 이념의 정권이 연속 집권해도 전 정권의 가치를 송두리째 뭉개버리는 정치풍토에서, 다음 정권이 정책적 결실을 따먹도록 한다는 건 기대하기 힘들다.

이쯤에서 초점 흐리기가 등장한다. 문제는 강남인데 저 멀리 엉뚱한 곳에 신도시 건설계획이 발표된다. 일부 언론들은 공급에 따라 집값이 안정될 거라는 해석을 내놓는다. 원인에 대한 진단과 해법이 전혀 일치하지 않는데도 이런 초점 흐리기식 부동산 정책은 정권을 가리지 않고 양산된다.

또 한 가지 따져봐야 할 부분이 있다. "우리 국민은 정말 집값이 내리길 바랄까?"에 대한 질문이다. 집값 광풍이 불 때마다 모든 정권은 '정권의 명운'을 걸고 집값을 잡겠다고 공언한다. 집값 거품은 사실 큰 문제이다. 경제에 거품을 조장할 수 있고 거품이 꺼지면 엄청난 가계 부실로 국가 전체가 홍역을 치를 수 있다.

어쨌든 이 부분은 주택 소유 여부와 어디에 집을 가졌는가에 따라 이해관계가 첨예하게 갈린다. 집 가진 사람, 특히 강남을 비롯해 집값이 많이 오르는 지역 사람들은 주식 오르는 것보다 집값 오르는 걸 더 반길 수밖에 없다. 자산의 비중으로 볼 때 주식과 부동산은 비교가 안 될뿐더러, 크게 오를 때는 몇 달 만에 1년 연봉의 몇 배가 오르기 때문이다.

반대로 집 없는 이들은 상대적 박탈감에다, 집값 급등으로 갈수록 요원해지는 내 집 마련의 꿈 때문에 절망감을 느낄 수밖에 없다. 애가 타는 또 다른 한 부류는 다른 곳의 집값은 오르는 데, 내가 사는 주변의 집값만 안 오르는 사람들이다.

여기서 또, 정치공학적 계산이 개입된다. 결과는 항상 동일하다. 집값 올라서 좋아하는 표보다 그렇지 않은 표가 확연히 더 많다. 대체로 특정 지역만 집값이 폭등하는 데다, 여전히 집 없는 사람이 국민의 절반에 가깝기 때문이다. 결국 국민의 70~80%가 원하는 정치적 선택을 할 수밖에 없다.

정권을 가릴 것 없이 부동산을 때려잡겠다고 하니, 우리 국민들 마음속에는 집값 상승은 이유 불문하고 '안 좋은 것'으로 각인되어 있다. 하지만 분명한 것은 부동산 폭등은 반드시 막아야 하지만, 물가 상승률 수준의 집값 상승은 국가 경제에 바람직하다는 사실이다.

공공주택으로 주택시장 안정을 도모하겠다는 발상은 어떨까. 부동산에 대한 이른바 '영끌'투자는 당장 누울 자리가 없어서 그걸 확보하기 위해 생긴 게 아니다. '영끌'은 계층 이동의 사다리가 끊어져 미래가 보이지 않는 서민들의 자산증식 몸부림이다.

이런 상황에서 내 것이 될 수 없는 공공주택 공급으로 '영끌'을 막겠다는 발상은 초점을 흐리는 전형적인 탁상행정이다. 공공주택은 국민의 주거 안정을 위해 필수 불가결한 정책이지만, 지금의 '영끌'이 기대하는 자산증식의 대안이 될 수는 없다.

부동산의 이면에 놓인 이 같은 인식을 바탕으로 부동산에 관한 방송뉴스를 보면, 대부분의 미디어들이 자사의 이념적 바탕에 따라 비판적 혹은 옹호적 주제를 잡은 뒤, 정부 발표에다 구색 맞추기 차원에서 중개사, 시민, 전문가 등의 인터뷰를 넣어서 뉴스를 만드는 단편적인 행태를 보여 왔다.

그에 따라 시청자들은 부동산 시장에 대한 전반적이고 구조적인 문제점을 인식하기보다는, 부동산 소유 여부나 종합부동산세 해당 여부, 주거지역 위치 등에 따라 제각각 찬반 입장을 달리하는 모습을 보였고, 정부는 혼란스러운 여론동향을 주시하며 다수의 입장에 부합하는 임시 봉합책을 내놓기에 급급했다.

이는 지난 2020년 하반기 문재인 정부의 부동산 대책이 연달아 나온 직후 시민단체인 민주언론시민연합(이하 민언련)이 지상파 3사와 종합편성채널 4사, YTN의 저녁 종합뉴스를 분석한 자료에서 잘 나타난다.

민언련은 부동산 뉴스에 등장하는 발표자나 인터뷰이 등 구성 인물의 배분 비율이 각 방송사의 보도 태도를 반영하는 것으로 가정했다. 이를테면 행정부 관료들이 많이 나오면 해당 뉴스가 정부 정책의 당위성을 설명하는 데 방점을 두는 것으로 보았고, 중개사나 전문가 혹은 시민들의 등장이 많으면 시장의 여론동향 혹은 정책에 비판적인 입장을 가진 것으로 분석했다.

자료에 따르면 친정부 성향의 KBS, MBC, YTN 등은 부동산 뉴스에서 등장하는 인물 유형 가운데 정부 관료의 배분 비율이 30~40% 선으로 압도적으로 높았다. 반면, 보수 색채로 알려진 채널A

나 MBN 등은 10~20% 선에 그쳤다. 다음으로 정책에 비판적인 입장을 가진 중개업자의 등장인물 배분 비율은 KBS나 YTN이 9~10%에 그친 반면, 채널A는 35%에 이르렀다.

각각의 진영논리를 반영한 단편적 보도가 이어지는 가운데, 전문가 집단과 시민단체에서 제기된 재산권 침해 등에 대한 위헌적 요소를 검증하거나, 헌법이 규정한 시장경제 원리에 입각한 접근, 혹은 주택시장의 수요와 공급에 대한 깊이 있는 분석 등은 방송뉴스에서 찾아보기 힘들었다.

예시 2) 일자리 정책

부동산 못지않게 이념적 성향이 강하게 반영되는 노동정책 혹은 일자리 정책은 어떨까. 노동정책에 관한 한 방송뉴스는 자유롭지 못하다는 평가를 많이 받는다. 주요 방송사 노조가 강성노조로 분류되는 민주노총에 가입돼 있기 때문에, 민주노총의 입장에 반하거나 노조에 비판적인 뉴스를 선택하기에는 은연중에 압박이 따른다.

그러다보니 노조나 일자리 관련 이슈는 그 중요성에도 불구하고 방송뉴스에서는 단편적이고 피상적으로 다뤄져 왔던 게 현실이었다. 이를테면 영원한 노동 이슈인 최저임금 인상, 비정규직 폐지, 근로시간 단축 등에 관한 뉴스가 그런 것들이다.

이들 이슈들은 노사 간의 이해관계가 첨예한데다 경제전반에 미치는 영향이 매우 크지만, 방송보도는 그때그때 갈등상황을 단편적으로 전해 주는데 그치는 경우가 많았다.

갈등상황이나 정책결정에 대한 단편적인 뉴스 전달의 이면에서 이들 노동 이슈들은 국민 생활 전반에 복합적인 상황을 만들어냈다. 그것을 잘 보여주는 사례가 있다. 직장인들에게 흔히 꿈의 연봉이라 불리는 억대 연봉의 꿈을 이룬 근로자가 2021년 기준으로

100만 명을 넘어섰다. 울산광역시 인구만큼이 1억 이상의 고액 연봉자가 된 것인데, 이는 전체 근로자의 5% 수준이다.

억대 연봉이 크게 늘어난 것을 보면 문재인 정부가 초기에 시도했던 소득주도 성장이 성공했다고도 평가할 수 있지만 실상을 알아보면 심각한 구조적 문제가 도사리고 있음을 알 수 있다.

좋은 일자리로 불리는 이른바 풀타임 일자리의 근로자 수가 2020년 말 기준 1,889만 명으로 문재인 정부가 출범했던 2017년 말에 비해 무려 195만 명이 줄었다. 그 대신 세금으로 만든 시간제나 단기 일자리 근로자는 무려 213만 명이 늘었다.

고용이 18만 명 늘었으니 잘한 거 아니냐고 말할지 모르지만, 내실로 따져보면 대략 200만 개의 일자리가 '좋은 일자리'에서 '나쁜 일자리'로 대체되었다. 억대 연봉자가 울산시 인구만큼 생기는 동안, 역설적으로 대구시 인구만큼의 열악한 일자리가 양산된 것이다.

고용시장에서 '나쁜 일자리'로 불리는 시간제 일자리나 단기 공공일자리가 꼭 나쁜 것만은 아니다. 그런 일자리라도 있어야만 취약계층이나 노년층이 기댈 언덕이 있기 때문이다. 그러나 그런 일자리는 국가의 보호가 필요한 사람들을 위한 안전장치에 그쳐야지 정책의 메인이 돼서는 안 된다.

국내에서 일자리 구성을 보면 양질의 일자리로 불리는 대기업과 공공부문의 풀타임 일자리는 전체 일자리 시장의 10%의 불과하다. 나머지는 비정규직이나 중소기업, 일용직 등의 열악한 일자리다.

소득주도성장이 기대했던 이상적인 목표는 최저임금 인상이 근로자 전반의 소득을 늘리고 소비를 촉진하면, 이로 인해 기업의 이익과 국가의 세수가 늘어 고용 증가와 복지 확대로 이어지는 선순환이었다.

여기에 근로시간 단축으로 생겨난 '저녁이 있는 삶'을, 소득이 늘어난 많은 국민이 여유롭게 누릴 수 있었다면, 문재인 정부의 의도대로 '행복국가'가 생겨날 법했지만 현실은 반대로 갔다.

급속한 임금 인상에 부담을 느낀 기업들이 고용을 줄이면서 좋은 일자리가 크게 줄었다. 살아남은 10%의 기득권 근로자들은 임금 상승과 근로시간 단축의 동시 수혜를 받아 저녁이 있는 행복한 삶을 누리고 있다.

반면, 90%의 열악한 일자리 근로자들은 해고 위협에다 초과근무 감소로 근로소득까지 정체되거나 줄어서, 저녁에 시간이 더 생겨도 그 여유시간을 즐길 돈이 없는 상황이 됐다.

결과적으로 노동 친화적인 정책이 '소득양극화 심화'라는 노동 적대적 결과를 초래한 이유는 정책 설계에서 설정한 선한 의도가 현실을 반영하지 못했기 때문이었다.

노동이슈의 파장은 이렇게 복합적이지만, 당시의 방송뉴스를 살펴보면 최저임금 인상에 따른 자영업자 혹은 기업의 반발이나, 비정규직 정규직화 추진을 둘러싼 청년층의 반발처럼, 발생 현안들을 단순 전달하는 뉴스가 대부분을 이루고 있다.

이런 상황은 비단 일자리나 부동산 뉴스에 그치지 않는다. 교육, 젠더 및 세대 갈등, 분배와 조세 정의 등 이념적 가치를 담고 있는 우리 사회의 민감한 영역에서 의제설정 기능이나 균형 잡힌 분석을 방송뉴스에서 찾아보기 힘들다.

이념적 기준이 다르더라도 그 다른 기준에 근거해 깊이 있는 분석이 이뤄진다면, 그것은 민주주의 형성을 위한 여론의 건강한 다양성에 기여할 수 있다. 오히려 다양한 이념에 근거한 다채로운 분석과 의제 설정이 헌법이 언론 미디어에 기대하는 역할이기도 하다. 하지만 지금의 한국에서는 방송을 비롯한 미디어에서 그런 모습을 찾아보기 힘들다.

제 6 장

방송의 헌법상 다원주의 실현을 위한 실천방안

문재인 정권에서 여당이 언론사의 허위·조작 보도에 최대 5배의 징벌적 손해배상을 부과하는 입법안을 추진하면서 내놓은 논리가 "뉴스도 하나의 상품인데 다른 기업에 적용되는 징벌적 손해배상제를 적용하지 못할 이유가 어디 있느냐?"는 것이다. 또한 언론만 제외하는 것은 언론에 특혜를 주는 것과 다름없다는 주장도 제기됐다.

당시 정청래 더불어민주당 의원은 "허위 보도로 인한 피해가 다른 업종보다 결코 작다고 할 수 없는 데다 언론 역시 기업인만큼, 이미 국내 19개 업종에 적용되고 있는 징벌적 손해배상 제도에서 언론만 예외로 할 수 없다."고 밝혔다. 이는 언론과 일반 제조 및 서비스 기업을 동일선상에서 바라보는 시각에서 비롯된 주장이다.

언론이 입법부, 사법부, 행정부에 이어 제4부로 지칭되는 것은 언론기업이 가지는 특수성 때문이다. 국가권력에 대한 견제기능과 함께, 다양한 여론의 형성과 경합을 통해 정치·경제·사회·문화 전반에 걸친 민주적 의사결정에 기여한다. 이는 다른 어떤 제조·서비스업에서도 할 수 없는 일이다.

그 때문에 앞서 언급했듯이 모든 자유민주주의 국가들은 미디어 시장에서의 독과점 방지를 다른 어떤 시장영역보다도 더 중요하게 상정해 경쟁정책을 운용한다. 달리 말하자면, 표현의 자유를 억제할 만한 요소를 최대한 줄이고, 견해의 다양성을 고양할 수 있는 요소는 최대한 늘리는 방향으로, 입법과 사법 및 행정 규율을 운용한다는 뜻이다.

미디어의 표현의 자유와 관련된 수차례의 대법원 판례도 이를 엿볼 수 있는데, 대법원은 "형사상이나 민사상으로 타인의 명예를 훼손하는 행위를 한 경우에도 그것이 공공의 이해에 관한 사항으로서 그 목적이 오로지 공공의 이익을 위한 것일 때에는 진실한 사실이라는 증명이 있으면 위 행위에 위법성이 없으며 또한 그 증명이 없더라도 행위자가 그것을 진실이라고 믿을 상당한 이유가 있는 경우에는 위법성이 없다."[46]고 판시한 바 있다.

이후에도 대법원은 표현의 자유와 관련해 사실 여부의 판단에서 ▲전체 맥락상 중요 부분이 객관적 사실과 합치할 경우 세부적인 차이나 다소의 과장이 있더라도 허위사실로 볼 수 없다거나, ▲진실에 대한 증명이 없더라도 행위자가 진실한 것으로 믿었고 또 그렇게 믿을 만한 상당한 이유가 있는 경우에는 위법성이 없다고 보아야 한다는 취지의 판결을 내린 바 있다.

이는 법적으로 완벽한 진실에 근거를 둔 표현을 언론에 요구할 경우, 현실적으로 표현의 자유라는 기본권이 크게 위축될 수밖에 없다는 판단에 따른 것이다. 그러기에 대부분의 선진 국가들은 앞서 살펴본 바와 같이 언론에 대한 규제를 자율규제 중심으로 운용하되 특수한 상황에서만 개입하는 형태를 띠고 있다.

하지만 분명한 전제가 있다. 그것은 바로 언론이 정확한 정보 제공과 다양한 견해의 활성화로 민주주의 형성에 도움이 되어야

46) 대법원 1988. 10. 11. 선고 85다카29 판결.

한다는 것이다. 그것이 제4부로 불리는 언론의 사회적 책무이며, 이른바 '특별대접'을 받는 기반이다. 따라서 그 기반이 무너진다면 언론은 자극적인 뉴스로 시청률과 조회수를 늘려 이익만 극대화한다는 측면에서 일반 기업과 다를 바 없고, 오히려 사회적 해악이 더 크다고 해야 할 것이다.

미디어 특히 방송이 국민적 불신에서 벗어나 그 존재가치를 인정받고 헌법이 요구하는 '제4부'의 특성에 부합하기 위해서는 무엇이 필요할까. 이 장에서는 다원주의 실현이라는 본연의 궤도에서 이탈한 국내 공영방송과 민영방송을 제 역할로 복원시키는 데 필요한 내외부적 규율의 개선 방안을 모색해보기로 한다.

제1절 공영방송의 내부적 다원주의 원칙 강화

Ⅰ. 다채널 시대와 공영방송의 존재가치

세계적으로 수많은 민영방송이 생겨나고 인터넷 신문과 SNS를 이용한 뉴미디어들까지 등장해 온갖 콘텐츠와 견해들이 홍수처럼 쏟아지는 현대에 와서도 공영방송이 견해의 다양성을 위한 통로와 공론장으로서 얼마나 존재 의의를 가질까.

여기서 주목할 점은 "채널의 증가가 콘텐츠와 견해의 다양성을 보장하는가?"에 대한 여러 연구가 일관된 결과를 보여주지 않는다는 것이다. 프로그램의 다양성에는 두 가지 형태가 있다. 먼저 수평적 다양성은 같은 시간대에 얼마나 다양한 프로그램이 포진하고 있는가를 의미하며, 다음으로 수직적 다양성은 긴 시간 동안에 프로그램들이 얼마나 시간변화에 따라 다양하게 구성돼 있는가를 말한다.

채널 경쟁이 치열해질수록 여러 부문의 프로그램이 다양한 시간에서 경합하면서 수평적·수직적 다양성이 증가할 것이란 분석이 있는가 하면, 경쟁이 치열해지는 만큼 시청자에게 인기 있는 프로그램과 시간대에 모든 방송사가 한꺼번에 뛰어들어 오히려 다양성이 훼손된다는 주장도 있다.

지상파가 사실상 독점하던 국내 방송시장에 종합편성채널이 가세하면서 국내 방송환경에서 가장 큰 변화가 일어났던 2012년에 내놓은 조익환·이상우의 연구[47]를 보면, 새로운 채널의 가세로 기존 채널과 종합편성채널 모두에 프로그램 다양성이 증가할 것이란 기대는 실현되지 않았다.

KBS와 MBC, SBS 등 지상파 방송사의 경우 프라임 시간대 프로그램 편성에 거의 변화가 없었으며, KBS2 채널을 비롯한 나머지 채널의 다양성 지수는 종합편성채널 개국 이전보다 오히려 소폭 하락한 것으로 나타났다. 새로운 콘텐츠로 기존 방송국의 아성에 도전할 것으로 기대됐던 종합편성채널 역시 참신한 장르에 대한 제작 시도를 찾아보기 힘들었으며 뉴스, 드라마, 버라이어티 쇼와 같은 기존 지상파와 동일한 부문을 집중 방송했다.

이보다 앞서 1990년대 SBS와 케이블방송의 등장에 따른 채널 다양성 변화를 살핀 박소라의 연구[48]에서도 비슷한 결과가 나왔다. 이 연구는 1990년대부터 2002년까지 방송프로그램을 15가지 장르로 구분해 다양성 변화를 살폈는데, 그 결과 경쟁 방송국이 새로 진입하거나 경쟁이 심한 시간대에서는 다양성이 줄어드는 경

47) 조익환·이상우, “경쟁 환경에 따른 신규 미디어와 기존 미디어의 프로그램 다양성 연구”, 한국방송학보 26권 제6호, 한국방송학회, 2012, 206-207면.

48) 박소라, “경쟁 도입이 텔레비전 프로그램 장르 다양성에 미치는 영향에 대한 연구”, 한국언론학보, 제47권 제5호, 한국언론학회, 2003, 240면.

향을 보였다. 비슷한 다른 연구들에서도 채널 증가와 프로그램 다양성 증가의 비례관계는 확인할 수 없었으며, 오히려 시청률 확보에 유리한 오락이나 예능 등의 장르에 대한 중복편성이 심화되는 경향이 나타나기도 했다.

그렇다면 프로그램의 다양성 외에 이 책에서 초점을 맞추고 있는 견해의 다양성 부문은 어떨까. 방송뉴스 시장에 있어서 사실상 독과점 구조를 형성하고 있던 지상파 뉴스 시장에 2012년부터 종합편성채널이 가세하면서 수적 다양성에 따른 견해의 다양성이 실제로 증가했을까.

종합편성채널이 출범한 직후인 2013년 12월 9일부터 12월 30일까지 한국철도공사 노조가 회사 측의 수서고속철도 운영사 SR 설립에 반발해 일으킨 파업에 대해 지상파 3사와 TV조선·채널A·MBN·JTBC 등 종편 4사가 보도한 뉴스를 분석한 조은영·유세경의 연구[49]에서 그에 대한 해답을 엿볼 수 있다.

이 연구는 철도노조 파업 뉴스를 주제, 취재원, 관점 등 세 가지 부문에서 분석했는데, 그 결과를 보면 보도 관점에서 JTBC만 지지하는 입장이었고, 나머지 5개 방송사는 파업을 반대하는 입장이었다. 연구는 결론 부분에서 "전반적인 방송뉴스의 관점 다양성은 높은 수준은 아니었다. 파업에 대한 비판적인 시각과 파업의 정당성을 지지하는 시각이 양쪽으로 균형적으로 분포한 것이 아니라, 비판적인 시각 쪽으로 편중되어 있었기 때문이다."라고 평가했다.

이와 관련한 외국의 한 연구[50] 역시 미디어의 양적 확대가 항상 다원주의의 확장으로 이어져 여론시장을 활성화시키는 결과를 가

---

49) 조은영·유세경, "종합편성 채널도입과 방송뉴스 보도의 다양성; 철도노조 파업이슈에 대한 지상파 채널과 종합편성채널 보도 내용 분석을 중심으로", 한국언론학보 제58권 제3호, 한국언론학회, 2014, 457면.

50) Stühmeier Torben, "Media market concentration and pluralism", *Journal of economics & management strategy*, 2018.10, p.256.

져오는 것은 아니며, 경우에 따라서는 미디어 기업 간의 경쟁이 적어지는 상황에서도 내부적 다원주의만 잘 작동된다면 시장 전체로 볼 때 장르의 다양성 및 견해의 다양성이 오히려 확장되는 경우가 있다고 밝히고 있다.

또, 방송의 양적 다양성이나 소유 집중 여부보다는 공영방송이 여러 권력으로부터 독립성을 유지한 상태에서 얼마나 헌법적 다원주의를 실현하느냐가 국가 전체로 볼 때 견해의 활성화를 이루는 가장 중요한 변수라는 연구 결과도 있다.[51]

세계 여러 국가에서 공영방송을 운용하고 있는 이유가 바로 이런 요인들을 고려해서다. 방송사의 양적 다양성에 비례해 견해의 다양성이 증가하지 않는 가장 큰 이유는 역설적으로 경쟁 때문이다. 수적으로 많아진 방송사들이 한정된 광고 시장을 두고 치열하게 경쟁하는 상황은, 방송사들로 하여금 다양한 프로그램을 균형있게 생산하기보다는, 돈이 되는 몇 개 프로그램만을 집중해서 제작하게 유도한다.

양적으로 다양해진 방송사에 기대하는 견해의 다양성에 있어서도, 자본력과 미디어 경영에 노하우가 있는 기존 거대업체가 방송시장에 진입해 여러 계열사를 거느릴 경우, 채널이 많아졌음에도 여론시장에서 독과점이 생겨날 수 있는 가능성도 존재한다.

이처럼 방송을 시장기능에만 맡길 경우 견해의 다양성이 위축되는 시장실패가 생겨날 수 있다는 우려로 인해 많은 국가들은 자본과 권력으로부터 독립해 견해의 다양성을 보장할 수 있는 최후의 보루로 공영방송을 두고 있는 것이다. 이와 관련해 우리 헌법재판소는 KBS의 수신료 관련 헌법소원에 대한 판단[52]에서, 공영방송

51) Henry Allena, Sara Connolly, "Media pluralism: What matters for governance and regulation?", Journal of Media Economics Vol. 30, 2017, p.61.

52) 헌재 1999. 5. 27. 98헌바70, 판례집 11-1, 633, 645

사가 국가나 정치적 영향력, 특정 집단으로부터 자유로운 상태에서 방송의 자유를 누리기 위해서는 재정적 토대의 확립이 필수이며, 그런 측면에서 수신료는 공영방송 유지를 위한 본질적인 사항이라고 판시하고 있다. 이를 역으로 해석하면, 수신료 부과는 공영방송사가 헌법상의 공적책무인 견해의 다양성을 보장할 때, 그 정당성을 확보할 수 있다는 의미이기도 하다.

견해의 다양성을 고양시키는 측면에서 공영방송의 효능은 실체적 진실이다. 외국의 한 연구[53]를 보면, 헌법적 다원주의 원칙에 따라 공영방송 채널이 시사·보도와 교양, 교육, 문화 등의 공익적 프로그램을 많이 내보낼수록, 국민의 정치참여와 투표율이 높아지고, 사회적 참여와 협력 의사가 증가하며, 정부 기관에 대한 권리 요구도 적극적인 것으로 나타났다. 또한 이런 효과는 공영방송 시청자뿐만 아니라 그들이 접촉하는 사람들에게까지 전파되는 것으로 분석되었다.

이런 연구 결과와 한국의 방송 현실은 거리가 있다. 헌법적 다원주의 실현의 공적책무가 있는 우리 공영적 방송사들은 앞서 살펴본 바와 같이 정치병행성에 의해 극단적인 편향성을 보이고 있고, 다양성 확장에 활력을 줄 것으로 기대했던 종합편성채널은 모기업인 신문의 이념적 성향을 그대로 이어받아 견해의 다양화에 도움을 주지 못하고 있다.

개별 미디어별로 본다면, 지상파 3사와 종합편성채널 4개사, YTN과 연합TV뉴스 등 시사·보도를 포함하고 있는 방송사 가운데, KBS와 MBC, YTN, 연합TV뉴스는 정치권력의 변화에 따라 수시로 보수와 진보를 오가는 행태를 보이고 있다. 또, 종합지를 모기업으로 두고 있는 종합편성채널의 경우에는 채널A와 TV조선,

53) Ken Newton, "Public Service and Commercial Broadcasting: Impacts on Politics and Society", The Political Quarterly, Vol. 87, 2016.3, p.37.

MBN은 대주주의 경향성을 닮아 보수적 가치를 표방하고 있고, JTBC만 진보적 성향을 띠고 있다.

이처럼 여론형성에 영향력이 큰 종편채널들이 거대 종합지의 미디어 그룹에 속해 해당 그룹의 이념적 가치를 표방함으로써, 신문과 방송을 포함한 전체 미디어 시장의 관점에서 볼 때 견해의 다양성이 그만큼 위축되고, 반면 미디어 시장이 주도하는 여론의 극단성은 한층 심화될 위기에 노출된 것으로 분석된다.

여러 선진국들에서 공영방송이 여론시장의 균형추 역할을 하고 있음에 비추어 볼 때, 국내 방송 미디어 시장의 이런 현실은 한국의 공영적 방송사들의 제 역할에 대한 아쉬움을 더 크게 만든다. 따라서 지금의 왜곡되고 극단화된 한국의 여론시장을 건강한 생태계로 이끄는 첫걸음은 국내 공영적 방송들이 다원주의 실현이라는 헌법적 요구에 하루빨리 부응하도록 하는 일이다.

Ⅱ. 공영방송의 태생적 한계와 한국의 특수성

공영방송은 정치권력과 자본으로부터 독립해 다원주의를 실현해야 할 공적책임을 가장 많이 갖고 있지만, 아이러니컬하게도 정치적 독립과 공정성을 두고 항상 갈등과 분쟁의 연속성 상에 있다. 이런 처지는 한국뿐만 아니라 우리보다 앞선 방송 역사를 가진 다른 선진국에서도 마찬가지다.

선진적 공영방송의 대표주자로 불리는 BBC의 경우도 정치권력과 숱한 갈등을 겪어왔다. 대표적인 예가 토니 블레어 정부 때 행정부와 BBC 간의 갈등이다. 당시 그렉 다이크 사장과 개빈 데이비스 이사장이 이끌던 BBC는 영국이 참여한 이라크 전에 대해 지속적으로 비판적인 보도를 이어가면서 정부와 심각한 갈등을 겪었는데, 결국 두 수장이 정부의 압력에 못 이겨 2004년 사퇴하는 결과로 이어졌다.

그렉 다이크 사장은 후일 자서전에서 이라크 참전 비판 여론이 비등했던 2003년 초에, 당시 블레어 영국 총리가 자신과 개빈 데이비스 이사장에게 편지를 보냈는데, 그 편지에서 전쟁에 비판적인 BBC의 논조가 문제가 있다면서 정부의 입장에 동조할 것을 요구했다고 밝히기도 했다.

정부와의 갈등과 저항에 관련된 이런 사례뿐만 아니라, 정부의 눈치를 보며 논조를 조정했다는 정황이 담긴 사례도 있다. 2020년 4월 11일자에 BBC는 인터넷 메인 화면 톱기사에 "영국 정부가 코로나 감염확산을 막기 위해 애쓰는 보건당국 관계자들에게 보호장구를 제공하려고 '초인적 노력'을 다하고 있다."는 정부 우호적인 내용을 올렸다.

이런 논조는 같은 날 다른 언론들과는 극명하게 대비되었다. 영국 일간지 가디언지의 1면 톱은 '요절한 생명들(Lives cut short)'이란 제목으로 40명에 이르는 코로나 희생자들의 생전 사진을 게재했다. 사실상의 방역 실패로 영국 내 코로나 감염에 따른 사망자가 10,000명에 육박하는 시점에서 이 같은 논조의 차이는 많은 것을 시사한다. 정부에 비판적 칼날을 대왔던 BBC가 정부 대변인 같은 기사를 내놓은 이유에 대한 지배적인 해석은 그 당시 존슨 총리가 BBC의 수신료 개편을 포함한 다양한 카드로 BBC를 압박했었기 때문이라는 것이었다.

BBC뿐만 아니라 일본의 대표 공영방송인 NHK도 수많은 외풍에 시달렸다. 다나카 전 수상이 미국의 군수업체 록히드사로부터 거액의 뇌물을 받았던 사건에 대한 보도를 NHK가 축소·왜곡·억제했던 내용이 알려지면서 수신료 거부 운동까지 벌어졌었고, 이후에도 숱한 낙하산 인사가 정경유착 의혹을 불러일으키기도 했다.

방송이 여론의 형성에 있어서 큰 영향력을 가졌기 때문에 여론에 민감한 정치권력과의 갈등은 어떻게 보면 당연할 수밖에 없다. 방송의 내부적 다원주의 형성을 위한 절차적 조직적 규제의 내용은 우리가 여러 선진국의 형식을 많이 차용해온 만큼, 한국만의 특수성을 찾아내기는 힘들다.

하지만 그런 부분을 감안하더라도 선진국들의 공영방송과 한국의 공영적 방송의 실질적인 독립성은 현격한 차이를 보이고, 특히 정치권력과의 유대 정도는 차원을 달리한다. 한국의 공영적 방송에서 유독 편향성과 정치적 종속성이 도드라지는 것은 그만큼 정치권력의 입김이 다른 곳보다 강하게 작용했기 때문으로 이해된다.

이는 방송산업 초기에 군사독재를 거치면서 여론을 좌지우지하는 방송의 부정적 측면에 대한 트라우마가 정치권 전반에 각인됐기 때문으로도 볼 수 있다. 이후에도 정치권력의 공영적 방송사 장악에 대한 집착은 필연적으로 방송사 구성원들과의 심각한 갈등을 초래했으며, 그 과정에서 방송사 구성원들 역시 국가권력과 공생하며 이익을 누리거나, 아니면 대립각을 형성하며 정권교체를 갈망하는 정치적 병행성에 익숙해져 갔던 것이다.

KBS와 MBC, YTN, 연합뉴스TV 사장과 임원들이 정치권력과 이념적 지향점을 같이 하는 인물들로 구성되고, 이들 경영진이 보도국을 포함한 주요 조직의 간부들을 성향이 비슷한 구성원들로 채우면서 견해의 다양성은 구조적으로 제한된다. 그 과정에서 편향성을 경계하고 다양성을 고양해야 할 조직적 절차적 규율들은 정치적 압박에 의해 본연의 궤도에서 이탈한 채 편향성을 정당화시키는 도구로 전락해왔다는 평가까지 받고 있다.

KBS의 경우 이사회가 여당 추천 7명, 야당 추천 4명의 이사로 구성돼 있는데 이들은 그동안 자신을 추천한 정치 진영의 이해를 그대로 반영해왔다는 비판을 받아왔을 뿐만 아니라, 일부 이사들은 재임 중에 총선 출마를 선언하는 등 정치권과 긴밀한 연대를 유지해 공영방송 운영의 독립성을 두고 수많은 논란을 일으켜 왔다.

이사회 운영에서도 다양성 구현을 위한 소수 목소리의 반영은 점점 힘들어지고 있다. KBS 이사회는 2019년 운영규정 제21조 5항의 개정을 통해 "의장이 중지를 명한 후에도 그러한 발언이나 행위를 계속하여 원만한 의사진행이 불가능하다고 판단할 경우 의장은 그 이유를 밝히고 해당 이사의 퇴장을 명할 수 있다. 퇴장 명령을 받은 이사는 그 회의에 참여할 수 없다."는 내용을 담은 퇴장명령권을 신설했다.

이와 관련, 야당 추천의 KBS 소수 이사들은 기자회견을 열어 이사회의 결정을 비판했고 이 자리에 소수 이사들을 돕는 변호인단으로 참석한 김기수 변호사는 "개정된 KBS이사회 운영규정을 보면 의사진행 방해 여부를 이사장이 독단적으로 판단할 수 있고 의사진행 발언 자체도 다수결로 봉쇄할 수 있게끔 돼 있어, 이사들이 합리적 토론을 거쳐 KBS에 대한 의사결정을 내리도록 하는 KBS이사회의 본질과 의결 권한 및 집행 권한을 엄격히 분리한 방송법의 정신을 훼손하고 있다"고 지적했다.

30여 년간 강제적인 정치병행성 과정에서 가장 많은 파란을 겪은 MBC에서도 다원주의 구축을 위한 방송사 안팎의 규제기구들은 다양한 견해와 사상의 활발한 개진을 유도하기보다는, 정권의 이념적 코드에 맞춘 편향적인 콘텐츠를 내보내도록 방송사에 강요하는 정략적 기구로 퇴화했으며, 규제기관 자체의 구성이나 운영마저도 법적 근거 없이 비공식적 관행에 의존하는 경우가 많다는 비판까지 제기되고 있다.

MBC 대주주인 방송문화진흥회가 그 대표적 사례에 속한다. 방송문화진흥회는 1987년 민주화 이후 방송구조 개편 논의 과정에서 만들어진 기구로서 방송문화진흥회법을 근간으로 한다. MBC를 직접 관할하는 방문진 이사회는 이사장 1명을 포함한 9명의 이사와 감사(監事) 1명으로 구성된다. 이사는 방송에 관한 전문성 및 사회 각 분야의 대표성을 고려하여 방송통신위원회가 임명하도록 돼 있다.

하지만 지금까지의 관행을 보면, 명확한 법적 근거도 없는 상태에서 정치권이 여야 6:3 비율로 추천하는 인사들이 이사로 임명되어 왔다. 이와 함께, 방송문화진흥회의 MBC에 대한 관리·감독권이 인사나 혹은 방송콘텐츠에 대한 직접적인 개입을 포함하는지의 여부나, 방송통신위원회가 방문진 이사장을 해임하거나 방송문화진흥회를 검사·감독하는 법적 권한이 있는가에 대한 논란도 일어왔다.[54)]

Ⅲ. 헌법적 다원주의 실현을 위한 공영방송의 개선과제

1. 지배구조 형성의 독립성 강화

(1) 외국 공영방송의 시사점

모든 자유민주주의 국가에서 공영방송의 지배구조는 다원주의 실현의 목적 아래 형성된다. 정치적으로 여야의 입장을 반영하고, 계층별로 다른 욕구를 수용하며, 다양한 이익집단의 이해를 담을 수 있도록 제도화한다.

공영방송의 모범으로 가장 많이 등장하는 BBC도 지배구조 구성에서는 의외로 정부의 역할이 절대적이다. 2007년부터 2016년까지 BBC의 예산 승인과 전략 수립, 감독과 평가기능까지 갖고 있었던 BBC 트러스트의 위원 12명은 형식적으로 국왕이 임명하지만, 그

54) 정영주·홍종윤, “공영방송 제도의 위기와 재정립”, 『언론정보연구』, 제55권 제1호, 서울대학교 언론정보연구소, 2018, 277면.

것은 절차상의 과정일 뿐 실질적으로는 총리가 임명했다. 이 과정에서 야당의 동의가 전혀 필요 없다. 게다가 트러스트가 사장을 선출하기 때문에 사실상 정부가 사장 임명까지 개입했다고 볼 수 있다.

트러스트와 집행이사회가 분리돼 있던 BBC의 이원적 거버넌스는 트러스트가 폐지된 2017년부터는 집행이사회 단일 체제로 변경되었다. BBC 집행이사회는 비상임이사 10명과 상임이사 4명으로 구성된다. 이사장을 포함해 잉글랜드, 스코틀랜드, 웨일스, 북아일랜드 출신의 지역대표 비상임이사 4명 등 총 5명은 공모로 선임한 뒤 정부 인선 절차를 거쳐 국왕이 최종 임명한다. 나머지 비상임이사 5명은 BBC 이사회에서 임명위원회 절차를 통해 임명되고, 총국장을 비롯한 상임이사 4명은 BBC 구성원 중에서 선출해 이사회에서 임명한다. 거버넌스가 단일 이사회 체제로 바뀌면서 정부의 입김이 더 커질 것이란 우려도 제기되고 있다.

일본 NHK의 감독기구인 경영위원회는 집권당 5명의 추천을 포함해 12명으로 구성되며 총리가 임명한다. 경영위원회는 NHK의 사업계획과 예산을 의결하고 사장(회장) 임면권을 갖고 있다. NHK 사장 임명에는 재적 이사 3분의 2 이상의 동의를 얻도록 하는 '특별다수제'를 운영하고 있다. 경영위원은 규제부처인 총무성이 전문분야와 지역적 균형을 감안하여 후보자를 찾은 뒤 국회 동의를 얻는 절차로 임명된다. 이 과정에서 끊임없이 정치권력의 공영방송 개입 논란이 벌어지기도 한다.

경영위원회가 가진 사장(회장) 임면권은 사실상 NHK를 통제하는 중요한 수단이라 할 수 있는데, 그동안 일본 정치권력은 경영위원 12명 가운데 여당 추천 인사 5명을 기본 토대로, 4명의 위원들을 적절히 통제하는 방식으로 회장 임명 요건인 9명을 채워서 정권이 원하는 인물을 회장에 임명해왔다.

독일은 이익집단 모델로 불린다. 공영방송의 관리감독 기구로 방송평의회가 있는데, 방송사 회장의 임면, 예산 승인, 평가 및 감시와 같은 역할을 수행한다. 위원회에는 의회, 정부, 노동조합, 경영자단체, 환경단체, 청년단체, 교회 등 각계각층의 대표가 위원으로 참여한다. 연방정부의 방송 개입은 법적으로 금지돼 있다. 사회를 구성하는 여러 이익집단의 다양한 의견이 공영방송이 만드는 공론장 안에 모여서 다원주의를 실현해내기를 기대하는 것이다.

구조적으로 가장 정교하게 견해의 다양성을 반영하는 시스템이지만, 이마저도 위원이나 방송사 사장 선출과정에서 정당의 입김이 상당 부분 개입된다는 지적이다. 법적으로는 정당 출신이 방송평의회 위원 수의 1/3을 넘지 않게 제한하고 있지만, 현실적으로는 그 제한선을 훨씬 넘는 경우가 많다는 비판도 자주 제기된다.[55)]

프랑스는 공영방송사 사장 임명권을 두고 정권이 바뀔 때마다 제도변화를 겪었다. 2000년 이후 상황을 보면, 프랑스 방송위원회(CSA)에 있던 공영방송사 사장 임명권은 2008년 사르코지 대통령의 제도 개혁으로 대통령에게로 옮겨갔다. 하지만 5년 뒤인 2013년에 프랑수아 올랑드 대통령이 공영방송 지배구조를 다시 뜯어고치면서 사장 임명권은 도로 CSA로 넘어가게 된다. 이 개혁으로 CSA 위원구성에서 정부 역할이 줄면서 독립성이 강화됐고, 대통령의 인사권은 CSA 위원장을 임명하는 선으로 제한되었다.

또, 위원 수를 9명에서 7명으로 줄이는 대신, 위원 선정에서 좀 더 폭넓은 견해 수용을 위해 하원의장과 상원의장이 각각 3인의 방송위원을 임명하게 했다. 동시에 이 임명안에 대해서는 하원과 상원에 각각 설치된 문화상임위원회에서 3/5 가중다수결로 찬성 의결을 받도록 했다.

이렇게 보건데, 우리가 모범으로 삼는 선진국들의 공영방송 역

---

55) 정윤식, 공영방송, 커뮤니케이션북스, 2014, 47면.

시 정치권력에서 완벽하게 독립된 상태에서 완전한 '방송의 자유'를 누리는 곳은 없다고 볼 수 있다. 단지 공영방송 지배구조 형성에 있어서 최대한 견제와 균형이 가미되게끔 제도적으로 규율하는 노력은 공통적으로 찾아볼 수 있다.

[표 23] 주요국의 공영방송 규제 체계

		영국	일본	독일	프랑스
공영방송이름		BBC	NHK	ARD, ZDF	France TV
관리감독기구	이름	오프콤	경영위원회	방송평의회	방송위원회 (CSA)
	위원구성	문화미디어스포츠부, 기업혁신 기술부 장관이 공동으로 임명	의회 동의를 얻어 총리가 임명	정당, 의회, 직능단체, 노조, 경영자단체, 문화단체 등이 추천	대통령, 하원의장 상원의장이 임명
집행기구	이사회	집행이사회	집행이사회	경영위원회	운영이사회
	사장임명	집행이사회에서 사장 선임	경영위원회가 임면권 행사	방송평의회가 임면권 행사	이사회 동의 및 의회문화특별위원회 3/5이상 찬성으로 정부가 임명
규제부처		문화미디어 스포츠부	총무성	각 주의 문화정책부서	총리부, 문화커뮤니케이션부, 재정경제부 등

※ 출처; 방송통신위원회 및 방송문화진흥회("주요선진국 공영방송 조사연구", 2017) 자료와 최근 신문기사 참조 정리.

영국 BBC를 예로 들면, 관리감독 기구인 BBC트러스트를 없애고 그 기능을 광범위한 방송·통신 규제기관인 오프콤에게 넘기면서 정부의 간섭과 영향력이 더 커질 것이란 우려가 있었지만, BBC 사장을 정부가 아닌 집행이사회에서 선임하고, 오프콤 역시 정부로부터 독립된 기구라는 점에서 예전과 다름없는 독립성의 확보가 가능하다는 평가가 많다.

또, 14명의 BBC 집행위원회 이사들 구성이 정부 추천 인사들뿐만 아니라 각 지역 대표와 의회 동의를 받은 이사들 및 BBC 내부에서 발탁된 인사들이 함께 포함돼 있어서 정부의 영향력이 제한적이라고 볼 수 있다. 여기다 의사결정의 투명성을 높이기 위해 주요 사안의 회의록과 관련 자료 등을 모두 공개하게 되어 있어 외압이나 청탁의 개입이 어렵다.

독일의 공영방송 역시 어느 정도의 정치적 영향력을 배제할 수는 없다손 치더라도, 여러 이익집단의 사회적 합의구조를 채택했다는 점에서 상대적으로 가장 독립적인 공영방송 모델로 평가된다.

독일 공영방송의 최고 의사결정기구인 방송평의회는 방송사별로 적게는 20명 선에서 많게는 70명을 넘는 위원들로 구성된다. 비슷한 기능을 하는 외국 규제기관에 비해 상대적으로 많은 수의 위원 구성과 그들의 다양한 출신배경은 정부나 특정 정당에 유리한 정파적 결정을 어렵게 하고, 방송의 독립성을 높이는 효과가 있는 것으로 분석된다.

주요 선진국의 공영방송들은 역사적 정치적 배경에 따라 각기 다른 형태로 정치권력과 엮여있지만, 여기서 공통적으로 관찰되는 부분은 사장이나 감독기관 위원 선정과정에서 설령 여당이나 정부가 사실상의 지명권을 가진다 하더라도, 가급적 정파성이 적고 사회통합에 도움이 되는 인물을 뽑는다는 암묵적 기준이 존재한다는 것이다.

그뿐만 아니라 선임된 사장이나 위원들 역시 임명 전까지는 정치적 후원을 받았더라도, 임명 후에는 공영방송의 정체성과 독립성 유지를 위해 정치권력과 거리를 두면서, 민감한 현안의 경우 공정하고 균형 잡힌 견해의 유지를 위해 정부·여당과의 갈등도 불사하는 소명 의식을 견지한다는 평가가 많다.

(2) 국내 공영적 방송사의 지배구조 개선 제언

공영적 방송사의 편향성은 정치권력의 도구화에 기인한다. 정치권력과 방송사가 이념적으로 연대해 이익을 주고받는 구조는 다원성 확보를 위한 제도적 규율의 작동을 왜곡하고 오히려 편향성을 정당화하는 수단으로 활용한다.

조직과 절차를 규정하는 각종 제도는 적용과정 곳곳에서 정치권력에 유리한 선택과 해석을 통해 권력이 공영방송에 거는 기대감과 공영방송사 경영진이 정치적으로 얻는 수혜를 일치시킨다. 그뿐만 아니라 양쪽의 기대이익을 최대한 높이는 쪽으로 제도화가 은밀히 진행되기도 한다.

헌법적 다원주의 실현에 앞장서야 할 공영적 방송사의 편향적 행태는 그것을 비판하고 개선하겠다는 정권들이 서로 다른 이념을 내걸고 번갈아 들어섰음에도 개선되지 않고 있다. 오히려 정권의 향배에 따라 극단적인 이념적 편향성을 띠면서, 본연의 정체성을 훼손하고 있는 것이 현실의 모습이다.

모기업인 신문의 이념적 성향을 이어받은 종합편성채널들이 강한 편향적 견해를 내보내고 있는 만큼, 일각에서는 공영적 방송사들이 반대편에서 균형을 맞추고 있다고 주장하기도 하지만, 공공의 이익과 다원주의 실현의 공적책임을 갖고 있는 공영적 방송사의 편향성을 합리화하기에는 말이 안 되는 논리다.

공영적 방송사의 정치적 편향성은 방송의 독립성을 제대로 보장하지 못하는 제도의 허점에 기인하는 바가 크다. 「방송법」 제4장 한국방송공사 관련 조항에는 관리 감독 기능을 가진 KBS 이사회에 사장 임명권이 없다. 통념상 국내에서 공영방송에 가장 근접한 기간방송인데도, 감독기구가 독립성 확보의 핵심인 사장 인사권을 가지지 못한 것이다. 집행기관에 관한 내용을 명시한 제50조는 이

사회의 권한이 대통령에게 사장 후보를 추천하는 데 그치고, 대통령이 KBS 사장을 임명한다고 규정하고 있다.

> 第50조(집행기관) ① 공사에 집행기관으로서 사장 1인, 2인 이내의 부사장, 8인 이내의 본부장 및 감사 1인을 둔다.
> ② 사장은 이사회의 제청으로 대통령이 임명한다. 이 경우 사장은 국회의 인사청문을 거쳐야 한다. <개정 2014. 5. 28.>
> ③ 이사회가 제2항에 따라 사장을 제청하는 때에는 그 제청기준과 제청사유를 제시하여야 한다. <개정 2020. 6. 9.>
> ④ 감사는 이사회의 제청으로 방송통신위원회에서 임명한다. <개정 2008. 2. 29.>
> ⑤ 부사장과 본부장은 사장이 임명한다. 다만, 부사장을 임명할 경우에는 이사회의 동의를 얻어야 한다.

사장 추천권을 가진 KBS 이사들 역시, 방송통신위원회의 추천으로 대통령이 임명하도록 제46조 이사회 조항이 정하고 있다. 이사장을 포함한 이사 11명은 관행적으로 여야가 7대4 비율로 추천권을 행사한다. 여기에 덧붙여 절차상 KBS 이사 추천권을 가지고 있는 방송통신위원회의 위원장을 「방송통신위원회 설치 및 운영에 관한 법률」에 의거해 대통령이 임명한다는 점을 고려하면, 대통령이 사실상 KBS에 대한 완벽한 통제권을 쥐고 있다고 볼 수 있다. 이렇게 치밀하게 정치권력과 엮인 상황에서 공영적 방송사들이 독립성을 확보한다는 것은 사실상 불가능에 가깝다.

내부적 다원주의 원칙이 견해의 다양성 실현을 위한 강제적 규율과 정부의 개입을 전제로 하고 있는 만큼, 정치권력의 영향을 완전히 배제한 이상적인 공영방송의 확립은 불가능하다. 하지만, 견제와 균형을 통해 그 영향력을 제한하는 제도적 설계는 방송의 자유를 위해 반드시 필요하다.

지금처럼 공영적 방송사의 사장뿐만 아니라 관리감독 기구의 임원 선정까지 모두 대통령이 실질적으로 개입하는 상황은, 정치권력으로부터의 독립이 가장 우선적인 과제인 '방송의 자유' 실현에 심각한 장애 요소라 할 수 있다.

따라서 다른 선진 공영방송처럼 독립된 규제 감독 기관이 공영적 방송사의 사장 임명권을 갖도록 한다든지, 아니면 대통령에게 임명권을 주더라도 국회에서 야당의 강한 견제를 받도록 하는 등의 제도개선이 필요하다.

관리감독 기구의 개선도 뒤따라야 한다. 여야의 정치적 배당 관행을 버리고, 관련 학회 및 다양한 이익집단이 포함되도록 하되, 반드시 공영적 방송사의 내부 구성원들이 포함해 포함될 필요가 있다. 외부인들보다 내부 구성원들이 방송사의 내부적 다원주의 실현을 위한 구체적이고 실효성 있는 방안을 찾는데 훨씬 유리하기 때문이다.

이사회 이사 선임과정의 투명성도 높여야 한다. 방송법 제46조에다 정치권 등 외부개입 금지를 명문화하거나, 아니면 독일의 경우처럼 정파적 결정을 최대한 희석시킬 수 있을 정도로 다양하고 많은 수의 이익집단 대표들로 이사회를 구성하는 것도 방법이 될 수 있겠다.

이와 관련해 정연주 전 KBS사장은 2016년 6월 13일 「장윤선, 박정호의 팟짱」이란 팟캐스트 프로그램에 출연해 우리나라 공영방송 이사진이 다양한 집단을 대표하는 전문가들이 아니라, 정치권 출신들이 장악하면서 독립성과 공정성을 상실하고 있다고 주장했다.

정사장은 정치권력이 좌지우지하는 공영방송의 지배구조를 개선하지 않고서는 공영방송 본연의 정체성 회복은 불가능하다고 밝힌 뒤, KBS와 MBC의 이사회 구성에서 이사 자격 조건을 보다 엄격하게 적용하는 한편, 정당이나 대선캠프에 몸을 담갔거나 극단적인 이념 단체에 있었던 사람을 거르는 작업이 반드시 필요하다고 강조하기도 했다.

현실적인 이유로 현재의 여야 할당 방식을 바꾸기가 힘들다면, 견해의 다양성을 보장할 수 있게끔 정치적 배분 비율과 의사결정 방식을 지금보다 더 정교하게 설계하는 동시에, 지나치게 포괄적 해석의 여지가 있거나 강제성이 부족한 정관을 다듬는 것도 필요하다.

2. 편성규약 및 편성위원회의 실효성 제고

내부적 다원주의 원칙은 직접적이고 강제적인 규제 이외에도, 방송사 내부에서 자율적으로 다양성과 공정성이 조성되도록 유도하는 규율제정의 근거 조항을 만들어놓았다. 현행 「방송법」 제4조 제4항은 "종합편성 또는 보도에 관한 전문편성을 행하는 방송사업자는 방송프로그램 제작의 자율성을 보장하기 위하여 취재 및 제작 종사자의 의견을 들어 방송편성규약을 제정하고 이를 공표하여야 한다."고 의무화하고 있다.

제4조(방송편성의 자유와 독립) ① 방송편성의 자유와 독립은 보장된다. ② 누구든지 방송편성에 관하여 이 법 또는 다른 법률에 의하지 아니하고는 어떠한 규제나 간섭도 할 수 없다. ③ 방송사업자는 방송편성책임자를 선임하고, 그 성명을 방송시간내에 매일 1회 이상 공표하여야 하며, 방송편성책임자의 자율적인 방송편성을 보장하여야 한다. ④ **종합편성 또는 보도에 관한 전문편성을 행하는 방송사업자는 방송프로그램제작의 자율성을 보장하기 위하여 취재 및 제작 종사자의 의견을 들어 방송편성규약을 제정하고 이를 공표하여야 한다.**

이에 덧붙여 「방송법」 제106조 제1항은 방송편성규약을 제정하지 않거나 공표를하지 않을 경우, 1년 이하의 징역 또는 3천만 원 이하의 벌금에 처하도록 규정해 놓고 있다.

편성규약 제정 의무는 강제 규정이지만, 편성규약 자체는 방송사 실무진들에게 자율적인 근무환경을 부여해 편성과 제작에서 다양한 견해를 창출하게 함으로써, 내부적 다원주의를 실현하기 위한 규정이며 2000년 1월에 개정된 방송법에 처음 도입되었다.

편성규약이 방송의 내부적 다원주의 구현을 위해 명문화되었다지만, 현실에서는 원래의 목적대로 작동하지 않아 선언적 조항에 그친다는 비판이 끊임없이 제기돼 왔다. 이에 따라 개정논의가 끊이지 않았는데, 특히 극심한 노사 파행을 겪었던 MBC 출신의 국회의원들이 편성규약의 실효성을 높이기 위한 법률개선에 큰 관심을 보였다.

노웅래 의원은 2016년 대표 발의한 방송법 개정안[56]에서 현 방송법에서는 찾아볼 수 없는 편성위원회 규정을 신설하는 한편, 노사 동수로 구성된 편성위원회가 편성책임자를 제청하고, 편성규약을 제정·공포하도록 했다.

또, 최명길 의원이 대표 발의한 방송법 개정안[57]에는 「방송법」 제4조에 있는 방송편성의 자유를 방송제작 및 편성의 자유로 범위를 넓히는 내용이 들어가 있다. 그리고 같은 조 제2항의 '누구든지'를 '정부 및 특정 집단의 관계자, 방송사업자의 임직원 등 누구든지'로 세분화하고, 규약 위반 때 징계조항을 추가했다.

모두 국회 통과는 불발됐지만, 이런 시도는 방송의 다원주의를 실질적으로 구현해야 할 내부 구성원들에게 실효성 있는 자율권을 부여함으로써, 취재·보도를 비롯한 제작과 편성에서 다양한 견해

56) 방송법 일부 개정 법률안(의안번호 725), 2016.7.7. 발의.

57) 방송법 일부 개정 법률안(의안번호 1662), 2016.8.19. 발의.

를 담도록 하려는 노력으로 이해된다.

내부적 다원주의 실현 차원에서 방송편성규약에 관련된 조항을 개선한다면, 이처럼 자율규정이지만 실효성은 높도록 설계해야 한다. 우선 「방송법」 제4조 제4항의 내용 가운데 방송사업자가 제작종사자의 의견을 들어 제정하라고 한 부분을 보다 구체화할 필요가 있다고 본다.

이를테면, 방송사업자가 방송사 내부 직제로 볼 때 지배주주인지 아니면 전문경영인 사장인지, 혹은 본부장·국장급인지, 또 종사자를 내부 직제상 어느 선까지로 특정할 것인지를 구체화할 필요가 있다. 편성규약을 제정함에 있어서 노사 양측을 대등한 관계로 볼 것인지, 아니면 편성책임자가 우월적 위치에서 큰 틀을 정하고 제작자의 의견을 그 틀 안에서 반영하는 형태인지도 정해야 한다.

그리고 편성규약과 관련한 협의기구로서 편성위원회를 만들 경우, 어떻게 구성하며 위원회의 자율권을 어떤 방식으로 어느 선까지 보호할 것인지도 명시해야 한다. 편성위원회는 현행법상 노사자율기구이다. 따라서 편성위원회의 기능과 관련해 방송사 구성원의 불이익을 방지하는 정도의 소극적인 역할을 맡길 것인지, 아니면 인사나 투자 등을 포함한 공동의사결정권까지 갖는 적극적 역할을 부여할 것인지에 대한 부분도 정리가 되어야 한다.

이와 관련한 다수 의견은, 방송법 제4조 제4항이 방송사업자로 하여금 종사자의 의견을 들어 편성규약을 제정하라고 한 부분을 들어, 편성권의 법적 주체가 사업자이며 따라서 편성규약이나 편성위원회는 경영진을 견제하는 소극적 역할에 그쳐야 한다는 쪽에 모아지고 있다.[58)]

현재 국내 방송사들이 대부분 두고 있는 편성위원회는 독일 공영방송의 편성위원회 기능과 비슷한데, 프로그램 제작과정에서 의

58) 유의선, "주요 선진국 공영방송 조사연구", 방송문화진흥회, 2017. 8, 222면.

견충돌이 발생했을 때나, 주요 프로그램의 개편 혹은 간부들의 임면 때, 대의기구인 편성위원회에 통보해야 하고, 사안과 관련해 이의가 있는 구성원은 편성본부장이나 사장에게 의견을 제시할 수 있도록 하고 있다.[59)]

문제는 노사 간의 이견이 커 협의가 제대로 작동하지 않을 때 자체 조정기능이 없다는 것이다. 따라서 편성위원회를 통한 분쟁해결이 어려울 경우, 중재 기구를 두는 방안을 강구해야 한다. 중재 기구는 회사 경영진과 간부는 물론, PD 기자 등의 제작진과 편성 실무진이 합의한 인물들로 구성한 뒤, 이들에게 조정 역할을 맡기는 것이다. 독일과 오스트리아와 같은 선진국에서는 오래전부터 사내 언론 자유의 충돌 때, 신망 있는 원로 언론인이나 법조인으로 구성된 중재 기구를 두고 있다.[60)]

편성규약과 관련해 특이한 점은 공·민영 이원 체제로 방송이 운용되고 있는 대부분의 국가들이 편성규약 체결 의무를 공영방송에만 부과하고 있다는 점이다. 편성규약이 방송의 내부적 다원주의를 증진시키려는 목적을 가졌음을 감안하면, 이들 국가들은 공영방송에 다원주의 실현이라는 공적책무를 더 크게 지우고 있다고 평가된다. 반면, 민영방송은 채널의 양적 확대를 감안해 내부적 다원주의의 규율에서 어느 정도 벗어나게 해주고 있는 것이다.

그에 비해 국내에서는 편성규약 체결 의무가 공·민영 모두에 부과되고 있다. 이는 민영방송이 내부적 다원주의의 부담을 점차적으로 덜어내고 있는 세계적 추세와는 반대로, 한국의 민영방송은 공영방송과 똑같은 공적책임을 강요받고 있음을 말해준다. 반대로 한국의 공영적 방송은 내부적 다원주의를 엄격히 구현해야 할 헌

59) 심영섭, “방송 편성규약과 경향성 보호-독일의 방송편성규약을 중심으로”, 『언론과 법』 제8권 제1호, 한국언론법학회, 2009, 223-224면.

60) 정윤식, 공영방송, 커뮤니케이션북스, 2014, 55면.

법적 책무에도 불구하고 현실에서는 편향적 방송 논란으로 그 원칙을 훼손하고 있는 셈이다.

따라서 현재 선언적 조항에 불과한 편성규약이 실질적으로 작동할 수 있도록 내용을 구체화하는 등 실효성을 높이되, 그 규제 강도를 차별화해 공영적 방송사에 대해서는 강한 규율을 더 엄격하게 적용하고, 민영방송에 대해서는 저강도 규율을 적용하는 것이 헌법이 목적으로 하는 '방송의 자유' 실현의 바람직한 방향성으로 보인다.

3. 노사 자율기구의 작동 개선

다양한 견해와 객관성을 담은 공정방송 실현을 위해 노사자율기구로 만들어진 공정방송협의회(위원회)가 제 역할을 하지 못하고 있는 점도 공영적 방송 내외부의 다원주의 실현을 위해 반드시 개선해야 할 부분이다.

MBC는 1987년 민주화 이후 노사 간의 단체 협약에 정치적 독립과 공정성 규범을 담았다. 제20조에 공정방송 실현 의무, 제21조에 방송의 독립성 유지, 제22조에 방송강령 및 윤리강령의 준수, 제23조에 공정방송 실현을 위한 제도적 장치와 공정방송협의회 설치 등이 그것이다.

이 가운데 공정방송협의회는 MBC가 1987년 방송사 최초로 노동조합을 만들면서 단체협약에 넣었는데 이후 방송의 공정성 확보를 위한 대표적인 노사 자율기구로 작동했다. 그 내용에는 공정방송협의회를 노사 동수로 구성하고, 합의 사항을 이행하지 않을 경우 관련자 문책과 보직 변경을 사측에 요구할 수 있다는 등의 조항들이 포함돼 있다.

공정방송의 실현이 방송법의 의무규정에 의해 자동적으로 만들어지는 게 아니라, 방송사 내부의 구성원들이 가진 다양한 견해의 반영과 민주적 의사결정이 전제돼 있어야 현실적으로 이뤄지는 것임을 감안할 때, 공정방송협의회는 중요한 의미를 갖는 조직이었다.

MBC가 잇따른 파업상황에 휩싸이게 된 가장 큰 원인이 바로 이런 자율기구가 당초 노사가 합의했던 정신대로 작동하지 않았기 때문이었다. 언론 역사상 최장 파업을 불렀던 2012년 상황을 보면, 보도본부장 불신임 투표를 노조가 강행했다는 이유로 사측은 노조의 공정방송협의회 개최 요구를 거부한데 이어, 불신임 투표를 주도했던 기자협회 회장과 영상기자협회 회장을 보직 해임했다. 노조는 사측의 이런 행위를 공정방송 규범의 무력화 시도로 규정하고 총파업을 결의하면서 170일 간의 총파업이란 초유의 상황이 발생했다.

이런 예로 비추어 볼 때, 방송사 내부에서 공정성과 다양성을 확보하기 위해 아무리 좋은 자율기구가 마련됐더라도, 노사가 상호 불신에 휩싸일 경우 가동은 사실상 불가능해진다. 더욱이 노사 갈능뿐만 아니라 노노갈등이 존재하는 우리 공영적 방송사들의 현실에서는 자율기구의 작동이 더욱 복잡한 양상을 띠게 된다.

대체로 기자 지망생들은 자신의 이념적 성향에 맞는 미디어를 선택해 입사를 희망한다. 이에 따라 신문의 경우는 해당 매체의 경향에 일치하는 구성원들로 대부분 채워진다. 반면, 공영방송의 경우 설립 취지 자체가 다양성의 가치를 최우선으로 하고 있기 때문에 특정한 이념적 성향을 지닌 구성원들로만 채워지는 것은 바람직하지 않다.

이런 규범적 측면의 영향이 없는 것은 아니지만, 현실에서는 보수 및 진보 정권이 번갈아 권력을 잡을 때마다 정치병행성에 따라 임용된 공영방송 경영진들이 자신들의 이념에 부합하는 응시자를 우선 채용하면서 결과적으로 내부 구성원들의 성향이 다양해지는 측면 역시 존재한다.

실제로 대통령을 비롯한 최고 통수권자가 공영방송 사장을 임명하는 다른 나라의 경우에도, 특정 정권의 집권 시기에는 그 정권의 이념적 성향과 동질성을 가진 사람들을 직원으로 많이 채용하는 경향이 존재하는 것으로 추정된다.[61]

다원주의 실현의 취지에 따라 여러 성향의 인재들을 채용했든, 아니면 정치병행성이 만든 부작용으로 인해 구성원의 성향이 다양해졌든 간에, 서로 다른 이념과 정치적 성향을 가진 여러 구성원들이 진영을 나눠 헤게모니 장악을 위한 싸움을 벌이고, 거기서 승리한 쪽이 견해의 표출을 독점하면서 내부적 다원주의를 무력화하고 있는 것이 지금의 공영적 방송사들의 현실이다.

노사 자율기구의 작동은 서로 간의 신뢰를 전제로 한다. 정치권력과 이념적 연대를 갖는 경영진과 그들이 중용한 구성원, 그리고 이들과는 대척점에 서 있는 나머지 구성원들이 내부 자율기구를 통해 만난다는 것은 복합적 갈등을 예고할 뿐이다. 공영적 방송사 내부의 구성원 간 갈등 상황과 더불어, 공영적 방송사의 정치적 종속을 원하는 정치권력의 변치 않는 행태를 감안할 때, 노사합의기구의 정상적 가동은 요원할 수밖에 없다.

다만, 방송사 지배구조의 정치병행성이 완화된다는 희망적 예견하에 노사 자율기구의 원활한 작동을 유도하기 위한 방법으로, 현재 방송통신위원회의 방송재허가 평가 항목에 있는 '자체심의/공정보도 위원회 운영현황 및 결과'를 세분화하여 '공정방송협의회 등 노사자율기구의 갈등 조정 정도'를 따로 넣거나 배점을 높여, 노사의 합의 노력을 제고하는 방안이 유효해 보인다.

61) 정민경, "프랑스 공영방송도 정치에 흔들 '난기류'", 미디어오늘, 2019.12.12. 참조, http://www.mediatoday.co.kr/news/articleView.html?idxno=204102, 2021년 6월 10일 접속.

4. 공영방송 구성원의 소명의식 확립

KBS와 MBC처럼 통상 공영방송으로 불리는 방송사들이 다양한 견해의 통로와 공론장의 역할을 다하기 위해서는 사장을 비롯한 구성원들이 공영방송의 정체성에 대한 정확한 인식과 헌법적 소명의식을 갖는 게 필수적이다. 공영방송 종사자들은 헌법이 공영방송에 요구하는 다원주의에 대한 공적책임의 무게만큼, 다른 미디어의 언론인들보다 더 큰 소명의식을 가져야 한다.

그런 관점에서 본다면 BBC의 사례는 여전히 많은 것들을 시사한다, 토니 블레어 전 총리에 의해 BBC 트러스트 이사장에 임명됐던 개빈 데이비스는 취임사를 통해 "정권이 자신을 임명했다는 이유로 '정권의 꼭두각시 노릇'은 하지 않겠다."고 천명했다. 그 소신에 따라 이라크전의 보도 방향에서 정부와 대척점에 섰고, 결국은 정권의 압박에 의해 사임할 수밖에 없었다. 제도적 실질적으로 정부가 자신에 대한 임면의 권한을 갖고 있음에도, 권력으로부터의 독립을 통해 다원주의를 실현해야 한다는 소명 의식을 그대로 실천한 것이다.

2020년 9월 1일 BBC 신임 사장으로 취임한 팀 데이비 역시 비슷한 소신을 밝혔다. 팀 데이비는 직원 대상 취임 연설에서 "공영방송 직원들이 소셜미디어(SNS) 등을 통해 특정한 정치적 견해를 드러내는 것은 문제가 있다."면서, "BBC는 영국 전역의 모든 정치적 견해를 반영함으로써 영국 국민 모두가 BBC를 그들의 것이라고 느끼도록 해야 한다."고 말했다. 또 시청자 가운데 많은 이들이 BBC가 특정한 견해를 가진 것으로 생각하는 것은 문제라면서 "BBC는 반드시 공정성에 대한 지지와 다짐을 가져야 한다."고 강조했다.

BBC의 오랜 관리감독 기구였던 트러스트와 정부와의 관계 역시 이런 소명 의식의 단면을 보여준다. 트러스트 12명 이사의 임명에서 야당의 동의는 전혀 필요 없었다. 정부 단독으로 BBC의 관리감독 기구 이사 전부를 임명할 정도로 정부의 영향력이 절대적이었지만, 권력관계에서 유추해볼 수 있는 예측과 달리 BBC는 영국 정부와 수없이 많은 정치적 갈등 관계에 놓여있었다. 공영방송의 독립성 여부가 제도적 문제에 따른 게 아니라, 해당 국가의 정치적 전통과 관습 때문이라는 사실을 보여주는 좋은 사례다.[62]

다시 말해, 트러스트의 이사와 BBC 사장 그리고 구성원들은 임면권을 행사하는 정권의 눈치를 보면서 코드를 맞추는 게 아니라, 각자가 공영방송사 임직원이라는 확고한 소명 의식을 가진 채, 다양한 견해를 수용하고 전파하는 본연의 의무수행에 매진한다는 의미이기도 하다.

이런 BBC의 분위기와 우리의 현실은 판이하다. 87년 민주화 이후 한때 가능성을 보였던 공영적 방송사의 독립은, 방송을 정치의 도구로 활용하려는 전근대적 발상을 가진 권력에 의해 물거품이 되었다. 권력은 자신의 이념적 지향점이나 구미에 맞는 인물을 감독기관과 공영적 방송사 경영진에 내세우고, 사장을 비롯한 경영진은 정치 편향적 콘텐츠로 권력의 기대에 부응했다. 또 방송사 구성원들은 그런 오랜 파행상태에 익숙해진 상태에서 정치인들과 똑같이 진영을 나눠 갈등과 반목을 질기도록 반복해 왔던 것이다.

이렇게 볼 때 우리 사회에서 공영적 방송사들, 특히 KBS와 MBC처럼 공영방송으로 불리는 방송사들이 본연의 모습으로 거듭나기 위해서는 제도개선 못지않게, 공영방송 본연의 역할에 대한 정치인들의 정확한 인식과 반성, 그리고 내부 구성원들의 의식개혁이 반드시 따라야 한다.

---

62) 정윤식, 『공영방송』, 커뮤니케이션북스, 2014, 46면.

다원주의 실현이라는 헌법정신에 입각해, 공영방송을 여론 장악의 도구로 활용하고자 하는 권력의 태생적 욕구를 억제할 줄 아는 선진화된 정치권력이, 철저한 직업적 소명 의식을 갖춘 공영방송 구성원들과 건강한 긴장 관계를 유지해나갈 때, 공영방송의 독립성이 한결 강화되면서 비로소 견해의 다양성 확장에 기여하게 될 것이다.

동시에 공영방송 스스로의 가치판단 기준 역시 확립돼야 한다. 지금처럼 정권이 바뀔 때마다 거기에 코드를 맞추는 이념적 진영논리에서 탈피해, 공영방송의 헌법적 의무인 다양한 견해의 수용에 대한 구성원들의 정확한 인식과 함께, 조직 차원에서 공영방송이 가져야 할 다양성과 공정성에 관한 규범 및 정의 규정을 만들어 외부 권력으로부터의 압력에 맞서는 대처 기준으로 삼아야 한다.

'방송보도의 공정성'[63)]

"방송보도의 공정성이란 논쟁적 사안에 대한 사실성, 불편부당성, 균형성 등을 의미한다. 사안에 대한 기계적 중립성과는 맥을 달리한다. 사안별 비중(weight)을 고려한 실질적 중립성이 중시되기 때문이다. 보도 공정성이란 기자 스스로의 주관적 해석을 중시하는 개념도 아니다. 오히려 국민의 알권리 충족을 위해 이해당사자가 제기하는 중요한 관점이나 사실이 실질적으로 방송 보도시 내포되어야 한다는 당위론적 개념에 가깝다. 대립적 시각의 기계적 균형성을 강조하고 있다기보다는 각 주장의 합리적 비중에 따라 균형성의 양태가 달라질 수 있다는 것이다."

63) 유의선, "주요 선진국 공영방송 조사연구", 방송문화진흥회, 2017. 8, 5면.

제 2 절 민영방송에 대한 외부적 다원주의 확대 적용

Ⅰ. 채널의 양적 증가와 다원주의 적용의 변화

방송산업 초기에 소수의 방송사를 규율하기 위해 형성된 미디어 규율은 수많은 채널과 민영방송이 경쟁하는 지금에 와서도 방송법의 모태를 형성하고 있으며, 그에 따라 내부적 다원주의의 원칙은 공·민영을 막론한 방송 유형에 상관없이 방대하게 적용되고 있다. 그러다 보니 정치권뿐만 아니라 일반 국민까지도 공적 재원을 기반으로 하는 공영적 방송사와 광고를 재원으로 하는 민영방송에 차등을 두지 않고 공공성을 기대하는 현상이 나타나고 있다.

유한한 자원인 전파가 채널 형성의 유일한 수단이었던 근대사에 소수의 지상파 방송국에 헌법적으로 요구되던 공공성과 다양성의 덕목을, 다매체·다채널이 치열하게 경쟁하는 현시대에 모든 유형의 방송사에 똑같이 과도하게 요구하는 것은 무리가 있다.

특히, 광고를 기반으로 하는 민영방송에 대해 지나치게 공공성을 강조할 경우 수익구조가 악화되어 생존이 힘들어질 수 있다. 게다가 방송 채널이 크게 늘어난 현실은 신문과 마찬가지로 방송 역시 수적 다양성에 의한 외부적 다원주의의 가능성이 이전보다 커졌음을 의미하기도 한다.

국내 방송제도의 경우 법제화 초기에 공적 책임을 강조하는 공영방송제를 바탕으로 규제를 형성해 왔기 때문에 공·민영을 가리지 않고 다원주의 원칙과 공공성을 강조하는 조항들이 많다. 하지만 그런 방향 설정에도 불구하고 한국의 방송계 현실은 공공성과 다양성에서 큰 균열이 발생했음을 부정할 수 없다.

이런 상황의 개선을 위한 단초를 찾는 데에는 공·민영 조합의 모범으로 불리고 있는 독일의 사례가 도움이 될 수 있다. 독일 방송법은 특이하게 몇 차례의 헌법재판을 통해 방송법이 형성돼왔다. 이 가운데 연방헌법재판소의 방송에 관한 제4차 판결[64]은 다원주의의 적용에 있어서 공영방송과 민영방송에 차별이 필요하다는 내용을 요지로 하고 있다.

요약해보면, 공영방송은 의견의 다양성이 보장된 총체적 프로그램을 국민에게 제공해야 하는 「기본공급의무」(Aufgabe der Grundversorgung)를 갖고 있으며, 이를 위해 국가는 공영방송의 존속에 필요한 재정과 기술, 조직, 인력을 확보해줘야 한다. 그에 비해 민영방송은 교양, 문화, 뉴스 보도 등에 대한 최소한의 편성 비율을 지켜야 하는 최소공급의무를 부여받는다.

기본공급의무를 충실히 수행하는 공영방송사의 존속이 보장된다면 민영 방송사에 대해서는 프로그램과 의견의 다양성과 관련, 공영방송사와 같은 수준을 요구하지 않는 것이 정당하다고 연방헌법재판소는 밝혔다. 다만 입법자는 민영방송 역시도 가능하면 균형 있는 다양성에 도달할 수 있도록 규정하고 사전적 예방조치를 취해야 한다고 덧붙이고 있다.

공영방송에 대한 명확한 개념 없이 초기에 생성된 방송법제에 따른 공적책임의 원칙을 두루뭉술하게 전체 방송산업에 적용하고 있는 우리 방송법도, 지상파에 민영방송이 허용된데 이어 종합편성 및 전문편성 채널의 가세로 수적 다양성이 크게 증가한 현실을 감안할 때, 독일의 사례에 비추어 재조정될 필요가 있다. 독일처럼 경향성을 가진 민영 방송사에 대해 '최소한의 균형성'만을 요구하는 방향으로 각종 규범의 적용 기준을 완화하는 것이 타당해 보인다.

---

64) BVerfGE 73, 118 (1986. 11. 4. Rundfunkentscheidung).

방송에 있어서 외부적 다원주의 혹은 자유주의 규제 관점을 가지고 있는 미국의 사례 역시 참조할 바가 많다. 미국 연방대법원은 1960년대 미국 레드라이언 방송사와 연방통신위원회(FCC) 간에 있었던 '공정성 원칙'에 관한 법적 다툼에서 이 원칙이 합헌이라고 판결했다. 공정성 원칙(fairness doctrine)이란 미국의 방송국들이 공적으로 중요한 쟁점들을 반드시 방송하는 동시에 공정한 방식으로 다루도록 요구하는 미국연방통신위원회(FCC) 정책이다.

판결의 요지는 견해의 다양성을 촉진하기 위한 공정성 원칙은 그것이 설령 미디어 사업자의 권리를 일부 침해하더라도 지켜져야 하며, 방송사업자나 방송인의 권리보다 국민이 방송으로부터 다양한 견해를 제공받을 권리가 우선한다는 내용이었다.[65)]

이에 따라 방송이 사회적으로 중요한 쟁점을 다룰 때는 대립되는 견해가 균형 있게 표출될 수 있도록 보장해야 한다는 원칙이 정해졌고, 그 원칙을 지키지 않은 방송사들은 정부로부터 심한 제재를 받아야 했다.

1949년부터 도입된 이런 원칙은 산업발전과 매체 다양화에 따라 변화의 압박을 받게 된다. 가장 큰 이유는 공정성 원칙이 언론사로 하여금 '자기검열'을 통해 논쟁 요소가 있는 사안들을 피해가게 만듦으로써 결과적으로 견해의 다양성을 해친다는 것이었으며, 또 다매체 다채널 시대를 맞아 시청자들의 채널 선택권이 훨씬 넓어졌다는 것도 이유였다.

여기다 '공정성 원칙'을 넓게 해석할 경우, 정부가 방송콘텐츠의 내용에 대한 방향성을 언급하는 것으로 볼 수 있고, 이는 사실상 프로그램에 대해 내용규제를 하는 것으로 해석할 수 있다는 주장까지 제기되었다.

---

65) Red Lion Broadcasting Co. v. Federal Communications Commission, 395 U.S. 367 (1969).

공정성 원칙이 이처럼 기대와는 반대로 표현의 자유를 위축시킨다는 반발이 갈수록 커지자 미국 연방법원은 1973년 결국 '공정성 원칙'이 연방헌법 증보 제1조(The First Amendment)에 위배된다고 판시했고, 1987년 연방통신위원회(FCC)는 이 원칙을 폐기했다.[66] 이 결정에서 연방통신위원회는 매체의 다양화에 따라 수요와 공급의 작용이 견해의 다양성과 민주적 의사결정에 도움이 될 것이라는 의견을 밝히기도 했다.

미국 연방법원과 연방통신위원회의 입장 변화는 기술 발전으로 다양한 형태의 방송이 출현하고 채널이 크게 늘면서, '전파의 유한성'에 근거한 내부적 다원주의의 원칙을 더이상 방송에 적용할 실질적 명분이 사라졌다는 판단에 따른 것으로, 사실상 민영방송 위주의 미국 방송업계가 전 세계에서 가장 높은 수준의 표현의 자유를 누리고 있는 지금의 상황을 만들어냈다.

Ⅱ. 다원주의 원칙 차별 적용의 전제 조건

민주주의가 사상의 자유시장에서 다양한 견해의 합주에 의해 이루어진다고 본다면, 많은 수의 방송이 각각의 경향성을 가지는 것이 바람직하다. 그런데 이는 수적 다양성과 견해의 다양성이 비례해서 커질 때의 이야기다. 만약 민영 방송사의 수가 크게 늘어났더라도 일제히 같은 목소리만 낸다면, 이는 다원주의에 역행하는 일이며, 수적 다양성에도 불구하고 다원주의 정신의 구현을 위해 내부적 다원주의 원칙으로 회귀해야 하는 역설이 생긴다.

앞서도 살펴봤듯이 방송 채널의 증가가 견해의 다양성 증가를 담보하는 게 아니라는 것은 국내외 여러 연구에서 입증된 바 있다.

---

66) Syracuse Peace Council v. Television Station WTVH, 2 F.C.C.R. 5043, 5055 (1987).

이는 결국 방송이 주파수의 유한성과 막대한 비용 소요의 한계를 극복해 외부적 다원주의에 적합한 양적 다양성을 확보하더라도, 법률적으로 규율할 필요성이 여전히 존재함을 말해준다.

이와 관련해 독일 연방헌법재판소의 제3차 방송판결[67]을 주목해 볼 필요가 있다. 독일 자를란트 주정부는 주내 공영방송과의 경쟁을 우려해 지역 내 민영방송에 대한 설립면허를 허용하지 않았는데, 민영방송 측이 제기한 행정소송 도중에 법원이 위헌제청을 하여 주 방송법의 위헌 여부가 다투어졌었다.

연방헌법재판소는 해당 사건에 대한 판결에서 민영방송의 도입과 관련한 다원주의 원칙을 천명하였는데, 즉 민영방송을 도입하는 경우 사회 내 다양한 세력들의 의견이 효과적으로 전달될 수 있도록 법률적 안전장치가 마련되어야 한다는 것이었다.

이런 판단은 수적으로 많아진 방송에 대해 입법자가 외부적 다원주의 원칙에서 방송의 자유를 확보하려 할 경우에도 적절한 규율을 포기해서는 안 된다는 것을 의미한다. 설령 민영방송에 대해 외부적 다원주의를 적용해 편향성을 인정하더라도 개별 방송사로 하여금 전체적으로 진실에 부합하는 정보를 제공하고, 서로 다른 견해를 존중하는 최소한의 의무를 반드시 지키도록 제도화하는 것이 필요하다는 것이다.

방송이 서로 다른 견해를 균형 있게 다뤄야 한다는 공정성 원칙이 폐기된 미국에서 최근 다시 공정성 원칙의 부활에 대한 논쟁이 벌어진 것도 같은 맥락에서 볼 수 있다. 2010년을 전후해 미국 의회에서는 공정성 원칙을 살리는 의안과 부활을 막는 의안이 번갈아 제시되었다.

민영 방송사들의 지나친 편향성이 견해의 다양성을 해치고 있다는 의견과 공정성 원칙이 자기검열을 조장해 표현의 자유를 위축

---

67) BVerfGE 57, 295 (1981. 6. 16. Rundfunkentscheidung).

시킬 거란 의견이 다시 충돌한 것이다. 이는 외부적 다원주의에 입각한 방송의 자유가 견해의 다양성을 반드시 담보하지는 않는다는 사실이 여러 국가들에서 경험적으로 발생하고 있음을 보여준다.

이와 같은 관점에서 국내 방송의 현실을 살펴보면, 외부적 다원주의 논의와 실질적으로 연관되는 민영방송사는 SBS를 비롯한 지역민방과 종합편성 및 보도채널인데, 이 가운데 종편 및 보도채널의 경우 앞서 언급했듯이 대부분 보수 성향의 신문을 모기업으로 하고 있어 보도 내용에서 신문과 마찬가지 정도의 보수 편향성을 가질 가능성이 높아, 채널이 많아지더라도 외부적 다원주의를 기대하기 힘들다는 지적을 받고 있다.

종합편성채널의 편향성에 관한 한 이정훈·이상기의 연구[68]는 채널A와 TV조선의 정치·시사 토크쇼가 민주적 공론장으로 작동하기보다는 오히려 정치과정에서 시민들을 배제시키는 동시에 이념갈등을 증폭시키고 있다고 분석했다.

이 연구는 또 토론 내용들이 확실한 증거나 논리적 근거 없이 적대적 감정에만 의존하고 있어서, 해당 채널에 우호적인 시청자들로 하여금 반대 정파에 대해 숙의하거나 좀 더 정확히 알아보려고 노력하게 만들기보다는, 무의식적으로 부정적인 평가와 판단을 즉각적으로 내리게끔 유도할 가능성이 매우 높다고 해석했다.

따라서 민영방송에 대해서 외부적 다원주의 원칙을 적용할 경우, 독일 헌법재판소가 단계적으로 민영방송의 외부적 다원주의를 인정했던 것처럼 균형성과 객관성에 대한 최소한의 의무를 제도적 차별화를 통해 정해놓는 것이 바람직하다.

민영방송 가운데 보도기능을 가진 지상파방송과 종합편성 그리고 보도전문채널에 대해서는, 공영방송보다는 덜하지만 보도 기능

---

68) 이정훈·이상기, "민주주의의 위기와 언론의 선정적 정파성의 관계에 대한 시론", 한국언론정보학보, 한국언론정보학회, 2016, 9면.

이 없는 순수 유료방송보다는 높은 정도의 공적 책임을 부과하는 것이 타당하다.

이를 위해 방송법의 일부 조항도 바꿀 필요가 있다. 「방송법」 제8조의 소유·겸영 규제의 경우 여론의 독과점을 견제하는 방안으로 주요국들이 적용하고 있는 규제인 만큼, 방송산업의 발전이나 시장 변화를 감안해 민영방송에 대해 적절한 선에서 유지하되, 제6조의 공정성과 공익성 조항에 대해서는 공영방송과 민영방송을 차등화하는 쪽으로 개정해야 한다.

개정의 방향은 공영적 방송사에 대해서는 조항의 구체성을 높여 공영방송에 부과되는 헌법상의 공적책임을 분명히 규정하되, 언론 기능을 가진 민영방송에 대해서는 내부적 다원주의와 외부적 다원주의 원칙의 중간 단계 규율을 적용하는 것이 합리적이다.

Ⅲ. 방송 내부의 자유에 대한 법적 정립

언론 기능을 가진 민영 방송사는 이익을 추구하는 측면에서는 일반 기업과 다를 바 없다. 하지만, 보도나 시사 제작물 같은 방송사의 콘텐츠 제품에는 일반 기업이 만드는 제품에는 없는 이념적 정치적 색채가 녹아있을 수 있다. 일반 기업이 제품을 만들 때 창업주 혹은 대주주의 경영 철학을 반영해 특정한 물성이 강조된 물건을 만드는 것처럼, 민영방송 역시 사주의 정치적 이념적 성향이 방송콘텐츠에 개입될 여지가 크다.

이와 관련해 신문 쪽에서는 오랫동안 발행인인 사주와, 실제 취재 및 제작을 하고 기사를 내보내는 편집인과의 관계에 대해 많은 논쟁이 있어왔다. 일각에서는 편집인의 자유가 발행인에게 보장되는 언론의 자유를 침해하기 때문에 위헌이란 주장이 있는 반면,

다른 쪽에서는 내부적 언론 즉 편집인의 자유는 언론의 자유와 알 권리 및 민주주의 원리에서 나오는 헌법적 요청으로 본다. 이런 충돌의 중간에서 헌법은 언론 내부의 자유에 대해 중립적이며 따라서 입법자에 의한 형성의 문제라고 보는 시각도 있다.[69]

우리보다 미디어 역사가 앞선 독일의 경우를 보면, 미디어의 노사관계는 일반 기업과 다른 예외 조항을 적용받는다. 다른 여느 자본주의 국가들과 달리, 독일의 「노사관계법」은 일반 기업들에 있어서 노동자의 경영 참여를 통한 공동결정권을 인정하고 있다.

그런데 민영 미디어에 대해서는 정신적인 가치와 견해의 다양성을 추구하는 이른바 '경향기업'(Tendenzbetrieb)이란 이유를 들어, 일반 기업을 규율하는 공동결정법의 적용을 배제해, 근로자인 기자의 경영 참여를 금지한다. 부언하자면 경향성과 관련한 발행인의 지시권은 미디어의 자유를 위해 헌법상 특별히 인정되는 것으로 간주되어, 일반적 「노사관계법」의 적용을 받지 않으며 오히려 기자의 충실의무가 보다 강조된다.

이는 미디어 가운데 역사가 오랜 신문의 태동이 자신의 사상과 이념을 전파하기 위한 발행인의 경향성에서 비롯됐으며, 따라서 사주의 경향성은 헌법이 보호해야 하는 '표현의 자유'에 해당한다는 판단에 따른 것이다. 이에 따라 신문을 비롯한 인쇄매체와 민영방송은 회사 혹은 사주의 경향성이 인정되며, 다만 공영방송은 공익적 성격이 강하다는 이유로 「노사관계법」 제118조의 경향성 보호 조항이 적용되지 않는다.[70]

독일 연방헌법재판소도 미디어 내부의 자유와 관련된 헌법소원

---

69) 한수웅, 헌법학, 법문사, 2018, 761면.

70) 박용상, "편집권 논의의 법적 조명", 헌법논총 12집, 헌법재판소, 2001, 33면-35면; Arnold, Karl-Heinz, *Mitbestimmungsformen in Medienbetrieben des Deutschsprachigen Raums*, Bochum: Universitaetsverlag Dr. N. Brockmeyer Verlag, 1991, S. 26ff.

에서 국가가 언론의 내적 자유를 보장한다는 이유로 발행인의 편집방침에 간섭해서는 안 된다고 판시했다.[71] 이 판결에 따라 언론기업은 사주가 가진 이념적 경향에 의거해 운영되며, 이런 경향을 반대하거나 간섭하는 것은 언론사 사주의 경향성 보호 규정을 위반할 뿐만 아니라 심지어 언론탄압으로 해석되고 있다.[72]

국내 상황은 신문사 내부의 언론 자유에 대한 논의가 아직은 진행형이다. 「신문 등의 진흥에 관한 법률」(이하 신문법) 가운데 편집의 자유와 독립에 관해 언급한 제4조를 보면, 제1항에서 "신문 및 인터넷 신문의 편집의 자유와 독립은 보장된다."로 돼 있고, 제2항에서는 "신문사업자 및 인터넷신문 사업자는 편집인의 자율적인 편집을 보장하여야 한다."고 하여 발행인과 편집인과의 관계를 규정하고 있다.

표면적으로 본다면 이 규정은 기자를 포함한 편집인에게 '편집권'의 독점적 권리를 인정한 것으로 보인다. 그러나 헌법재판소 판단[73]을 보면, "편집의 자유에 대한 국가적 외부적 침해는 연혁적으로도 언론의 자유에 대한 심각한 침해로 인정되었던 반면에, 발행인과 편집인의 관계에 관하여는 국내·외를 막론하고 이론상이나 실정법상 아직 그 법적 논의가 정리되지 않은 채 다양한 주장이 제기되고 있는 단계…"라고 설명하고 있다.

또한 사업자가 편집인의 자율적인 편집을 보장하도록 한 조항과 관련, "이 조항이 편집인 또는 기자들에게 독점적으로 '편집권'이라는 법적 권리를 부여했다거나 신문 편집의 주체가 편집인 또는 기자들이라는 것을 명시한 것으로 볼 수 없을 뿐만 아니라, 이 조

71) BVerfGE 52, 283 (1979. 11. 6. Tendenzbetrieb).

72) Bundespresse- und Informationsamt (kurz BPA), Medienbericht 1998, Berlin, SS. 238-239; Lohse & Kaiser (Fn. 2), SS. 10-12; 심영섭, "방송 편성규약과 경향성 보호-독일의 방송편성규약을 중심으로", 217면에서 재인용.

73) 헌재 2006. 6. 29. 2005헌마165등, 판례집 18-1하, 374, 375.

항 위반에 대한 제재 규정도 없다. 그러므로 이 조항은 기본적으로 선언적인 규정으로서 이와 같은 조항 자체에 의하여서는 기본권 침해의 가능성 내지 직접성을 인정할 수 없다."고 판단했다.

이런 판단은 독일의 연방헌법재판소 판단과 마찬가지로, 신문의 발생이 사업자가 자신의 견해를 세상에 알리기 위한 목적에서 시작됐으며, 그 때문에 사업자 자신이 발행인인 동시에 편집인이었던 역사적 배경을 감안한 것이다. 신문의 자유로운 설립과 발행은 표현의 자유의 주요한 부분이었으며 동시에 외부적 다원주의 실현의 수단이었음을 인정한 것으로 볼 수 있다.

신문 산업의 발전과정을 보면 발행 부수가 크게 늘고 기사량이 방대해지면서 발행인이 일일이 개입하는 것이 힘들어졌고, 그에 따라 경영과 편집이 자연스럽게 분리돼갔다. 동시에 신문시장 자체의 경쟁도 치열해지면서 발행인은 시장분석과 영업, 신문 관련 정책 조율 등에 집중하고, 취재와 편집을 포함한 신문 제작과정 전반은 전문성 있는 기자들에게 맡기는 형태로 굳어졌다.

겉으로 보기에 경영과 편집이 분리되는 형태가 정착되었다고 볼 수 있지만, 편집의 잘못에 대한 책임, 나아가 신문의 존속에 대한 최종 책임은 발행인 즉, 신문사업자가 지는 것이기 때문에 사업자를 신문의 편집 권한에서 배제하는 것은 사업자의 태생적 편집 권한과 신문의 자유에 대한 침해라고 보는 것이 헌법재판소의 판단이다.

여기에는 편집인(기자)은 고용계약에 따라 사업자가 위임한 편집 업무를 수행하는 이들이며, 편집의 기본방향이나 경향성 역시 발행인 즉, 신문사업자가 결정하는 것이란 판단도 내포하고 있다. 이렇게 발행인인 사업자가 편집에 관한 본원적이고 근본적인 권한을 가진 것으로 본다면, 신문법 제4조 제2항이 언급한 편집인의 자율적인 편집보장은 신문사업자의 권한을 침해하지 않는 범위 안에서 이뤄져야 하는 게 타당하다고 해석된다.

이와 관련해 한수웅은 정기 간행물의 사경제적 구조를 '제도보장'의 한 요소라고 볼 때 이 구조의 본질적 요소는 발행인이 간행물에 대한 경제적 위험부담을 지는 것인데, 이때 발행인은 발행물의 경향에 대한 자율성이 보장될 때만 그 위험부담을 질 것이므로 발행인이 재정적 책임과 편집 방향에 관한 권한을 통합적으로 보유하는 것은 사경제적인 기구인 언론의 본질적 요소로 간주해야 한다고 밝히기도 했다. 또 기자가 자유의사에 따라 특정 언론사에 입사했다는 것은 그 언론사의 경향에 동의한 동시에 자유로운 계약에 따른 자기 구속을 의미하는 것이라고 해석했다.[74)]

신문의 내부적 자유에 대한 이런 판단은 향후 민영 방송사에 외부적 다원주의가 확대될 경우에도 비슷하게 적용될 수 있을 것이다. 앞서 언급한 독일의 「노사관계법」 제118조는 민영방송에 대해서도 신문과 마찬가지로 경향성을 보호한다. 다만, 경향성을 전폭적으로 인정해주는 신문과 달리, 민영방송에 대해서는 여론독과점을 막기 위해 시청자점유율을 법에 의해 일정 비율 이하로 제한하는 한편, 의견의 다양성 보호를 위한 '기본공급(Grundversorgung)'의 의무를 제한적으로 부과한다.[75)]

외부적 다원주의는 특정한 경향성을 인정하는 것이고, 그 경향성은 사주의 이념과 가치관에 기인한 바가 클 수밖에 없다. 따라서 향후 방송의 외부적 다원주의 진행 과정에서 언론 내부의 자유가 문제될 경우, 사주가 가진 경향성의 기본권을 어떤 형태로든 허용할 수밖에 없다.

---

74) 한수웅, 헌법학, 법문사, 2018, 761-763면.

75) Wittig-Terhardt, Margret, Rundfunkprogrammrecht, In : Schiwy, Peter & Schuetz, Walter J.(Hrsg). Medienrecht., Neuwied : Hermann Luchterhand Verlag, 1994, SS. 359-362; 심영섭, 앞의 논문, 224면에서 재인용.

방송사와 기자가 견해 차이를 두고 다툰 법적 분쟁에 관한 대법원 판결[76]을 보면, 방송에 대한 외부적 다원주의 원칙의 확대 적용에 따른 방송사 내부의 자유에 관한 법적 판단의 방향성을 유추해 볼 수 있다. 2005년 당시 YTN의 취재부장은 황우석 교수 줄기세포 조작 사건과 관련해 입수한 정보를 바탕으로 기사를 작성하면서, 회사의 기존 보도와는 다른 방향으로 내용을 구성한 뒤, 회사의 검수 절차인 국장 등의 승인을 거치지 않고 기사를 송출했다가 감봉과 정직 등의 징계를 받자 이듬해 회사를 상대로 소송을 냈다.

재판부는 판결문에서 "원고가 회사의 기존 보도 방향과 다른 보도를 하기 위해서는 좀 더 면밀한 사실 확인 과정을 거친 뒤, 보도국장을 설득하는 합리적 공론화 과정을 거쳤어야 할 것임에도 이를 시도하지 않았고, 무단 보도를 강행했어야 할 만큼 보도가 긴급한 것은 아니었다."고 판단한 뒤 원고의 무단 보도 행위는 징계 사유에 해당한다고 밝혔다.

YTN이 순수한 민영방송이 아니어서 이 사건을 기자와 사주와의 갈등으로 볼 수는 없지만, 방송사 기자와 조직적 절차적 규율을 가진 방송사 간의 다툼으로 본다면, 조직적 위계의 최상위에 위치한 사주와 조직 구성원 간의 갈등에서도 비슷한 법리적 판단을 예상해 볼 수 있다.

민영방송에서 사주의 경향성을 인정하는 외부적 다원주의의 원칙이 점차 우리 방송제도 전반에 확산할 경우, 견해의 차이를 두고 발생하는 사주와 구성원 간의 갈등은 공영적 방송사보다 상대적으로 느슨한 형태의 편성규약과 편성위원회를 도입해 갈등을 조율하는 형태가 무난해 보인다.

여기서 갈등 조율의 실효성을 높이기 위해, 본 연구의 공영방송 부분에서 노사 자율기구인 공정방송협의회의 실효성을 높일 방안

---

76) 대법원 2011. 2. 24. 선고 2008다58565 판결.

으로 제안한 것처럼, 방송통신위원회의 방송사 재허가 평가영역 가운데 '내용'이나 '운영' 부문에다, 사내에서 발생한 견해의 갈등에 대한 합리적인 조정 정도를 반영하는 것도 방법일 수 있겠다.

Ⅳ. 여론독과점 규제의 정밀화

민영방송에 대해 외부적 다원주의를 확대 적용하기 위한 전제는 채널의 다양성이 견해의 다양성을 확보할 수 있을 때이다. 그러나 전 세계적으로 미디어 시장에서 자본의 힘이 커지고 이종 미디어 간의 통폐합이 늘면서 거대 미디어에 의한 여론독점 우려 역시 높아지고 있다. 그뿐만 아니라 당초 자신의 이념적 지향점에 맞는 방송사를 선택했던 언론인들이 통폐합에 따라 전혀 다른 경향을 가진 사주와 갈등을 빚는 예상치 못한 부작용까지 나타나고 있다.

이종 미디어의 인수합병에 관한 한 연구[77]는 여론시장에서 압도적인 지배력을 가지지 않은 이종 미디어 그룹의 생성은 언론기업의 경쟁력 향상과 여론 다양성에도 도움이 되지만, 다채널 TV 사업자나 전국지 성격의 신문을 여럿 거느린 출판그룹에 의한 이종 미디어의 추가 인수합병이나 그룹화는 국가 내에서 견해의 다양성을 해칠 가능성이 매우 크다고 밝히고 있다.

다원주의를 위협하는 소유권 집중의 위험성은 많은 경고에도 불구하고 여전히 진행형이다. EU 산하의 「미디어다원주의자유센터」(Center for Media Pluralism and Media Freedom, CMPF)는 지난해 보고서(MPM 2020)를 통해 유럽 27개국 회원국 및 영국과 알바니아, 터키 등 30개국의 소유권 집중 현황을 조사한 결과, 방송과 신문 등 전통

77) Michele Polo, "Regulation for pluralism in the media markets", Bocconi University and IGIER, 2005. 7, p.26.

미디어의 경영악화에 따른 인수합병으로, EU내 미디어의 집중 현상이 2017년에 비해 2020년에 훨씬 더 심화되었다고 발표했다.[78)]

이는 유럽과 일본 등의 선진국들이 미디어 집중에 따른 여론독점을 막기 위해 동일 지역 내 신문과 TV, 라디오 등의 결합을 제한하거나, 여러 채널을 거느린 한 사업자의 총 시청점유율을 규제하는 등의 조치를 이미 취하고 있음에도 나온 결과여서 더 주목된다.

국내에서도 비슷한 우려가 제기돼 왔다. 앞서 수차례 언급한 바와 같이 모기업인 신문의 경향성을 그대로 이어받아 편향적인 견해를 표방하고 있는 종합편성채널과 보도채널의 경우는 그 편향성이 역설적으로 국내에서 방송의 외부적 다원주의 실현에 위험 요소가 되고 있다는 평가가 많은 만큼, 민영방송의 경향성을 인정하면서도 방송 전체로 볼 때 특정 이념이나 견해로 쏠리지 않도록 제어할 수 있는 제도가 필요하다는 것이다.

국내 방송법에는 이미 특정 미디어 사업자의 여론시장 독과점을 막을 조항이 존재한다. 「방송법」 제69조2는 공영방송을 제외하고 특정 매체의 합산 시청점유율이 30%를 넘지 못하게 규정하고 있다.

만약 특정 사업자의 매체 간 합산 점유율이 30%를 넘게 되면 방송통신위원회는 방송사업 소유 제한, 방송광고 시간제한, 방송 시간의 일부 양도 등의 규제를 가할 수 있다. 이 조항은 지난 2009년 미디어법 통과 이후 신문사가 종합편성채널을 소유하게 되자, 특정 매체의 영향력이 지나치게 커지는 것을 막기 위해 만들어졌다.

제69조의2(시청점유율 제한) ① 방송사업자의 시청점유율은 100분의 30을 초과할 수 없다. 다만, 정부 또는 지방자치단체가 전액 출자한 경우에는 그러하지 아니하다.

78) Elda Brogi, Roberta Carlini, “Monitoring Media Pluralism in the Digital Era”, Center for Media Pluralism and Media Freedom, 2020. 7, p.155.

② 제1항에 따른 방송사업자의 시청점유율은 해당 방송사업자의 시청점유율에 특수관계자 등의 시청점유율을 합산하여 산정한다. -중략- 일간신문을 경영하는 법인이 방송사업을 겸영하거나 주식 또는 지분을 소유하는 경우에는 그 일간신문의 구독률을 대통령령으로 정하는 바에 따라 일정한 비율의 시청점유율로 환산하여 해당 방송사업자의 시청점유율에 합산한다.
③ 제1항 및 제2항에 따른 시청점유율 산정의 구체적인 기준·방법 등 필요한 사항은 대통령령으로 정하는 바에 따라 미디어다양성위원회의 심의를 거쳐 방송통신위원회가 고시로 정한다.
④ 과학기술정보통신부장관 또는 방송통신위원회는 제2항에 따라 산정한 시청점유율을 제9조에 따른 허가·승인, 제15조의2에 따른 변경승인, 제17조에 따른 재허가 등의 심사에 반영하여야 한다.
⑤ 방송통신위원회는 제1항에 따른 시청점유율을 초과하는 사업자에 대하여는 방송사업 소유제한, 방송광고시간 제한, 방송시간의 일부양도 등 필요한 조치를 명할 수 있다. 이 경우 필요한 조치의 구체적인 내용은 대통령령으로 정한다.

시청점유율을 산정하는 방식은 특정 방송사업자의 시청점유율에다 계열사 등 특수 관계자의 시청점유율을 더해서 계산하는데, 일간신문이 방송사업을 하는 종합편성채널의 경우에는 해당 일간신문의 구독률을 시청점유율로 환산해 합산한다.

2009년 도입 이후 다양한 시청 형태를 반영하지 못한다는 지적이 일자 2014년부터 비실시간 시청기록 조사에 나섰고, 2017년부터는 기존 시청점유율에다 스마트폰, PC, VOD 등의 시청 형태를 더한 실시간·비실시간 통합시청점유율을 산정해 시범 운용하고 있다. 방송통신위원회는 측정대상 콘텐츠 범위, 신문 구독률이나 인터넷 조회 수의 환산과정 등에 대한 미디어와 전문가 집단 간의 조율과 합의가 마무리되면 이를 현장에 도입한다는 계획이다.

방송통신위원회가 2020년 9월 발표한 '282개 방송사업자의 2019

년 통합시청점유율 산정 결과'를 보면, KBS 22.488%, CJ ENM 14.570%, MBC 11.733%, TV조선 9.636%, JTBC 9.164%, SBS 8.666%, 채널A 6.142%, MBN 5.070%, YTN 2.480%, 연합뉴스TV 2.270%, 등의 순이었다.

시청점유율이 종합편성채널 등장에 따른 여론독점 방지를 위해 등장했고, 통합시청점유율이 좀 더 정확한 점유율 산정 기준임을 감안하면, 당초 우려했던 30% 이상의 여론독점은 나타나지 않은 셈이다.

하지만 당장 여론독점이 나타나지 않았다고 해도 미디어 간의 인수합병에 따른 여론독과점 방지대책은 정밀하게 유지될 필요가 있다. 언론환경이 갈수록 급변하고 있음을 감안할 때, 이종 미디어 간 교차소유나 통폐합을 통한 여론독과점 가능성은 언제든 상존하고 있다고 볼 수 있다.

또 다른 우려는 민영 방송사 각각의 시청점유율이 그다지 높지 않더라도, 여러 민영 방송사의 이념적 성향이 한쪽으로 크게 쏠리는 것은 문제가 될 수 있다는 것이다. 실제로 국내 종합편성채널과 보도전문채널의 경우 JTBC를 제외하고는 보수적 색채가 매우 강하다. 이 때문에 정치권과 시민단체 일각에서는 견해의 기울기를 맞추게끔 진보성향 신문사의 종편채널 추가 설립이 필요하다는 논의까지 제기되고 있다.

이와 관련해 2020년 5월 당시 김현대 한겨레 사장은 미디어오늘과의 인터뷰에서 "방송은 선택이 아닌 필수"이며 "한겨레가 생산한 보도 자산을 널리 전파할 수 있게 시사교양PP, 보도PP 또는 종합편성채널로 모든 선택지를 열어 놓고 나아가야 한다. 자금 조달은 상당 부분 자력으로 가능하다. 모자라는 부분을 보태는 건 어렵지 않을 것이다. 꼭 해야겠다는 의지가 있다."라고 밝히기도 했다.

여론의 기계적 균형을 맞추기 위해 무분별하게 방송사 설립을 허가하는 것도 바람직하지 않지만, 압도적인 여론형성 능력을 가진 거대 미디어의 출현을 산업 경쟁력 강화의 명목으로 허용하는 것은 다원주의를 통한 민주주의의 실현 측면에서 더 위험한 일이다.

다양한 채널과 수많은 미디어가 융합적으로 여론형성에 관여하고, 거기에 이종 미디어의 인수합병이 활발해지는 지금의 상황에서는, 여론독과점을 견제할 규제 입법은 무엇보다 실효성을 높이는 방향으로 보다 더 정밀하고 치밀하게 유지될 필요가 있다.

내용적으로는 사실과 균형에 기반을 둔 합리적 편향성과, 형식적으로는 여론독과점에 이르지 않으면서 산업 경쟁력을 도우는 인수합병을 적절하게 이끌어내는 것이, 바로 헌법상의 다원주의 원칙이 민영방송 관련 방송법제에 요청하는 바이다.

Ⅴ. 민영 방송사 구성원과 전문직주의

언론인, 특히 기자는 항상 스스로가 전문직에 종사하고 있는 전문가인가에 대해 혼란을 겪는 때가 많다. 전문가인지 비전문가인지를 상황 논리로 선택하기도 한다. 본인이 쓴 기사가 좋은 반응을 얻을 때는 전문가적 식견임을 과시하지만, 문제가 될 때는 전문가가 아니라 비전문가적 관찰자로서의 한계에 따른 것이라며 변명하기도 하는 것이 현실이다.

변호사, 의사, 회계사, 세무사, 변리사처럼 국가로부터 면허를 받는 직종이 아니라는 점에서 언론인은 외형적으로는 전문직으로 불리기 어렵다. 그러나 전문직에 대한 많은 연구와 논의들은 전문직에 대한 규정이 면허증 같은 외형적 특성 외에 규범적, 태도적 특성도 중요하다고 설명하고 있다.

사회에 봉사한다는 투철한 소명 의식, 외부가 인정하는 권위, 업무에 있어서 자율적 판단과 결정, 일반인보다 더 많은 지식과 통찰력, 다른 집단보다 엄격한 윤리의식 등이 전문직 여부 판단에 대한 중요한 잣대가 될 수 있다.

언론인이 전문직인가에 대한 학계의 오랜 논란과 상관없이 국내외를 막론하고 언론사들은 사회비판 기능을 하는 제4의 권력이자 전문가 집단으로 자신의 정체성을 내세워왔고, 언론사 내부에서도 직업훈련 과정에서 기자나 PD들에게 스스로를 전문가로 인식하도록 교육해왔다. 또한 일반 국민들은 언론사의 이런 정체성 표현을 받아들이는 대신, 그 정체성에 합당한 사회적 책임을 요구하면서 역할의 수행 정도를 가혹하게 평가해왔다.

언론인을 전문직으로 인정하는 이와 같은 전문직주의 모델은 언론인과 소유주, 국가가 서로의 이익을 위해 맺은 암묵적 계약이란 해석[79]도 있다. 사회 감시 및 비판이라는 공공적 역할을 가진 전문가 집단으로서의 언론인들은, 시민들의 정치적 의사를 대변한다는 명목으로 언론사 소유주로부터 자율성을 확보하고, 그 대신 소유주들은 언론인들의 전문직주의에 의거해 경제적 이득과 정치적 권력을 얻는다는 것이다. 또 국가권력 역시 언론사와 언론인의 역할을 인정하는 대신, 견제와 협조를 통해 권력 유지에 드는 총체적 비용을 줄일 수 있었다는 설명이다.

전문직으로서의 언론인을 인정할 경우, 특히 두 가지 규범의 구속 역시 인정해야 한다. 하나는 사회비판과 의제 설정을 할 만한 풍부한 전문가적 식견을 갖춰야 한다는 것이고, 두 번째는 그 비판가적 속성에 맞게 다른 전문직보다 강한 윤리적 규범을 지켜야 한다는 부분이다.

이렇게 볼 때 지금의 현실은 전문직주의가 기대하는 언론의 위

79) 박진우, “한국 언론의 전문직주의와 전문직 프로젝트의 특수성”, 한국언론정보학보, 한국언론정보학회, 2015, 181면.

치에서 너무나 멀리 벗어나 있다. 속성이 다른 수많은 매체가 생겨나면서 생존 경쟁에 휩싸이고, 이 과정에서 전문가적 식견과 소명 의식을 갖추지 못한 언론인이 양산됐으며, 그 결과 검증되지 않은 선정적 기사가 난무하고 있는 것이다.

그뿐만 아니라, 미디어가 다양한 견해를 소개하는 동시에 의제설정 기능으로 여론을 선도하기보다는, 객관적 보도를 행한다는 미명 아래 사건의 단순 나열이나 기계적 균형을 통해 민감한 견해의 표명에서 벗어나 정치·자본 권력과 타협하는 태도까지 성행하고 있다.

상황이 이렇게까지 된 데는 90년대 초부터 시작된 미디어 간의 무한경쟁으로 편집보다 경영이 우선시된 영향이 크다. 광고 시장은 제자리걸음을 하고 있는 상황에서, 방송의 경우 지상파에 이어 종합편성채널, 위성방송, IPTV 등이 가세해 채널이 폭발적으로 늘어났다.

인쇄미디어 역시도 인터넷 매체의 증가로 경쟁이 과열되면서, 미디어 기업 내부에 자신이 몸 담고 있는 신문이나 방송의 생존을 최우선시하는 조직문화가 생겨났다. 이는 자연스레 조직의 생존에 위험 요소가 되는 정치나 자본 권력과의 대립을 은연중에 경계하도록 만들었으며, 그 과정에서 언론인들은 전문직과 지식인으로서의 자기 정체성이 크게 흔들렸다.

이런 현상은 유독 방송에서 두드러졌다. 공영적 방송이 정치병행성에서 허덕이는 동안 민영방송 영역에서는 종합편성과 보도채널이 우후죽순처럼 생겨났지만, 악화가 양화를 구축하듯 과도한 경쟁은 보도의 질적 수준을 떨어뜨리고 선정성을 강화시켰다. 원색적 표현과 과도한 묘사가 난무하고, 사실관계 파악이나 공정성을 상실한 논평이 무책임하게 쏟아져 나왔다.

실제로 2014년부터 2016년까지 보도·교양 방송프로그램에 대한 방송통신심의위원회의 심의 결정을 분석한 유승관의 연구[80]에 따르면 전체적으로 심의의결 건수가 해마다 증가했다. 그 가운데 특히 보도·교양 관련 프로그램에서, 종합편성채널을 포함한 PP(프로그램공급업자)에 대한 제재 건수가 상대적으로 크게 늘었다.

2015년의 경우 행정지도와 법정 제재를 포함한 제재 건수 총 513건 가운데 종합편성채널을 포함한 유료방송 PP에 대한 제재가 299건으로 58.3%를 차지했다. 종합편성채널의 심의규정 위반은 주로 저품격 대담과 토론 프로그램에서 발생했다. 프로그램 전반에서 과도한 고성·막말이 난무하고, 타인을 폄훼하거나 희화화하는 내용과 함께 진행자의 편파적인 발언으로 프로그램의 공정성·객관성 등에서 많은 문제가 있었다고 이 연구는 밝혔다.

이는 지상파TV의 97건 18.9%, 지상파라디오 8.2%, SO 14.6%, 위성 및 IPTV 0%와 비교할 때, 압도적으로 높은 수치였다. 또 이듬해인 2016년 1월부터 9월까지를 보면, 총 348건의 제재 중에서 종합편성채널 등이 246건에 70.6%로, 그 비율이 전년보다 더 높아졌다.

이는 지상파가 독점하던 방송시장에 종합편성채널 등이 가세하면서 방송사들 간에 시청자를 끌어오기 위한 과당경쟁이 발생했고, 그에 따라 방송사들이 제각기 출연자들의 선정적이고 과격한 언사와 표현을 그대로 방치했었다는 사실을 보여주는 방증이다. 이 연구는 또 토론이나 시사보도 프로그램에서 편향성이 크게 높아져 공공재로서의 방송이 가져야 할 품위를 떨어뜨리는 내용이 늘어났고, 관련 제재도 갈수록 증가하고 있다고 분석했다.

이런 결과는 민영방송과 민영방송 제작진들이 전문직주의에서 멀어지고 있음을 보여주는 한 단면이다. 공영방송 종사자가 다원주의의 실현을 위해 헌법이 요구하는 공적 책임의 규범을 강하게

80) 유승관, “방송통신심의위원회의 보도교양방송 프로그램 심의 결정의 특성 연구”, 언론과 법 제15권 제3호, 한국언론법학회, 2016, 63-88면.

지고 있다면, 민영방송 종사자는 상대적으로 높은 경향성의 자유를 누리되, 전문직주의에 바탕을 둔 사회적 책임 의식과 품격 있는 식견을 갖춘 상태에서 다양한 견해의 활발한 경합을 이끄는 촉매로서 건강한 여론형성에 기여하겠다는 자각을 지녀야 한다.

제 3 절 평가심의 제도의 개선

I. 견해의 다양성 항목 추가

방송이 헌법의 다원주의 정신을 실현하도록 유도하기 위해서는 방송에 대한 평가 및 심의제도의 실효성 있는 개선이 매우 절실하다. 현재 관리감독 기구인 방송통신위원회의 방송사 재허가 심사 평가 항목에서는 견해의 다양성 확보나 편파성 억제를 위한 구체적인 규정이 없다. 평가항목에 들어있는 방송사의 차체 심의나 공정성 관련 자율규제 운영, 시청자 의견처리 등의 적절성에 대한 평가만으로는 다양한 견해의 활성화를 촉진하기에 너무 부족하다.

앞서 언급한 대로 방송법에 따라 설치하게 돼 있는 각 방송사의 시청자위원회 또한 시정 요구나 의견제시 등의 역할에 그치기 때문에 견해의 다양성 확장에 도움이 되지 않는다. 미디어의 다양성에 관련된 직접적 기구로는 방송통신위원회 산하 미디어다양성위원회가 있지만, 이 기구는 견해의 다양성에 직접적으로 관여하는 게 아니라 미디어의 양적 다양성 확보, 즉 특정 방송사업자의 독과점을 억제함으로써 간접적으로 견해의 다양성을 고양하기 위한 성격의 기구이다.

따라서 방송재허가 평가항목 가운데, 견해의 다양성 항목을 추가해 방송의 편향성을 견제하는 것도 좋은 방법일 수 있다. 편향적 방송이 채널 재허가의 걸림돌이 되도록 하는 것이다. 다만 이때도, 공영 혹은 준공영 방송사와 민영방송은 다원주의의 실현을 위한 공적 책임의 정도에서 차이가 있는 만큼, 평가의 잣대를 달리 하는 것이 타당하다.

Ⅱ. 평가 및 심사의 공·민영 분리

방송시장 전반에서 다양한 견해의 활성화를 제고하기 위해서는 채널 재허가 평가항목과 점수산정에서 공영과 민영을 분리해 재구성하는 한편, 공영방송에 대해서는 얼마나 다양한 이념과 가치, 견해를 수용했는지를 엄격히 따질 수 있도록 항목을 세분화하는 것이 필요하다.

특히, 국가기간방송인 KBS 관련 심의평가규제를 실효성 있는 방향으로 개편하는 것도 중요한 과제이다. KBS의 경우, 재허가 점수에 미달하더라도 국가기간방송이 갖는 중요성 때문에 현실적으로 재허가를 거부할 수가 없다.

이와 관련해 방송통신위원회는 현행 방송평가나 재허가 심사에서 국가기간방송을 제외하는 대신, KBS와 공적책무의 수행에 대한 협약서를 체결하는 방안을 검토 중이다.

이 제도는 일부 유럽 국가들이 채택하고 있는 방식인데, 대표적인 사례가 영국의 공영방송인 BBC이다. BBC는 국왕의 칙허장(Royal Charter)에 의거해 행정부 산하 문화미디어스포츠부(DCMS)와 공적책무 수행에 관한 협약을 체결한 뒤, 추후에 관련 규제기관으로부터 이행실적을 평가받는다.

이 제도가 방송법 개정을 통해 장기적으로 국내에 도입된다면,

KBS는 방송통신위원회와 협약을 체결하면서 지금의 재허가 심사에서 빠지는 대신, 협약서에 있는 공적책무의 이행실적을 방송통신위원회로부터 평가받게 된다.

하지만 이는 영국과는 많이 다른 한국의 현실 때문에, 이 책에서 주로 논의하는 견해의 다양성과 관련해서는 당초 의도대로 작동하지 못할 가능성이 크다.

영국은 정치적으로 중립적인 의미를 갖는 국왕의 칙허장이 BBC의 독립성을 선언적·실효적으로 보장하는데다, 규제기관들은 정권에 따라 어느 정도의 이념적 차이를 가지면서 때로 BBC와 갈등관계를 형성하기도 하지만, 전통적으로 공영방송의 독립성과 정체성을 존중하는 태도를 견지하고 있다.

그러나 한국의 현실은 방송통신위원회와 방송통신심의위원회 같은 규제기관들이 위원구성이나 운영에서 끊임없이 정파성과 편향성 논란을 빚고 있다.

정치적으로 경도됐다고 여겨지는 규제기관과의 협약에 따른 공적책무 이행평가가 공영방송 본연의 정체성을 바로 세우는 역할로 이어지기는 힘들 것이다. 따라서 협약체결 방식으로의 변화에 앞서, 규제기관의 독립성과 공정성을 확보하는 것이 선행돼야 한다.

협약체결에 따른 이행평가에서도 방송평가와 수신료 인상을 연계하는 등 평가 결과와 재정적, 물적, 인적 인센티브를 연계하는 방식을 주요 시스템으로 적용하는 게 실효성을 높이는 방법이다.

이와 함께 공영방송에 대한 불신의 가장 큰 원인이 이념적 정치적 편향성인 만큼, 평가항목 가운데 견해의 다양성 반영 정도를 주요 항목으로 반드시 넣어야 한다.

한편, 민영방송에 대해서는 어느 정도의 편향적 견해를 인정하되, 방송이 가지는 기본적인 사회적 책임 원칙 하에서 반론이나 사실 등에 얼마나 충실했느냐를 방송평가 점수에 반영하는 것이 타당하다.

사실 부합과 최소한의 균형성에 대한 충실 여부를 판단하는 근거로, 언론중재위원회나 법원에 제기된 반론이나 정정보도 청구건수와 그에 대한 처리 결과를 객관적 지표에 포함시키는 것도 합리적인 방안이 될 수 있겠다.

Ⅲ. 정파적 심의구조의 개혁 필요

방송통신심의위원회의 정파적 심의구조를 바꾸는 것도 방송의 다원성 확보를 위한 중요한 과제다. 공영적 방송사의 정치적 종속이 심화된 상황에서 방송콘텐츠의 심의마저 정파성에 휘둘린다는 것은 방송의 다원주의 실현에는 큰 걸림돌이 아닐 수 없다.

이런 문제점을 해소하기 위해서는 방송통신심의위원회의 독립성 확보와 함께 무엇보다 정파성이 개입되지 않도록 심의 위원의 선출방식을 바꿔야 한다.

여야 정치 진영이 자기편을 방송통신심의위원회에 심는 지금의 방식은 극심한 진영 갈등을 방송 심의에까지 끌고 온 것과 진배없으며, 실제로 미묘한 정치적 요소가 결합된 사안들의 경우, 정파적 판단에 의한 다수결로 심의가 이뤄지고 있다.

따라서 정치적 영향력에서 벗어난 심의 위원의 선출은 견해의 다양성 확보를 위한 중요한 기초 중에 하나다. 현행 「방송통신위원회의 설치 및 운영에 관한 법률」 제18조의 규율에 따른 여야 정치권의 갈라먹기 식의 심의 위원 추천방식으로는 공정성과 객관성을 지키기 어렵다.

제18조(방송통신심의위원회의 설치 등) ① 방송 내용의 공공성 및 공정성을 보장하고 정보통신에서의 건전한 문화를 창달하며 정보통신의 올바른 이용환경 조성을 위하여 독립적으로 사무를 수행하는 방송통신심의위원회(이하 "심의위원회"라 한다)를 둔다.
② 심의위원회는 9인의 위원으로 구성한다. 이 경우 심의위원회 위원장(이하 "심의위원장"이라 한다) 1인, 부위원장 1인을 포함한 3인의 위원을 상임으로 한다.
③ 심의위원회 위원(이하 "심의위원"이라 한다)은 대통령이 위촉한다. 이 경우 3인은 국회의장이 국회 각 교섭단체 대표의원과 협의하여 추천한 사람을 위촉하고, 3인은 국회의 소관 상임위원회에서 추천한 사람을 위촉한다. -중략-

명목상 정당인을 배제하고 선출직 공무원에 대한 전직 제한 규정이 있음에도, 실제로는 여야 정치권과 밀접한 관련이 있는 인사가 위원에 선출되고, 더 나아가 재임 중에 정치활동을 원하는 위원까지도 존재하는 게 현실이다.

실제로 21대 총선에서 미래통합당 추천 전광삼 방송통신심의위원회 상임위원은 미래통합당 대구광역시 동구갑에 비공개로 공천을 신청했다가 미래통합당이 공천 명단을 발표하기 직전 공천 신청을 철회하고 방심위로 돌아오겠다고 밝혔다. 이와 관련 법제처는 방통위법에 따라 금지되는 정치활동 관여에 해당한다는 해석을 내놨고 이에 근거해 문재인 대통령은 전 상임위원을 해촉했다.

정치권과의 관계가 밀접할수록 정파적 심의의 가능성은 커질 수밖에 없다. 정부 여당에 절대적으로 유리한 심의 위원의 구성은, 정부 정책에 반대되는 내용의 보도를 내보내는 방송사에 대해 심의상 불이익을 주면서, 은연중에 정부에 유리한 내용을 선별하도록 압박하는 사전검열의 효과가 있다.

방송통신심의위원회가 독립기구이긴 하지만 행정적 절차에 의해 구성되고, 역할수행 과정에서 표현의 내용에 대해 통제하고 유도하는 영향이 있다면, 이는 결과적으로 국가의 행정권이 방송 내용에 대한 실질적인 사전검열을 초래하는 위헌적 요소를 내포하게 되는 것이다.

여야의 추천에 의한 현재의 심의 위원 추천방식이 정파적 심의를 조장한다는 지적이 많은 만큼, 심의 위원 구성방식을 획기적으로 바꿀 필요가 있다. 아예 헤드헌팅 방식을 도입하는 것도 방법이다.

현재 인사혁신처에는 민간인재를 정부나 공공기관에 채용하는 「정부 민간인재 영입 지원 시스템」이 존재한다. 이 제도는 2015년에 삼성전자 인사팀장 출신 이근면 당시 인사혁신처장이 공무원 채용에 도입한 것이다. 역량을 갖춘 민간인재를 정부가 먼저 찾아서 기용하자는 취지로 만들어진 이 제도는 2020년부터는 지방자치단체와 공공기관으로 확대 적용되었는데, 국·과장급 개방형 직위의 경우 민간 채용 비율이 도입 이후 5년 새 3배로 늘었다.

방송통신심의위원 선정에서도 이 제도를 활용할 경우 정치적 인물을 배제하거나 정파적 영향력을 줄일 수 있을 것으로 보인다. 아니면 아예 민간 헤드헌팅 업체에 심의위원 선출을 위탁하는 것도 방법이 될 수 있겠다.

Ⅳ. 심의규정의 모호함 개선

심의기구의 독립성 증대와 더불어 견해의 다양성을 확보하기 위한 방송통신심의위원회 규정인 제9조 공정성과 제14조 객관성 조항의 모호함도 개선해야 한다. 예를 들어 제9조 제2항은 “방송은 사회적 쟁점이나 이해관계가 첨예하게 대립된 사안을 다룰 때에는 공정성과 균형성을 유지하여야 하고 관련 당사자의 의견을 균형 있게 반영하여야 한다."고 명시하고 있는데 조항 자체의 포괄성 때문에 심의 위원의 정파성이 개입될 여지가 커진다.

미디어에서의 공정성은 항상 논란이 된다. 공정성을 어떤 절대적 가치를 기준으로 정립한다는 것은 매우 어려운 일이다. 공정성은 누가 어떤 관점에서 바라보는가에 따라, 혹은 어떤 시대적 배경과 문화 및 제도에 속해 있는가에 따라, 공정성에 대한 인식뿐만 아니라 공정성의 판단 원칙까지도 달라진다. 그러기에 바라보는 위치와 시대적 요구에 대한 보편적 공감대가 있어야 공정성이 빛을 발할 수 있다.

특히 사회 전반에 이념적 극단화가 진행되고 있는 한국의 현실에서는 판단 주체자의 이념적 성향에 따라 공정성에 대한 판단기준이 달라질 가능성이 크다. 이명박, 박근혜 정부와 문재인 정부가 모두 공정한 사회 건설을 주요한 국정과제로 운영했지만, 공정성에 대한 관점 차이로 인해 너무나 다른 정책이 똑같이 공정성의 이름으로 시행되고 있다.

여론시장에서도 진보 성향으로 분류되는 한겨레와 경향신문 혹은 JTBC가 지향하는 공정성은 보수 성향을 지닌 조선일보나 TV조선, 채널A와 또 다르다. 한국은 어느 사회보다도 공정성의 원칙에 대한 합의가 필요한 사회지만, 그런 합의도 없이 수많은 표현의 주체들이 무분별하게 공정성의 원칙을 외치고 있다.

이처럼 공정성 정의에 대한 사회적 합의가 없는 상황에서, 정치적 안배에 의해 만들어진 심의기관이 정치적 혹은 이념적으로 민감한 사안에 대한 판단에서 정파성을 극복하기는 사실상 불가능하다. 결국 공정성이나 객관성에 대한 방송통신심의위원회의 심의평가는 애초부터 편향성을 내포한 것일 수밖에 없다.

이는 또 헌법상 기본권 제한의 한계를 넘어설 가능성을 가지고 있다. 구체적인 실행 규정이나 개념 정의가 없는 공정성과 객관성 심의조항은 포괄적 해석의 여지로 말미암아 명확성의 원칙에 어긋나는 요소를 담고 있는 것이다.

> 헌재 2002. 6. 27. 99헌마480, 판례집 14-1, 616.
> "표현의 자유를 규제하는 입법에 있어서 명확성의 원칙은 특별히 중요한 의미를 지닌다. 무엇이 금지되는 표현인지가 불명확한 경우에, 자신이 행하고자 하는 표현이 규제의 대상이 아니라는 확신이 없는 기본권주체는 대체로 규제를 받을 것을 우려해서 표현행위를 스스로 억제하게 될 가능성이 높기 때문에 표현의 자유를 규제하는 법률은 규제되는 표현의 개념을 세밀하고 명확하게 규정할 것이 헌법적으로 요구된다."

그리하여 규제영역에 담아서는 안 될 부분까지 확대해 심의·규제하고, 나아가 방송사로 하여금 제재를 피할 목적으로 사전검열을 하게 유도함으로써 결과적으로 표현의 자유를 억제해 과잉금지의 원칙에도 어긋날 위험까시 내포한다.

> 헌재 2002. 6. 27. 99헌마480, 판례집 14-1, 616, 628.
> "헌법 제37조 제2항에 근거한 과잉금지원칙은 모든 기본권제한입법의 한계원리이므로 표현의 자유를 제한하는 입법도 이 원칙을 준수하여야 함은 물론이나, 표현의 자유의 경우에 과잉금지원칙은 위에서 본 명확성의 원칙과 밀접한 관련성을 지니고 있다. 불명확한 규범에 의하여 표현의 자유를 규제하게 되면 헌법상 보호받아야 할 표현까지 망라하여 필요 이상으로 과도하게 규제하게 되므로 과잉금지원칙과 조화할 수 없게 되는 것이다."

따라서 공정성에 대한 정의 규정을 신설하고 구체화하는 한편, 조항 내용 가운데 '균형성 유지'와 같은 부분도, 반대되는 견해에 대해 동일한 시간을 의미하는 양적 개념인지, 아니면 내용의 중요성을 감안하여 전체적 맥락에서 질적으로 균형을 안배하는 개념인지 등에 대한 추가 규정이 필요하다.

방송의 특성에 따라 심의평가 수준을 통합하거나 차등화하는 것도 중요하다. 앞서 밝힌 대로 공영적 방송과 민영방송은 헌법의 기본 정신인 다원주의 실현이란 공적책임의 정도에서 차이가 있는 만큼, 심의평가의 잣대에서도 차등 적용이 타당하다.

지금처럼 방송심의의 결과가 방송사의 존립에 영향을 미치는 재허가 점수에 반영되는 현실에서는, 모든 방송사에 대해 엄격한 심의 잣대를 들이댈 경우, 표현의 자유가 위축될 가능성이 분명히 존재한다.

방송통신심의위원회의 독립성이 확보되었다는 전제 하에 방송콘텐츠에 대한 심의는, 방송통신위원회의 방송사 평가 부분에서 필자가 제안했던 형태와 마찬가지로, 같은 사안에 대해서도 공영 혹은 공영적 방송사에 대해서는 적용 수위를 높이고, 민영 방송사에 대해서는 그보다 낮추는 것이 헌법적으로 합당하다.

다만, 이 과정에서 모회사인 신문의 영향을 받아 편향성이 심각한 것으로 지적되고 있는 종합편성채널의 경우, 현재 지상파에 비해 매우 느슨한 심의규제를 받고 있는 만큼, 앞으로는 공영적 방송에 비해서는 낮지만, 지상파 민영방송과는 같은 수준의 심의 기준을 적용하는 게 타당하다고 판단된다.

왜냐하면, 채널수의 다양화에 따라 방송의 외부적 다원주의가 확대될 것이라는 원론적 차원의 기대와 달리, 이들 종합편성채널들은 시청률이 크게 상승해 지상파 방송사 못지않은 영향력을 갖고 있으면서도, 모회사인 신문의 편향성을 그대로 이어받아 특정 견해를 지나치게 확장할 위험성이 있기 때문이다.

제 4 절 개인방송 규제의 방향성

Ⅰ. 탈법의 온상으로 지목된 개인방송

2020년 12월 12일 아동 성폭행범 조두순의 석방은 나라를 떠들썩하게 했던 흉악범의 출소라는 자극적 뉴스로 국민의 큰 관심을 끌었지만, 그 이면에서 또 하나의 뉴스가 된 것이 조두순 출소라는 대형 소재를 이용해 조회 수를 늘리려는 유튜버들의 기상천외한 탈법적 행위였다.

이들 유튜버들은 조두순의 집 앞에서 경비를 서고 있던 경찰을 폭행하거나 관용차를 훼손하기도 했고, 자기들끼리 싸움을 벌이는 등 생방송에서 조회 수를 늘리기 위해 온갖 불법행위를 서슴지 않았고, 그 과정에서 주민들의 초상권 및 사생활 침해도 심각했다.

이에 따라 안산시는 유튜버 출입을 막기 위해 조두순의 집 50m 바깥에서 신원확인 절차를 시행했으며, 유튜브 측에 주민들의 초상권과 사생활 침해 요소가 있는 동영상의 삭제를 요청하기도 했다.

이 사태는 유튜브와 SNS, 포털 등을 이용한 이른바 개인방송의 선정적이고 탈법적인 정보전달 행태를 보여주는 전형적인 사례다. 정보홍수 시대의 해악으로 불리는 가짜뉴스 또한 이들 개인방송들이 온상으로 여겨지고 있다. 특히 유명인이나 민감한 이슈에 관련한 콘텐츠를 내보내는 개인방송들이 만든 가짜뉴스는 수시로 큰 파문을 일으켜왔다.

비근한 예로 유시민씨는 과거 자신의 알릴레오 유튜브 방송에서 검찰수사와 관련된 가짜뉴스를 내보냈다가 2021년 3월 한동훈 검사장으로부터 5억 원대의 소송을 당하면서 사과까지 한 바 있다. 같은 해 8월에는 최태원 SK그룹 회장이 자신의 가족사에 관한 허위사실을 유포한 유튜버를 고소하기도 했다.

가짜뉴스는 개인과 기관에게 회복할 수 없는 명예훼손과 재산상의 손실을 초래한다. 그뿐만 아니라 정확한 정보에 기반을 둔 다양한 의견의 경쟁이 핵심인 민주주의에 치명상을 입힌다. 이 때문에 더불어민주당은 2020년 10월 「미디어·언론 상생TF」 설립 당시 개인방송의 가짜뉴스 양산을 막을 방안을 중점적으로 논의할 거라고 밝혔었다.

그런데 가짜뉴스의 온상이라고 지적되어 온 개인방송을 표적으로 출발한 정치권의 미디어 개혁은 그 전선을 전통 언론으로까지 확대하기 시작하더니, 결과적으로 표적을 완전히 바꾸며, 신문과 방송 등 전통 언론을 대상으로 징벌적 손해배상을 담은 언론중재법 개정안의 강행처리 시도로 이어졌다.

여기에는 보수언론의 과장·허위 보도에 의해 핵심 정책이나 진영 내 주요 정치인들이 과도한 피해를 입었다고 판단한 더불어민주당의 정치적 의도가 깔려 있었다. 언론에 대한 무도한 탄압이라는 언론 및 시민단체와 그 당시 야당의 강력한 반발이 있었지만, 그럼에도 불구하고 이 법안을 지지하는 여론 또한 만만치 않았다.

왜냐하면 최소한 우리 사회에서는 언론은 선한 약자가 아닌 권력인데다, 제4부로 지칭되는 언론 권력에 대한 우리 국민의 시선이 곱지 않기 때문이었다. 다시 말해 불신의 대상이 된 언론을 입법권력이 탄압한다고 해서 압도적인 반발기류가 형성되는 건 애초부터 불가능했다.

우여곡절 끝에 압도적 다수 여당에 의한 일방적인 언론중재법 개정안 강행은 무산됐지만, 원점으로 돌아온 가짜뉴스 근절에 대한 요구는 조만간 다시 개인방송 규제의 타당성과 범위에 대한 논란을 불러일으킬 것으로 보인다.

인터넷과 SNS의 발달에 따른 개인방송 활성화는 정치적으로 매우 미묘한 요소다. 개인방송은 현대 기술이 만들어낸 가장 '표현촉진적'인 미디어이다. 온갖 영역에서 구독자를 유혹하는 인플루언서 가운데는 유력 정치인들도 많이 있다. 이낙연TV, 오세훈TV, 황교안오피셜이나 유시민씨가 운영하는 알릴레오, 정규재TV 등이 대표적이다. 그 외에 정치적 견해를 밝히고 싶어 하는 언론인이나 지식인, 일반인들도 다양한 플랫폼을 활용해 개인방송을 하고 있다.

강한 팬덤을 가진 강력한 개인방송들은 실제로 막강한 정치적 영향력을 행사해왔다. 그러기에 정치권 입장에서 개인방송 규제 시도는 자신들에게 어떻게 작용할지, 상황에 따른 유·불리를 심각하게 따져봐야 하는 미묘한 대상일 수밖에 없다.

Ⅱ. 방송법 편입이 아닌 정보통신법 손질이 바람직

인터넷 개인방송은 현행법상 정보통신의 영역에 포함되며 인터넷 플랫폼 사업자는 「정보통신망법」 제2조의 3에 따라 '정보통신서비스제공자'인 동시에, 「전기통신사업법」 제2조에 의거해 '특수한 유형의 부가통신서비스사업자'이다. 이에 따라 다른 부가통신사업자와 같이 「정보통신망법」, 「청소년 보호법」, 「형법」 등에 따라 불법 여부에 대한 판단을 받게 된다.

심의에 있어서는 방송통신심의위원회의 심의 규정을 적용받는다. 「방송통신위원회의 설치 및 운영에 관한 법률」 제21조 제4호는 플랫폼 사업자에 대해 "전기 통신회선을 통하여 일반에게 공개되어 유통되는 정보 중 건전한 통신윤리의 함양을 위하여 필요한 사항으로서 대통령령이 정하는 정보의 심의 및 시정 요구를 할 수 있다."고 규정하고 있다.

심의내용 선별은 일반 방송콘텐츠와 마찬가지로 이용자들의 신고와 심의기관의 모니터링으로 이루어지며, 내용에 따라 불법 및 청소년 유해물에 관해서는 시정 요구가 가능하다. 시정 요구가 내려지면 플랫폼 사업자는 해당 콘텐츠를 삭제 혹은 접속 차단하는 조치를 취하거나, 아니면 해당 콘텐츠를 올린 이용자의 계정을 해지하거나 정지시켜야 한다.

현재 개인방송 규제에서 논란이 되고 있는 부분은 생방송 콘텐츠가 방송 이후 저장이 되지 않았다면 증거자료가 없다는 것이다. 또 문제 콘텐츠가 방송 이후 다른 플랫폼에 업로드 됐을 때는 심의 대상 사업자를 특정하기 어렵다는 문제도 발생한다.

심의규제와 더불어 플랫폼 사업자들이 자체 이용약관을 만들어 모니터링과 신고 제도를 운영하고 있지만, 사업자 간의 수익확보 경쟁이 치열해 문제 콘텐츠에 대한 자율규제가 유명무실하다는 평가를 받고 있다. 이와 관련해 정부와 국회, 민간에서 개인방송의 유해 콘텐츠에 대한 보다 강력한 규제 입법이 필요하다는 주장과, 신산업 활성화와 표현의 자유를 위해 최대한 자율규제에 맡겨야 한다는 반대주장이 팽팽히 맞서고 있다.

이 연구에서 다루고자 하는 견해의 다양성 측면에서도 개인방송 규제의 방향은 중요한 의미를 가진다. 표현하고 싶은 누구나 특화된 플랫폼에서 견해를 밝힐 수 있는 개인방송의 특성을 헌법상의 다원주의 측면에서 바라보면, 견해의 다양성이 사상의 자유시장에서 경합을 통해 민주적 의사결정으로 이어지는 가장 바람직한 형태로 볼 수 있다. 그런 면에서는 수적 다양성 때문에 외부적 다원주의를 적용받는 신문과도 비슷하며, 오히려 신문을 넘어서는 다양성을 갖고 있다고도 볼 수 있다.

신문을 비롯한 인쇄미디어의 경우 심한 편향성마저 다양한 견해의 일부로서 그 가치를 평가받고 있음을 고려할 때, 개인방송의 극단적 편향성 역시 민주주의의 요소로 인정할 수 있다. 그런 관점에서 바라본다면 개인방송에 대한 국가의 개입이 적을수록 견해의 다양성이 고양되며, 헌법 다원주의 정신에도 부합될 것이다.

실제로 미국과 일본, 영국, 독일 등 선진국에서는 인터넷 개인방송에 대해 강한 규제정책을 시행하지 않는다. 이들 국가 대부분은 개인방송 규제를 느슨하게 하는 대신, 아동과 청소년 보호를 중시해 이를 위반하는 내용에 대해서는 엄단하고 있다. 국내법 역시 청소년 보호법 및 아동·청소년의 성보호에 관한 법률에, 그와 같은 조항을 담고 있다.[81]

이런 여러 요인들을 감안해 사적인 소통 기능이 우선되는 개인방송에 대해서는, 법질서 유지와 청소년 보호나 중대한 권리침해 예방과 같은 미디어 외부의 공익을 보호하는 경우에 제한해서 공법상의 규제를 작동하는 게 법치행정 원리에 부합하며, 개인방송을 방송법에 편입시켜 규제하는 것은 개인의 표현의 자유를 지나치게 억제하는 결과를 낳게 될 것으로 보는 견해가 많다.[82]

한편, 개인방송에 대한 사후심의는 현재 방송이 아닌 통신의 영역에 놓고 진행되는데, 방송통신심의위원회는 개인방송 콘텐츠 관리를 대부분 플랫폼 사업자의 자율심의에 맡겨두고 있으며, 중대위반 사항에 대해서만 자율규제 권고나 시정 요구를 결정해 플랫폼 사업자에게 전달한다.

시정 요구의 내용은 정보 삭제나 접속차단 조치, 이용자에 대한 이용정지 및 해지 조치이다. 사업자는 시정 요구에 대해서는 시정 여부를 방송통신심의위원회에 회신해야 할 의무가 있지만, 자율규제 권고는 회신 의무가 없다. 그러다 보니 문제 소지가 많은 콘텐

81) 임한솔·정창원, "국내외 인터넷 개인방송 규제현황 및 규제 방향성 제언", 한국콘텐츠학회논문지 제20권 제2호, 한국콘텐츠학회, 2020, 254면.

82) 권은정, "개인방송 규제에 관한 공법적 연구", 서울대학교 박사학위논문, 2019, 212면.

츠가 근절되지 않는다는 지적도 제기되고 있다.

자율규제의 바람직한 형태로는 유튜브를 들 수 있다. 유튜브는 개인방송 플랫폼으로서도 널리 쓰이고 있는데, 홈페이지에 부적절한 콘텐츠 신고에 대한 가이드라인을 제공하고 있다. 원칙을 위반한 콘텐츠는 즉시 삭제되며, 해당 콘텐츠의 제작자에 대해서는 단계별로 주의와 경고에 이어, 계정 정지 등의 강한 제재를 가한다.

현재 개인방송과 관련해 가장 큰 문제점으로 등장한 부분은 음란성과 폭력성이다. 그 다음으로 제기되는 것이 가짜정보와 뉴스의 유통이다. 이 책에서 다루고 있는 다양한 견해의 제공도 개인방송의 한 역할이긴 하지만 개인방송의 주류는 아니다. 따라서 헌법이 요구하는 다원주의의 실현을 명목으로, 개인방송에 대해 기존 방송처럼 내부적 다원주의 원칙을 적용해 강한 규제정책을 시행하는 것은 바람직하지 않다.

이와 관련한 헌법재판소의 판단[83]을 보면, 헌재는 인터넷을 '가장 표현 촉진적인 매체'로 구분하며, 진입장벽이 낮은데다 표현의 쌍방향성이 보장되고 이용과정에서 수동적인 수용이 아니라 적극적인 선택과 계획적인 행동이 필요한 특성을 가졌다고 보았다.

이런 특성은 전파의 희소성에다 정보 수용자의 통제 능력 결여와 같은 특징이 있는 기존 방송과는 완전히 다르기 때문에, 인터넷 미디어에 대해 공중파 방송과 같은 공적책임이나 공익성을 요구할 수 없으며, 만약 인터넷 상의 표현을 기존의 질서로 규율할 경우 표현의 자유에 위협이 될 거라고 밝혔다.

헌법재판소는 또 표현 매체에 관한 기술발전은 표현의 자유의 장을 넓히고 질적 변화를 만들어내고 있기 때문에, 변화무쌍한 이 분야에서 규제의 수단 또한 헌법의 틀 안에서 새롭게 강구돼야 한다고 강조했다.

83) 헌재 2002. 6. 27. 99헌마480, 판례집 14-1, 616, 632.

개인방송의 상업적 속성으로 인해 플랫폼 사업자와 콘텐츠 제작자가 자율적으로 유해 콘텐츠의 생산을 자제하기를 기대하는 것은 현실적으로 한계가 있다. 그 때문에 규제 측면에서 개선점이 있다는 데는 이견이 없는 듯하다. 여러 미디어 가운데 표현의 자유가 가장 잘 보장되는 곳이 인터넷 공간인 만큼, 그 장점은 살리되 문제점만 개선하는 방법으로서, 규제 신설보다는 기존 제도의 보강이 적절해 보인다.

특히 견해의 다양성 부분에서 본다면, 개인방송에 대한 어떠한 규제 신설도 견해의 다양성을 저해하는 요인으로 작용할 가능성이 크다. 다만, 정확하고 객관적인 정보가 견해의 다양성을 통한 민주적 의사결정에 가장 중요한 요소라는 점을 감안해, 가짜 뉴스와 거짓 정보의 유통을 억제하는 차원에서 기존 「정보통신망법」과 「전기통신사업법」에서 규정하고 있는 '불법촬영물 등'이나 '청소년유해매체물' 같은 유해 콘텐츠의 영역에 '가짜뉴스와 정보'를 추가하는 방법이 적절한 선택으로 보인다.

정보통신망법 제42조의2 (청소년유해매체물의 광고금지)	**전기통신사업법 제22조의5** (부가통신사업자의 불법촬영물 등 유통방지)
누구든지 「청소년 보호법」 제2조제2호마목에 따른 매체물로서 같은 법 제2조제3호에 따른 청소년유해매체물을 광고하는 내용의 정보를 정보통신망을 이용하여 부호·문자·음성·음향·화상 또는 영상 등의 형태로 같은 법 제2조제1호에 따른 청소년에게 전송하거나 청소년 접근을 제한하는 조치 없이 공개적으로 전시하여서는 아니 된다.	① 제22조제1항에 따라 부가통신사업을 신고한 자 및 특수유형부가통신사업자 중 제2조제14호가목에 해당하는 자는 자신이 운영·관리하는 정보통신망을 통하여 일반에게 공개되어 유통되는 정보 중 다음 각 호의 정보가 유통되는 사정을 신고, 삭제요청 또는 대통령령으로 정하는 기관·단체의 요청 등을 통하여 인식한 경우에는 지체 없이 해당 정보의 삭제·접속차단 등 유통방지에 필요한 조치를 취하여야 한다.

외국의 경우에도 그동안 개인방송을 비롯한 SNS 콘텐츠에 대해 자율규제 입장을 지켜왔던 영국이 2019년 자율규제의 종언을 선언하고 규제 신설을 준비 중이다. 여기에는 유해 콘텐츠의 확산통로가 된 기업에 벌금을 부과하거나 해당 플랫폼의 접속을 차단하는 등의 내용이 담길 예정이다. 규제 대상은 아동학대나 테러행위 조장과 관련된 콘텐츠뿐만 아니라, 민주적 여론형성의 위협 요소인 '가짜 뉴스와 정보'도 포함된다.[84)]

84) Department for Digital, Culture, Media & Sport, 「A summary – Online Harms White Paper」, UK Government, 2019.4. 참조.

제 7 장

논의의 요약과 제언

제 1 절 논의의 요약

Ⅰ. 다원주의 적용의 공·민영 구분 필요성

지금까지 민주주의 실현에 필수조건인 표현의 자유를 신장하기 위해 방송미디어에 헌법적으로 요구되는 다원주의 원칙이 국내에서 얼마나 많은 한계와 문제에 봉착해 있는지를 면밀히 살펴보았다. 그리고 한국의 방송이 '오작동'의 굴레에서 벗어나 공정한 정보와 다양한 견해의 통로 및 경연장이라는 본연의 역할에 충실하도록 만들기 위해 전통적인 다원주의 적용방식을 어떻게 다르게 바꿀 것인가에 주목했다.

이를 위해 우선, 헌법상의 다원주의 원칙이 신문과 방송이라는 각기 상이한 특성을 가진 미디어에 어떻게 다르게 적용됨으로써, 견해의 활성화라는 헌법적 요구에 부응하게끔 규율하고 있는지를 살펴보았다.

인쇄미디어인 신문의 경우 설립의 용이성에 따른 수적 다양성 자체가, 정부의 간섭 없이도 다양한 사상과 견해의 교류를 담보하는 외부적 다원주의의 특성을 가진 데 비해, 방송은 산업 초기 전파의 유한성 때문에 수적 다양성을 확보하기 어려웠다. 그로 인해 세계 각국은 방송 내·외부를 조직적 절차적으로 통제함으로써 다양한 견해가 강제적으로 표출되도록 내부적 다원주의 원칙을 적용했다.

결국 헌법상 방송의 자유는 방송국 자체의 자유를 보장하는 것이 아니라, 다원주의 달성을 위한 제도적 보장이란 점에서 다른 자유권과 차별화되며, 이 같은 내부적 다원주의의 적용과 실현을 위해 가장 배제되어야 할 요소가 정치권력과 자본권력으로 평가되었다.

전파가 유일한 송출 수단이었던 시대가 지나고 케이블과 위성 등 다양한 전송수단이 생겨나 방송이 수적 다양성을 확보하게 된 데다, 수많은 뉴미디어가 등장하면서 방송에 요구되던 내부적 다원주의 원칙은 현재 변화를 강요받고 있다.

그 과정에서 선진국들은 전통적으로 방송에 요구되던 일괄적인 내부적 다원주의 원칙을 공영이냐 민영이냐에 따라 차등 적용하거나, 혹은 민영방송에 대해서는 원칙적으로 외부적 다원주의를 적용하되 최소한의 공적 의무규정을 두는 방향으로 규제개선을 시도해왔다.

반면 국내에서는 방송에 대한 제도적 규제가 지금까지도 공·민영에 관계없이 일괄적으로 동일한 강도로 적용되고 있어서, 공적 책임의 정도를 놓고 국가기간방송인 KBS와 통상 공영방송으로 불리는 MBC, 국가 재정이 투입됐거나 공기업이 투자한 연합TV뉴스나 YTN 같은 준공영 방송, 그리고 광고를 재원으로 하는 지상파 민영방송, 종합편성채널, 유료방송 간에 끊임없는 논쟁과 반발이 발생해 왔다.

그렇다면 다원주의 적용에 따른 갈등이 우리보다 덜한 선진국들은 어떤 규제방식을 적용하고 있을까. 선진 각국은 역사적 정치적 배경에 따라 방송에 대해 다원주의 원칙을 다르게 적용하고 있었지만, 공통적인 목표는 방송의 자유를 통해 견해의 다양성을 확장하고 민주주의 실현에 기여한다는 것이었다.

미국과 일본, 영국, 프랑스, 독일 등 선진 5개국의 방송규제에서 발견된 공통점은 우선, 미디어산업의 성장과 변화에 따라 이종 혹은 동종업종 간의 인수합병이 크게 늘어나면서 생길 수 있는 거대자본의 여론독과점을 막기 위해, 시청점유율 규제나 교차소유 제한 등의 소유규제를 공통적으로 실시하고 있다는 점이었다. 또, 광고 등 수익확보에 유리한 예능이나 드라마 등 특정 프로그램에 대한 쏠림현상을 막고, 시사·보도·교양·교육 등 공익적 프로그램을 다양하게 공급하도록 강제하는 편성규제도 의무할당의 형식으로 채택하고 있었다.

송출된 방송프로그램에 대한 심의규제의 경우, 선진 5개국 모두가 개별 방송사나 방송사 연합의 자율심의를 우선하되, 심각한 위반 때만 정부가 개입했다. 종합적으로 평가하자면 선진국들은 헌법상의 다원주의 실현을 위해 방송에 대해 조직적 절차적 규율을 입법적으로 형성하지만, 심의나 평가와 같은 내용규제에 한해서는 방송사업자의 자율에 맡기고 규제기구가 간접적으로 관리 감독권을 행사하고 있었다.

이들 국가들은 대부분 방송법에서 정치적 견해를 공정하고 공평하게 다뤄야 한다는 원칙을 담고 있었는데, 이는 방송규제를 통해 얻고자 하는 다양성 가운데 가장 중요한 부분이 사회 여러 부문에서 표출되는 각양각색의 이념과 사상을 담은 정치적 견해의 다양성이란 것을 말해주는 대목이었다.

이와 비교해 국내 방송법제를 살펴보면 방송에 관한 규율이 헌법상 다원주의 원칙의 실행을 통한 견해의 다양성 확충을 목표로 한다는 점에서는 국내외가 동일하였지만, 구체적인 규제 항목과 시행 결과는 선진 5개국과 한국이 큰 차이를 보였다. 국내 방송법은 소유, 편성, 심의와 같은 주요 규제 항목에서 선진 5개국보다 상대적으로 더 직접적이고 구체적이며 엄격한 규제를 시행하는 것으로 분석되었다.

특히 사후 규제라 할 수 있는 심의평가의 경우 민간 자율을 우선으로 하는 선진국들에 비해, 국내 심의규제는 형식적으로는 민간 독립기구이지만 실질적으로는 행정기관으로 인정되는 동시에, 정파적인 심의 위원 구성으로 끊임없이 공정성 시비가 일고 있는 방송통신심의위원회의 강력한 규제를 받는다는 점에서 큰 차이를 보였다.

송출 수단 혹은 소유 유형에 따른 규제의 차별도 국내와 해외가 뚜렷이 구별되는 특성을 보였다. 해외에서는 대부분 방송을 공영 및 기간방송과 민영방송으로 나눠서 공영 및 기간방송에 대해서는 공공성과 공적 책무를 상대적으로 더 크게 부여하며 규제의 폭과 강도를 높이고 있었다.

반면, 한국은 공·민영에 대한 차별은 두지 않은 채, 지상파 채널에 대해서만 케이블이나 위성방송 등의 유료채널이나 종합편성채널 등에 비해 편성이나 심의 등에서 더 엄격한 기준을 적용하고 있었다. 이는 방송산업 초기에 형성된 지상파의 공공재 논리에 따른 것으로, 다양한 송출 수단의 등장으로 사실상 채널이 폭발적으로 늘어난 지금의 현실을 감안할 때, 제도 개혁이 시급한 것으로 평가되었다.

Ⅱ. 정치병행성이 훼손한 방송규범과 방송의 자유

상당 기간 동안 지상파 중심으로 발전한 한국의 방송은 87년 민주화 운동을 계기로 그동안의 권위주의적 정권의 통제에서 벗어나 헌법적 목적에 부합하는 '방송의 자유'를 구가할 절호의 기회를 맞지만, 방송을 정치적 도구로 쓰려는 정치권력의 집요한 시도 때문에 결실을 맺지 못했다.

정도의 차이는 있을지언정 지금까지 모든 집권 세력은 KBS와 MBC, YTN 등 공영적 방송사들의 경영진을 이른바 낙하산 인사를 통해 정권의 이념적 성향에 부합하는 인물들로 구성했고, 이들은 다시 자신들과 정치적 이념적 동질성을 보이는 인물들로 보도 부문을 포함한 주요 현업부서의 보직자를 임명하는 관행을 보여 왔다.

이런 상황에서는 보도나 시사 프로그램 제작부서에서 만들어지는 콘텐츠들에 대해 취재 항목의 선택과 편집 방향에서 은연중에 정권에 불리한 것을 배제하도록 하는 조직적인 압박이 가해질 수밖에 없었다. 때로는 정치권력과 이념적 동질성을 갖는 방송 구성원들 스스로가 정치권력에 유리한 방향으로 편향적인 콘텐츠를 자발적으로 만들어내기도 했다.

또한 이념적 성향이 서로 다른 구성원들이 조직 내부에서 진영을 나눠 헤게모니 장악투쟁을 벌이기도 했고, 외부적으로는 구성원들 성향에 따라 정치권력과 연대하거나 갈등 관계를 형성하기도 했다. 이는 국내에서 5년마다 대통령 선거에 따른 정치권력의 변동이 있을 때마다, 방송국들이 덩달아 대혼란을 겪어야 함을 필연적으로 예고하는 것이기도 했다.

헌법상 다원주의 실현의 공적책무를 더 강하게 지고 있는 공영적 방송사들이 오랜 기간 동안 정치병행성의 늪에서 빠져나오지 못하는 동안, 그것을 바로잡아야 할 규범들은 무력화되거나 왜곡됨으로써 오히려 방송의 편향성 강화를 조장하는 쪽으로 오작동하는 경우까지 발생했다.

대표적인 예가 방송콘텐츠에 대한 사후 규제이면서, 일각에서는 사전검열의 효과까지 가진 것으로 해석되는 방송통신심의위원회의 콘텐츠 심의기능이다. 채널 재허가 여부를 결정하는 방송평가 점수에서, 방송사들이 그동안 아주 미세한 점수 차로 재허가를 받아왔다는 점을 고려할 때, 방송통신심의위원회가 내리는 벌점은 방송사에게 큰 부담으로 작용한다.

그만큼 방송통신심의위원회의 심의가 엄정하고 공정해야 합당하지만, 여야 추천 6:3의 심의 위원 구성은 민감한 정치적 쟁점을 지닌 사안들에 대해 다수결에 의한 정파적 심의 결과를 초래했고, 그에 따라 다원주의 실현에 기여해야 할 목표를 지닌 방송심의가 오히려 편향성을 조장하는 쪽으로 작동해 왔다는 지적을 받고 있다.

이와 함께 방송통신심의위원회의 심의 규정 가운데 견해의 다양성 확보와 관련된 제9조 공정성과 제14조 객관성 규정 역시 구체성이 떨어져 자의적 해석이 가능하다는 것도 문제였다. 이는 정파적 심의 위원 구성에 더해, 심의 결과와 제재 강도에 대한 편파적 결정 가능성을 높임으로써, 은연중에 방송사의 제작 방향을 압박하는 경우가 많은 것으로 분석되었다.

종합하자면 이런 규정들이 견해의 다양성 증대를 위해 '방송의 자유'라는 기본권을 제한하는 입법이라는 점에서 볼 때, 기본권 제한 입법에 요구되는 명확성의 원칙에 어긋날 수 있다. 또 방송 재허가 여부에 결정적인 벌점이 정파적 심의로 결정돼 방송사에 부과될 경우, 이는 방송사가 가진 표현의 자유를 억제한다는 측면에서 사전검열과 다름없으며 과잉금지의 원칙에서도 벗어나는 것으로 해석될 수 있다.

Ⅲ. 방송 다원주의 확장을 위한 개선 과제

채널이 크게 늘어나 방송에서도 양적 다양성에 따른 외부적 다원주의의 실현 가능성이 커졌다. 하지만 국내외의 많은 연구 결과는 방송사의 수적 다양성이 프로그램의 장르나 견해의 다양성으로 이어지지 않았다는 점을 보여주고 있다.

많은 방송국이 생겨나 경쟁이 치열해질수록 광고와 프로그램 판매에 유리한 연예나 드라마 같은 오락프로그램들만 집중 양산된 반면, 교양이나 보도, 시사, 교육 등 공공성이 강한 프로그램은 외면 받는 상황이 만들어진 것이다.

그뿐만 아니라 견해의 다양성에 있어서도, 자본력과 미디어 경영에 노하우가 있는 기존의 대형 업체가 방송시장의 인수합병을 주도해 많은 계열사를 거느림으로써, 거대 자본권력에 의한 여론의 독과점 가능성도 커졌다.

견해의 다양성 창출을 방송시장에만 맡겨둘 경우 시장실패의 가능성이 높아진다는 이런 사실은 많은 국가들로 하여금 헌법상 다원주의 실현의 마지막 보루이자 안전장치로 공영방송을 설치·운영하도록 만들었다.

이런 점에 비추어 볼 때 지금과 같은 국내 공영적 방송사의 정치종속적 행태와 그에 따른 편향성 논란은 헌법적 요구에 역행하는 것이며, 공영방송에 대해 내부적 다원주의 원칙을 보다 엄격히 적용해야 하는 이유이기도 하다.

공영방송을 본연의 정체성으로 회복시키기 위한 첫 단추는 지배구조에 있어서의 독립성 확보이다. KBS와 MBC를 비롯한 공영적 방송사의 사장이나 이사회 임원 선정 과정이 대통령을 정점으로 정치권력이 그물처럼 영향력을 행사하는 구조에서 공영방송의 독립성을 기대하기는 어렵다. 선진 공영방송처럼 독립된 기관에 사장 임면권을 맡긴다든지, 설령 대통령이 임명하더라도 국회의 견제를 받도록 하는 등의 제도개선이 반드시 필요하다.

관리감독 기구인 이사회도 여야 추천에 의한 기계적 할당에서 벗어나, 방송사 내부 구성원들과 관련 학회 및 다양한 이익집단을 대표하는 인사들이 포함되도록 해야 한다.

KBS의 경우 이사회 이사 선임과정의 독립성 확보 차원에서 아예 「방송법」 제46조에다 정치권 등 외부개입 금지를 명문화하는 것도 방법이 될 수 있다. 현실적으로 여야 할당 방식의 이사회 이사 추천방식을 바꿀 수가 없다면, 그 비율과 의사결정 방식을 정교하게 재설계해야 한다.

「방송법」 제4조 제4항에 나와 있는 방송편성규약 체결 의무 부여도 제도적 개선이 필요한 부분이다. 편성규약 체결 의무는 대부분의 국가에서 공영방송에만 부과하고 있다.

이는 방송 채널의 폭발적인 증가에 따라 민영방송에는 외부적 다원주의를 단계적으로 확대 적용해 경향성을 인정해 나가는 데 비해, 공영방송은 그 본연의 성격에 맞게 다양한 여론을 공정하게 표출하도록 내부적 다원주의 원칙에 따라 규제하려는 노력의 일환으로 볼 수 있다.

그런데 국내에서는 편성규약 체결 의무가 공·민영 방송 모두에게 동일하게 적용되고 있다. 달리 표현한다면 국내 민영방송은 세계적 추세와는 반대로 여전히 내부적 다원주의를 강하게 요구받고 있으며, 반대로 공영방송은 본연의 헌법적 책무에도 불구하고 편향적 방송으로 내부적 다원주의 실현 의무를 방기하고 있는 것으로 해석할 수 있다.

구체성이 떨어지는 「방송법」 제4조 제4항의 내용도 문제로 지적된다. 방송사업자가 제작 종사자의 의견을 들어 편성규약을 제정하라고 한 부분은 한층 더 구체화할 필요가 있다. 내부 직제로 볼 때 사업자가 소유주인지 사장인지 혹은 본부장·국장급인지와 함께, 종사자를 누구로 특정할 것인지를 명시해야 한다.

규약 제정에 있어서도 양측을 대등한 관계로 볼 것인지, 아니면 편성책임자가 주도적인 위치에서 제작자의 의견을 반영하는 형태인지와, 편성규약 위반 때 조율과 제재를 어떻게 할 것인지가 포함되어야 규약의 실효성이 제고될 것이다.

현재 선언적 조항에 불과한 편성규약의 실효성을 높이는 한편, 공영적 방송사에 대해서는 공적책임에 걸맞게 더 엄격하게 적용하는 것이 헌법이 목적으로 하는 '방송의 자유'를 달성하는 유효한 방법 가운데 하나가 될 것이다.

이와 함께 편성규약에 따라 노사협의로 구성하는 편성위원회나 공정방송협의회와 같은 노사 자율기구가 방송콘텐츠의 공정성과 견해의 다양성을 보장하는 실효적인 기구가 될 수 있도록, 현재 방송통신위원회의 방송재허가 평가에 들어있는 '자체심의 및 공정성 관련 자율규제 제도 운영 종합평가' 항목에다 '노사 자율기구의 갈등 조정 정도' 항목을 추가하는 것도 좋은 방안으로 판단된다.

공영방송이 내부적 다원주의의 원활한 작동으로 다원주의 실현을 위한 다양한 견해의 통로와 공론장으로서의 제 역할을 다한다는 전제 하에, 민영방송은 다원주의 실현의 책무에서 한층 벗어나 어느 정도의 경향성을 갖고 사상의 자유시장에서 다양한 견해의 합주에 참여할 수 있을 것이다.

다만 이때도 국내외에서 방송 채널의 증가가 반드시 견해의 다양성 증가를 담보하는 것은 아니라는 사실이 확인된 만큼, 민영방송에 대해서도 정확한 정보 제공이나 대립되는 견해의 존중과 같은 기본적 책무를 지우는 것이 타당하다.

예를 들어 독일 헌법재판소가 단계적으로 민영방송에 대해 외부적 다원주의 원칙을 적용했던 것처럼 균형성과 객관성에 대한 최소한의 의무를 정해놓는 것도 방법이다.

정치적 견해의 다양성과 관련된 보도 기능을 가진 지상파 민영방송과 종합편성 그리고 보도전문채널에 대해서는, 공영방송보다는 덜하지만 보도 기능이 없는 순수 유료방송보다는 높은 정도의 공적 책임을 부과하는 것이 합리적일 수 있다.

이와 함께 「방송법」 제6조의 공정성과 공익성 조항은 공·민영을 구분하는 쪽으로 개정하는 것이 타당하다. 공영방송에 대해서는 공정성과 공익성 조항을 유지하거나 혹은 조항의 구체성을 높여 헌법상의 공적 책임을 확고하게 명시하되, 언론기능을 가진 민영방송에게는 내부적 다원주의와 외부적 다원주의 원칙의 중간 단계 규율을 적용하는 것이 바람직하다.

방송에서 헌법상의 다원주의 실현을 사후적으로 관리 감독하는 심사평가 제도 역시 대폭적인 개선이 필요한 부분이다.

첫 번째로, 방송통신위원회의 방송 재허가 평가항목 가운데 '견해의 다양성' 항목을 추가하는 방안을 제안한다. 편향적 방송이 채널 재허가의 걸림돌이 되도록 하자는 것인데, 다만 이때도 공영 혹은 준공영 방송사와 민영방송은 다원주의의 실현을 위한 공적책임의 정도에서 차이가 있는 만큼, 평가의 잣대를 달리 하는 것이 합리적이다.

두 번째로, 심의 전문기관인 방송통신심의위원회의 위원 선정이 여야의 할당에 따라 이뤄져 태생적으로 정파적 심의구조를 가지는 만큼, 정치적 독립성을 높이는 방향으로 위원 선정 방식을 바꿔야 한다. 이를 위해 현재 인사혁신처에서 민간인재를 정부나 공공기관에 채용하기 위해 시행 중인 '정부 민간인재 영입 지원 시스템'을 심의 위원 선정에 활용하는 방안도 고려할 만하다.

세 번째로, 심의 및 제재의 기준이 되는 심의 규정의 개선이 시급하다. 구체적인 실행 규정이나 개념 정의가 없는 방송통신심의위원회 규정 제9조 공정성과 제14조 객관성 조항은 포괄적 해석의 여지로 말미암아 명확성의 원칙에 어긋나며 과도한 심의규제를 남발함으로써, 방송의 자유를 억제할 우려가 크다. 따라서 공정성에 대한 정의 규정을 신설하는 한편, 조항 내용 가운데 '균형성 유지'와 같은 부분도, 상반되는 견해에 동일한 시간을 준다는 양적 개념인지, 전체적 맥락에서 질적 균형을 안배하는 개념인지 등에 대한 구체성이 부가돼야 한다.

네 번째로, 방송의 소유 형태에 따라 심의평가 수준을 차등해야 한다. 공영적 방송과 민영방송은 헌법의 기본 정신인 다원주의 실현이란 공적책임의 정도에서 분명히 차이가 있는 만큼, 그에 준해서 사후 규제 형태인 심의평가의 잣대에서도 차별하는 것이 타당하다.

또한 재허가 여부를 통한 공영방송 규제 방식에 대한 근본적 검토 또한 필요하다. 국가기간방송으로 정의되어 있는 KBS의 경우, 방송법상의 재허가 심사에서 설령 탈락하더라도 사업권을 회수하거나 방송중단을 시킬 수 없는 한계가 있다.

실효성이 떨어지는 재허가 심사보다는 방송평가 결과를 토대로 재정이나 인력 등 사업운영에 직접적으로 영향을 미치는 영역에 대한 인센티브를 조정하는 방향으로 규제방식을 바꾸는 것도 필요한 과제로 보여진다.

마지막으로 살펴본 것이 개인방송이다. 개인방송은 이름은 방송이지만, 방송법에 포섭되지 않고 현행법상 정보통신의 영역에 포함되는 통신서비스로 분류된다. 개인방송은 헌법상의 다원주의 측면에서 바라볼 때 다양한 견해가 '사상의 자유시장'에서 자유롭게 경합하는 가장 이상적인 형태로 볼 수 있기에, 이를 방송법에 편입시켜 규제하는 것은 개인의 표현의 자유를 지나치게 억제하는 결과로 이어질 수 있다.

따라서 개인방송에 대해서는 법질서 유지나 청소년 보호, 중대한 권리침해의 예방 등에 제한해서 공법상의 규제를 작동하는 것이 바람직하다. 다만, 헌법이 요구하는 민주적 의사결정에는 다양한 견해와 정확한 정보의 제공이 선결 요소라는 점을 고려해, 가짜뉴스와 거짓 정보의 유통을 억제하는 차원에서, 기존 「정보통신망법」과 「전기통신사업법」에서 규정하고 있는 '불법촬영물 등'이나 '청소년유해매체물' 같은 유해 콘텐츠의 영역에 '가짜뉴스와 정보'를 추가하는 방법이 타당해 보인다.

제 2 절 '방송의 자유'를 위한 제언

국내에서 방송제도의 개혁은 정략적 판단의 대상이었다. 방송이 다양한 견해의 표출이라는 본연의 역할에 충실하게 하고 공정한 여론형성 장치로서 효율적으로 작동하게 하려는 개혁 시도는 항상 '방송의 독립'을 두려워하는 권력에 의해 차단당했다.

산업발달로 다양한 기술에 기반을 둔 갖가지 형태의 미디어가 수없이 생겨나고 있지만, 방송이 여전히 막강한 여론형성의 수단이 되고 있다는 점이 정치권력이 쉽게 손을 떼지 못하는 이유다.

헌법상의 다원주의 원칙은 방송에게 견해의 활성화를 도모하게끔 요구하고 있으나, 보수와 진보정권 시기를 가리지 않는 정치와 방송의 병행성은 방송이 정권 우호적인 편향성을 가지도록 했고, 방송의 공적책무인 공익성과 공공성은 왜곡된 목적을 위한 정치권력의 규제 명분으로 변질되었다.

이 과정에서 방송의 편향성은 광범위하게 방송 전반을 잠식하고 있다. 공영적 방송사들은 정치병행성에 따라 정권 편향적이 됐고, 지상파 민영방송은 민영이면서도 공영방송에 준하는 공적책임의 부과에 따라 중도와 기계적 균형을 강요받고 있으며, 종합편성채널은 모회사의 이념적 성향을 이어 받은 데다 지상파보다 느슨한 심의평가 등의 규제를 기화로 과잉 편향성을 띠고 있다.

이런 총체적 문제에 대한 해법을 찾기 위해서는 몇 가지 중요한 상황에 대한 인식이 전제돼야 한다. 우선, 지상파와 비지상파의 구분이 실체적으로 무의미해졌다는 것이다.

국내 가구의 97%가 유선으로 지상파 채널을 시청하고 있는 지금의 상황은 유한한 공공재인 전파를 이용한다는 명목 아래 지상파에 주어졌던 의무의 무게가 감소했음을 말해준다. 시청자들은 여러 채널 중의 하나로 지상파 방송을 인식할 뿐이다.

일각에서는 선진국 가운데 영국과 프랑스가 편성규제에서 지상파 민영방송에 대해서는 공영방송에 준하는 공익적 프로그램의 할당을 책정하는 등 유선방송이나 위성방송, IPTV 등에 비해 상대적으로 높은 공적책임을 강제하고 있는 상황을 들어, 지상파에 대한 높은 공공성 부여의 논리가 유효하다는 의견도 있다.

하지만 이들 두 국가는 지상파의 직접 수신 비율이 아직도 40~50% 선으로 한국은 물론 다른 선진국보다 월등히 높아, 전파의 공공재 논리가 유효하다는 판단에 따른 것으로 이해된다.

또 한 가지, 헌법은 다원주의 실현이라는 공적 책임의 부과에 있어서 공영과 민영을 분명히 구분하고 있다는 것이다. 공영방송이 수신료와 같은 공적 재원으로 운영된다는 것은 정치권력이나 자본, 특정 사회세력의 영향력으로부터 벗어나 '방송의 자유'를 확보하고 견해의 다양성을 고양하라는 헌법적 요구로 볼 수 있다.

헌재 1999. 5. 27. 98헌바70, 판례집 11-1, 633, 645.
"공사가 공영방송사로서의 공적 기능을 제대로 수행하면서도 아울러 언론 자유의 주체로서 방송의 자유를 제대로 향유하기 위하여서는 그 재원조달의 문제가 결정적으로 중요한 의미를 지닌다. 공사가 그 방송프로그램에 관한 자유를 누리고 국가나 정치적 영향력, 특정 사회세력으로부터 자유롭기 위하여는 적정한 재정적 토대를 확립하지 아니하면 아니되는 것이다. 이 법은 수신료를 공사의 원칙적인 재원으로 삼고 있으므로 수신료에 관한 사항은 공사가 방송의 자유를 실현함에 있어서 본질적이고도 중요한 사항이라고 할 것이므로 의회 자신에게 그 규율이 유보된 사항이라 할 것이다."

그런데 현행 법제는 방송에 대해 공·민영이 아닌 지상파와 비지상파로 나눠서 차별규제를 적용하고 있고, 거기다 상대적으로 규제가 강한 지상파 영역 안에 공영과 민영이 함께 들어있다는 사실은, 다시 공·민영의 헌법상 책임의 구분을 어렵게 만들고 있다.

규율의 대상인 방송사 입장에서도 이런 상황에 대한 규제개선을 요구하기에는 이해관계가 복잡하다. 지상파 민영방송사 입장에서 보면, 공영방송사와 똑같은 규제를 적용받는 것에 대한 불만을 가지면서도, 다른 한편으로는 비지상파 방송에 비해 훨씬 불리한 규제 여건의 개선을 위해, 어쩔 수 없이 지상파 공영방송사와 연대할 수밖에 없는 상황에 놓여있다.

또, 종합편성채널들은 지상파 민영방송에 대한 편성이나 심의, 광고 등의 규제완화가 경쟁업체의 경쟁력 강화로 이어질까 봐, 현행 지상파와 비지상파 간의 구분을 존속시키는 것을 원하면서도, 공·민영의 원칙적 차별규제에는 찬성하고 있다. 이처럼 지상파와 비지상파, 공영과 민영이 얽히고 설키다보니, 헌법이 다원주의 원칙에 의거해 방송에 요구하는 견해의 다양성 표출은 일관성과 합리성을 잃고 말았다.

채널의 다양화에 맞춰 방송의 편향성을 어느 정도는 인정해 가야 한다는 이 책의 요지에 맞춰볼 때, 국내 방송사들의 이런 편향성이 무엇이 문제이냐는 반문이 있을 수 있다. 하지만 편향성이 '사상의 자유시장'에서 다양한 견해의 일부로서 민주적 의사결정에 촉매로 작용하는 바람직한 상황은, 공영방송이 내부적 다원주의의 실질적 작동으로 다양한 견해를 발산하는 중심축이 되고, 그 전제에서 양적 다양성을 확보한 민영방송들이 사실 부합과 최소한의 균형성에 바탕을 둔 상태에서 외부적 다원주의에 따라 절제된 편향성을 발산할 때 비로소 가능해진다.

지금처럼 공영방송은 정권 편향성, 종합편성채널은 극단적 편향성, 지상파 민영방송은 기계적 균형을 띠는 상태는 다양한 견해의 합주를 돕는 게 아니라, 서로 다른 견해의 극한 충돌과 목소리가 큰 쪽에 의한 비민주적 의사결정을 조장하는 역할을 할 수밖에 없다.

방송이 표현하는 비합리적이고 불공정한 내용의 편향성 못지않게, 방송 소유의 독과점 역시 건강한 여론의 형성에 독이 된다. 전세계적으로 공익적 콘텐츠를 요구받는 공영방송의 시청률 하락은 공영방송의 존속에 위협이 되고 있다. 공적책임의 수행을 위해 공적 재원을 가동하더라도 시청률의 지속적 하락에 따른 영향력 감소는 실체적 현실이다.

이런 상황에서, 다양한 이종 미디어의 인수합병에 따른 거대 상업언론의 출현은 사상의 자유시장에서 다양한 견해의 교환을 어렵게 하여 여론독과점 상태를 유발할 수 있다. 이는 외부적 다원주의에 의한 방송의 자유를 점차적으로 허용해야 한다는 이 책의 취지에도 반한다.

따라서 공·민영을 분리해 헌법상 다원주의 실현의 공적 책임을 차등 부과함으로써 민영방송의 부담을 덜어주더라도, 민간 영역에서 이종 미디어의 인수합병에 따른 여론 독과점을 막을 방안은 한층 정밀하고 실효성 있게 다듬어야 한다.

송출수단이나 콘텐츠의 소비패턴 변화를 감안한 규제체계의 손실도 필요하다. 지상파에 국한됐던 방송산업은 기술 발전에 따라 유선방송, 위성방송으로 확장했고 나아가 인터넷을 통한 IPTV의 출현에 이어, 방송과 통신이 융합된 개인방송으로까지 이어지는 등 해가 갈수록 진화하고 있다. 방송콘텐츠의 소비 역시 실시간 개념에서 벗어나 OTT의 형태로 인터넷 공간에서 언제든 소비할 수 있게 변화했다.

방송사업자의 양적 확대와 송출 수단의 융합, 그리고 방송콘텐츠의 소비행태 변화는 그동안 방송에 요구돼왔던 다원주의 실현을 위한 규제 적용 방식의 변화를 압박하고 있다. 국회에서도 방송환경의 변화를 감안하여 방송법 개정안이 수시로 발의되어왔다.

비교적 최근인 2019년 1월에 당시 김성수 민주당 의원이 대표 발의했다가 임기 만료로 폐기됐던 「방송법 전부개정법률안」은 개정안의 제안 이유로, 과거 방송법, 「종합유선방송법」, 「유선방송관리법」 및 「한국방송공사법」을 통합하여 개정한 현행법이 IPTV와 종합편성의 도입 등에 따른 방송의 큰 변화와 방송기술의 급속한 발전을 따라잡지 못해 법체계의 전반적인 정비가 필요하기 때문이라고 설명한 바 있다.

실제로 방송업계뿐만 아니라 규제당국도 지상파TV, 케이블TV, 위성방송 등 매체별로 사업 인허가부터 행정제재까지 규율하는 지금의 수직적 규제가 예기치 않았던 규제의 중복과 충돌 가능성을 크게 높이고 있다고 호소하고 있다. 수많은 콘텐츠가 방송과 통신의 융합적 환경에서 만들어지는 현실을 반영할 수 없기 때문이다.

이런 문제점을 극복하고 여러 서비스의 경쟁을 촉진해 시청자의 편익을 높이기 위해서는 전송방식이 아닌 서비스 자체의 본질에 따라 규율하는 수평적 규제체계로 바꿔야 한다는 지적이 많다. 수평적 규제는 전송유형에 따른 구분을 없애 규제영역에서 통합한 뒤, 전송 네트워크(하드웨어 플랫폼) 운용과 콘텐츠 제작 및 유통을 구분해 각각 규제하는 형태이다.

하지만 수직적 규제방식이 조만간 획기적으로 바뀌기는 어려울 전망이다. 수평적 규제의 적합성을 인정하더라도, 규제체계의 전면적인 개혁으로 이질적인 방송사업자들이 모두 만족하고 인정하는 법적 규율을 만들어내기가 힘든데다, 방송산업 전반에 미칠 부담이 너무 크기 때문이다. 현행 규율 방식이 새 기술의 출현에 따라 단계적으로 조항을 부가하기가 용이하고 단순한 분류 덕에 규제적용도 간편하다는 장점을 정부가 포기하기도 쉽지 않다.

여기서 고려해야 할 부분은 규제방식이 향후 어떻게 개편되더라도 공영적 방송과 민영방송 사이에는, 헌법적 다원주의 요구에 따른 공적 책임의 차등이 반영돼야 한다는 것이다. 헌법이 요구하는 견해의 다양성을 구현해 내도록 하기 위해 공영적 방송사에 대해서는 내부적 다원주의 원칙을 보다 엄정하게 적용하는 한편, 향후 수평적 규제의 틀을 일부 도입하더라도, 전송 네트워크의 운용 영역이든 아니면 콘텐츠 제작 및 유통의 영역이든 공영과 민영의 차등규제가 헌법적으로 타당하다.

이를테면, 수평적 규제체계에서 공영방송의 콘텐츠 계층에 대한 진입은 기본공급의무 수행과 공영방송의 존속 및 발전을 위해 최대한 인정하되 공영방송의 본질적 성격에서 벗어나는 사업만 제한하고, 전송계층 진입은 공적 임무 수행에 필수적인 범위만으로 한정하는 것이 바람직하다.

반면, 민영방송은 두 계층에서 훨씬 더 자유롭게 사업을 운영하도록 허용하되, 여론독과점의 출현을 방지하기 위한 규제 운용이 필수적이다.[85] 결론적으로 산업변화에 맞게 규제체계를 바꾸더라

85) 최우정, “수평적 규제체계에서 지상파방송의 기능과 규제의 한계”, 언론과 법

도 헌법상 방송의 자유 보장을 위해 공영방송과 민영방송에게는 각각의 특성에 비추어 규제의 강도나 폭이 달리 적용되어야 한다는 것이다.

이 같은 원칙을 토대로 한 제도개선을 통해 공영 혹은 준공영 방송이 내부적 다원주의의 헌법적 요청 아래 정치적 종속에서 벗어나 다양한 정보와 견해의 통로 및 공론장이 되고, 공영적 방송사가 본연의 역할을 수행함에 따라 견해의 활성화라는 공적책임에서 한결 부담을 덜어낸 민영방송들이 최소한의 균형성을 유지한 상태에서 제각기 경향성을 드러내며 사상의 자유시장에서 다양한 견해로 경합할 때, 비로소 헌법이 목적으로 하는 방송의 자유가 실현될 것이다.

제10권 제1호, 한국언론법학회, 2011, 63면.

맺음말

이 책을 집필하게 된 계기는 한국의 방송이 1987년 정치 민주화 이후 30여 년을 지난 시점에서 외형적으로는 송출 수단과 채널의 다양화, 제작 능력의 고도화를 통해 선진국들의 방송 못지않은 역량을 갖추게 됐지만, 외형의 성장에 걸맞게 국민에게 신뢰받는 방송이 되기는커녕 그 어느 때보다도 불신의 대상이 되고 여론의 질타를 받고 있는 현실에 대한 인식이 계기가 되었다.

한국은 현재 경제가 명실상부한 선진국의 단계에 진입했고 한류 열풍으로 대변되는 문화적 역량도 세계를 선도하고 있지만, 정치만은 정체했거나 오히려 퇴행하고 있다는 평가를 받아왔다. 그러한 정치가 외형적으로 크게 성장한 방송에 정치병행성을 강요하면서 결과적으로 견해의 다양성 표출을 막고 있는 형국이 현재 우리 방송계가 처한 현실이다.

특히, 표현의 자유 확장을 위해 헌법적으로 균형 잡힌 공론장 역할을 해야 할 한국의 공영적 방송들은 지속적 반복적으로 편향성 논란을 일으키면서, 급기야는 이들 공영방송이 정치권력의 편을 드는 게 그 자체의 당연한 속성인 것처럼 국민의 뇌리에 각인되기에 이르렀다.

그리하여 정권이 바뀌면 공영적 방송사들의 주요 보직자들이 모두 물갈이되고, 억지로 물러난 세력들이 재기를 꿈꾸며 조직을 결성해 정권과 치열하게 투쟁하는 양상 또한, 이제는 일반적 현상으로까지 받아들여지고 있는 것이다.

공영방송을 비롯한 공영적 방송의 역할은 모든 국민의 다양한 견해를 공정하고 균형 있게 반영하는 것이다. 그러나 지금의 현실은 정치권력 및 정권 지지층과 연대해, 현 정권의 재창출을 돕는 도구가 됐다는 평가를 부인하기 힘들다.

공영방송이 헌법적으로 요구되는 다양한 견해의 공론장 역할을 방기하면서 그 불똥은 민영방송으로 튀었다. 이념적 경향성에서 훨씬 자유로워야 할 민영방송에게 과도한 균형성의 압박이 가해지고 있는 것이다.

그에 따라 지상파 민영방송들은 재허가의 압박과 정치적 위험부담을 피하려고 기계적 균형성에 천착하면서 의제설정 기능을 상실했다. 다른 한편에서 일부 종편채널들은 방송에 기대되는 최소한의 사실성과 균형성을 넘어선 과잉 편향성으로 무장한 채, 자신들의 이념과 반하는 정치권력이나 여론과 싸움을 벌이고 있다.

결과적으로 한국의 방송들은 그 어느 곳도 본연에 정체성에 부합하는 소임을 다하지 못한 채, 극단적으로 갈라진 여론에 기름을 부으며 여론 영합을 에너지로 생존하고 있는 셈이다.

이 책은 이런 현실의 문제점을 구조적으로 이해하기 위한 방안으로 헌법상의 다원주의 원칙을 채택했다. 다원주의라는 민주주의의 기본원리 하에서 '방송의 자유'가 가진 한계와 역할을 규정함으로써, 현재 한국의 방송이 견해의 활성화라는 헌법적 요구에서 얼마나 벗어나 있는지, 그리고 이를 정상궤도로 복원시키기 위해 필요한 부분들이 무엇인지를 알아보았다.

방송미디어의 규율은 자유주의 이론이나 민주주의 이론, 사회책임이론, 공공수탁이론 등 여러 가지 관점에서 볼 수 있으나, 이 책에서는 한국의 방송미디어가 처한 현실을 헌법 이론으로 분석해보고자 한 점과, 헌법상의 다원주의 원칙이 세계 여러 국가에서 민주주의 실현의 기본원리로서 채택되고 있는 점, 우리 헌법이 많은 영향을 받은 독일에서 미디어 규제의 원칙으로 사용해 온 점, 나아가 다원주의라는 단일한 개념에서 각기 반대되는 규제방식을 모두 설명해낼 수 있다는 점에서 헌법상의 다원주의 원칙을 기본 논거로 삼았다.

이 책은 헌법학과 미디어학의 경계선상에 진행되면서 다른 법학 저서들에 비해 헌법이론적 분석이 상대적으로 취약하다고 볼 수 있다. 또, 광대한 영역에서 문제점을 찾고 각각의 개선 방안을 제시하려다 보니, 특정 주제에 대한 깊이 있는 분석보다는 많은 주제에 대한 백화점식 나열과 개략적인 고찰에 그친 점도 아쉬운 대목이다.

다만, 국내 방송의 실체적 구조적 문제들을 그동안 국내에서 다루지 않았던 헌법상의 다원주의 측면에서 살펴보고, 국내 방송이 견해의 다양성 확충에 기여할 수 있는 실효적 방안을 광범위하고 총체적인 측면에서 추려봤다는 점에서 작은 평가를 기대한다.

참고문헌

1. 국내 문헌

〈논문 및 단행본〉

강형철, “방송환경 변화 아래 공익에 대한 도전과 개념변화 : 한국 방송학 논문 메타 분석”, 정보통신정책연구 제20권 제4호, 정보통신학회, 2013.

고민수, “헌법재판소의 공영방송 판단기준에 관한 비판적 고찰”, 방송과 커뮤니케이션 제16권 제1호, 2015.

고철종, “헌법의 다원주의 원칙에서 바라본 공영적 방송사의 편향성 비판과 제언”, 중앙법학 제22집 제3호, 중앙법학회, 2020.

권은정, “개인방송 규제에 관한 공법적 연구”, 서울대학교 대학원 법학과 박사학위 논문, 2019.

권형둔, 주요 국가의 통신법제에 관한 비교법적 연구, 한국법제연구원, 2009.

권형둔, “독일의 방송심의제도와 그 시사점”, 언론과 법 제8권 제1호, 한국언론법학 회, 2009.

권형둔, “방송의 공정성에 대한 헌법이론과 법제도 개선방안”, 공법학연구 제15권 제2호, 2014.

권형둔, “방송광고 규제의 헌법적 원리와 정당성”, 언론과 법 제14권 제3호, 한국언론법학회, 2015.

김남두, “유럽의 미디어 집중 규제에 대한 사례 및 시사점”, 정보통신정책연구원, 2011.

김남두 외 3인, “방송콘텐츠 산업 경쟁력강화를 위한 수중계 비율 등 편성규제 개선방안 연구”, 방통융합정책연구, 정보통신정책연구원, 2019.

김슬기, “헌법상 다원주의에 관한 고찰”, 성균관대학교 법학전문대학원 박사학위논문, 2018.

김영덕, “한국과 일본의 방송심의제도는 어떻게 다를까?”, 한국콘텐츠진흥원, 2010.

김재영·이승선, “방송심의의 정파성에 대한 시론적 검증”, 방송과 커뮤니케이션 제16권 제4호, 문화방송, 2015.

김지수·김현경, “지상파방송 재허가의 법적 성격과 현행제도의 한계에 대한 소고”, 미국헌법연구 제31권 제2호, 미국헌법학회, 2020.

김진웅, “신문의 자유와 방송의 자유”, 언론과학연구 제7권 제2호, 한국지역언론학회, 2007.

노태우, 위대한 보통사람들의 시대, 을유문화사, 1987.

문연주 외 12인, “외국의 방송통신 콘텐츠 규제체계 비교연구”, 방송통신심의위원회, 2012.

민영, “언론의 2차 의제설정 기능: 현실정의의 힘과 그 위험성”, 관훈저널 제97호, 관훈클럽, 2005.

민영, “저널리즘 전문성과 정파적 편향성이 언론 신뢰와 정치 신뢰에 미치는 영향”, 한국언론학보 제60권 제6호, 한국언론학회, 2016.

박기묵·우형진, “보도교양 방송프로그램의 윤리적 수준과 소재 및 표현기법에 관한 방송심의결정 분석연구”, 방송통신연구, 한국방송학회, 2015.

박동욱 외 3인, “방송사업자 재허가 재승인 제도개선 방안연구”, 정보통신정책연구원, 2014.

박성철·박시백, “지상파 방송국 허가 및 검사제도 개선방안 연구”, 방송통신위원회, 2009.

박소라, “경쟁 도입이 텔레비전 프로그램 장르 다양성에 미치는 영향에 대한 연구”, 한국언론학보, 제47권 제5호, 한국언론학회, 2003.

박용상, “편집권 논의의 법적 조명”, 헌법논총 12집, 헌법재판소, 2001.

박진우, “한국 언론의 전문직주의와 전문직 프로젝트의 특수성”, 한국언론정보학보, 한국언론정보학회, 2015.

박효민·김석호, “공정성 이론의 다차원성”, 사회와 이론, 한국이론사회학회, 2015.

설한, “자유주의, 다원주의, 그리고 타협의 정치”, 21세기 정치학회보 제19권 제1호, 2009.

성낙인, “프랑스 재판기관의 다원성과 헌법재판기관”, 공법연구 제39집 제3호, 한국공법학회, 2011.

성숙희 외 2인, “방송산업 구조 변화와 소유규제 정책”, 한국콘텐츠진흥원, 2006.
성욱제 譯, 2009년 프랑스 공영방송법, 정보통신정책연구원, 2009.
성욱제, “지상파 방송사업 허가 재허가제도 개선 방안 연구”, 방송문화연구 제25권 제1호, KBS공영미디어연구소, 2013.
성욱제·이재영, “국내 방송규제 합리화를 위한 국가간 규제체계 비교연구”, 정보통신정책연구원, 2013.
송영주, “방송의 형식적 공정성에 대한 규제 방법”, 한국언론학보 제63권 제4호, 한국언론학회, 2019.
심영섭, “방송 편성규약과 경향성 보호-독일의 방송편성규약을 중심으로”, 언론과 법 제8권 제1호, 한국언론법학회, 2009.
심영섭, “독일 방송평의회 제도를 통해 본 한국 공영방송 지배구조의 재구조화”, 문화와 정치 제5권 제3호, 2018.
에드윈 베이커(남궁협 역), 미디어집중과 민주주의, 커뮤니케이션북스, 2010.
유승관, “방송통신심의위원회의 보도교양방송 프로그램 심의 결정의 특성 연구”, 언론과 법 제15권 제3호, 한국언론법학회, 2016.
유의선, “미디어 다양성 정책함의와 접근방법”, 방송통신연구, 한국방송학회, 2009.
유의선, “주요 선진국 공영방송 조사연구”, 방송문화진흥회, 2017.
윤석민, “박근혜-문재인 정부 시기 지상파 시사프로그램 평가 연구”, 서울대언론정보연구소, 2019.
윤성옥, “방송의 공정성에 관한 법적 개념과 규제범위”, 방송과 커뮤니케이션 제10권 제1호, 2009.
윤성옥, “지상파방송 규제에 관한 비판적 고찰”, 언론과 법 제10권 제1호, 한국언론법학회, 2011.
이국운, “법치와 분권; 한국사회에서 다원주의 헌법이론의 전망”, 공법연구 제32집 제2호, 한국공법학회, 2003.
이문수, “가치 다원주의와 민주주의적 행정”, 한국행정논집 제28권 제4호, 한국지방자치학회, 2016,
이병남, “방송사 내부의 언론자유 실천에 관한 연구”, 강원대학교대학원 박사학위논문, 2012.
이소은·박아란, “편향적 뉴스 이용과 언론 신뢰 하락”, 미디어이슈 제6권 제3호, 한국언론진흥재단, 2020.
이원우 외 5인, "방송 편성규제 법령정비 방안 연구", 한국전파진흥원, 2010.
이욱한, "독일 연방헌법재판소의 TV방송 판결에 대한 소고", 공법학연구 제5권 제3호, 한국비교공법학회, 2004.
이윤호, "방송의 개념 및 공익적 기능에 관한 헌법적 고찰", 세계헌법연구 15권 제1호, 세계헌법학회 한국학회, 2009.
이인호, "뉴미디어의 발전과 언론자유법의 새로운 전개", 헌법논총 제8집, 1997.
이인호, "공영방송사의 방송의 자유와 정보공개법의 충돌", 공법학연구 제12권 제3호, 한국비교공법학회, 2011.
이인호, "이명박 정부 방송통신정책의 현황과 평가-법 제도적 측면을 중심으로-", 한국언론법학회 철우언론법상 학술세미나 발제문, 2012.
이재진·이홍천, "일본 방송심의제도의 자율성에 대한 비판적 고찰", 언론과 법 제12권 제2호, 한국언론법학회, 2014.
이정훈·이상기, "민주주의의 위기와 언론의 선정적 정파성의 관계에 대한 시론", 한국언론정보학보, 한국언론정보학회, 2016.
이종원·김호정, "국내외 유료방송 규제개편 사례 및 정책동향 분석", 방송통신정책연구, 정보통신정책연구원, 2017.
이준웅·조항제·송현주·정준희, "한국사회 매체 체계의 특성: '민주화 이행 모형'의 제안", 커뮤니케이션이론 제6권 제1호, 2010.
이지효, 독일 공영방송의 다양성, 헌법재판소 헌법재판연구원, 2018.
이춘구, "사상의 자유시장이론 전개의 법적 고찰", 국가법연구 제10집 1호, 한국국가법학회, 2014.
이춘구, "미국 방송법제상 공정성 원칙의 전개 연구", 법학연구 제43집, 전북대학교 법학연구소, 2015.
임한솔·정창원, "국내외 인터넷 개인방송 규제현황 및 규제 방향성 제언", 한국콘텐츠학회논문지 제20권 제2호, 한국콘텐츠학회, 2020.
장병희·강재원, "국내 방송규제 정책에서 수평적 규제 패러다임 도입 관련 쟁점 분석", 사회과학연구 제22권 제4호, 동국대학교 사회과학연구원, 2015.
전영, "프랑스에서의 정치적 다원주의의 원칙과 방송" 언론과 법 제11권 제4호, 한국언론법학회, 2012.

정수영·구지혜, “지상파TV 뉴스의 다양성 및 중복성에 관한 연구”, 한국방송학보 제24권 제5호, 한국방송학회, 2010.
정영주, “공영방송 제도정립을 위한 현행 방송법의 한계와 입법과제 고찰”, 언론과 법 제14권 제3호, 한국언론법학회, 2015.
정영주·홍종윤, “공영방송 제도의 위기와 재정립”, 언론정보연구 제55권 제1호, 서울대언론정보연구소, 2018.
정윤식, 공영방송, 커뮤니케이션북스, 2014.
정윤식·강명현, “멀티 플랫폼시대 방송규제 및 방송법제 개편 연구”, 강원대학교 산학협력단, 2012.
정은진, “영국 BBC 공영방송의 칙허장 갱신: 공영방송 지배구조와 규제체계 변화를 중심으로”, 정보통신정책연구원, 2017.
정재황·이윤효, “방송산업에서의 불공정거래행위 규제에 관한 헌법적 고찰”, 성균관 법학 제18권 제1호, 성균관대학교 비교법연구소, 2006.
조소영, “방송법 개정 관련 법안들에 대한 법적 검토”, 언론과 법 제18권 제1호, 한국언론법학회, 2019.
조은영·유세경, “종합편성채널 도입과 방송뉴스 보도의 다양성”, 한국언론학보 제58권 제3호, 한국언론학회, 2014.
조익환·이상우, “경쟁 환경에 따른 신규 미디어와 기존 미디어의 프로그램 다양성 연구”, 한국방송학보 26권 제6호, 한국방송학회, 2012.
조항제, “한국의 민주화와 언론의 자유·언론학에 대한 비판적 성찰”, 커뮤니케이션이론 제10권 제2호, 2014.
주정민, “미디어 소유규제 정책과 효과”, 한국언론학회 심포지움 및 세미나, 2009.
지성우, “공영방송의 내부적 자유와 공정성에 관한 연구”, 미국헌법연구 제28권 제2호, 2017.
차수봉, “헌법상의 방송의 자유와 방송규제의 법리”, 한국콘텐츠학회논문지 제8권 제4호, 한국콘텐츠학회, 2008.
최세경, “방송법 규제체계 개편의 주요 쟁점과 방향”, 방송문화, 한국방송협회, 2020.
최영재, “공영방송 보도국의 정파적 분열”, 커뮤니케이션이론 제10권 제4호, 한국언론학회, 2014.
최우정, “수평적 규제체계에서 지상파방송의 기능과 규제의 한계”, 언론과 법 제10권 제1호, 한국언론법학회, 2011.
한국인터넷진흥원, 영국 방송통신 정책보고서, 2018.
한동훈, "주요국가의 방송통신법제에 관한 비교법적 연구", 한국법제연구원, 2009.
한수웅, 헌법학, 법문사, 2018.

〈기 사〉

강성원, "'전가의 보도' 공정성 심의, 법원 가면 다 깨지는 이유는?", 미디어오늘, 2015.5.29.
김도연, "주호영, KBS MBC TBS 해도 해도 너무해", 미디어오늘, 2020.10.8.
라제기, "위기의 공영방송<상> 정치적 편향성, KBS·MBC가 민방 SBS보다 심하다", 한국일보, 2011.8.4
박대한, "공영 BBC 신임사장 '직원들, SNS로 정파적 의견표출 안 돼'", 연합뉴스, 2020.9.4
박서연, "한겨레 사장 '장기적으로 우린 종합편성채널에 도전한다'", 미디어오늘, 2020.5.13.
손재권, "美, 42년 만에 신문·방송 겸영 허용…'미디어 빅뱅'", 매일경제, 2017.11.17.
이슬비, "野, '공영방송, 親與패널 내보내 뉴스 공작'", 조선일보, 2020.10.8
이정현, "손석희·공격성 모두 잃은 JTBC 뉴스 0%대까지 추락", 연합뉴스, 2021.5.8
정민경, "프랑스 공영방송도 정치에 흔들 '난기류'", 미디어오늘, 2019.12.14.
조수경, "'기계적 균형' 못 벗어나는 SBS뉴스", 미디어오늘, 2013.8.6.
정철운, "KBS MBC EBS 노조 공동성명 '공영방송 지배구조 정상화'", 미디어오늘, 2021.3.21.
최지선, "응급처치 받는 프랑스 지상파 텔레비전", 신문과 방송, 2020.9.28.

2. 외국 문헌 및 판례

Arnold, Karl-Heinz, Mitbestimmungsformen in Medienbetrieben des Deutschsprachigen Raums, Bochum : Universitaetsverlag Dr. N. Brockmeyer Verlag, 1991.

Bleckmann, Albert. *Staatsrecht, 2, Die Grundrechte*. Koln, Carl Heymanns Verlag KG, 1989.

BVerfGE 52, 283 (1979. 11. 6. Tendenzbetrieb).

BVerfGE 57, 295 (1981. 6. 16. Rundfunkentscheidung).

BVerfGE 73, 118 (1986. 11. 4. Rundfunkentscheidung).

Bundespresse-und Informationsamt (kurz BPA), Medienbericht 1998, Berlin CC, Décision n° 86-217 DC du 18 septembre 1986.

Raeijmaekers, Danielle, and Pieter Maeseele. "Media, Pluralism and Democracy: What's in a Name?" *Media, Culture & Society*, vol. 37, no. 7, Oct. 2015.

Department for Digital, Culture, Media & Sport, 「A summary－Online Harms White Paper」, UK Government, 2019.

Brogi, Elda, et al. *Monitoring media pluralism in the digital era: application of the Media Pluralism Monitor 2020 in the European Union, Albania & Turkey: policy report*. European University Institute, 2020.

Volokh, Eugene. "Cheap Speech and What It Will Do." *The Yale Law Journal*, vol. 104, no. 7, 1995.

Dyke, Greg. *Inside story*. England, HarperCollins, 2004.

Allen, H., S. Connolly, and S. P. Hargreaves Heap. "Media Pluralism: What Matters for Governance and Regulation?" *Journal of Media Economics*, vol. 30, no. 2, 2017.

Hoffmann-Riem, Wolfgang. *Regulierung der dualen Rundfunkordnung*, Baden-Baden, Nomos, 2000.

Dreier, Horst. *Grundgesetz*. Tübingen, Mohr Siebeck, 2004.

Newton, K. "Public Service and Commercial Broadcasting: Impacts on Politics and Society." *Political Quarterly*, vol. 87, no. 1, 2016.

Tribe, Laurence H. *American Constitutional Law*. 2nd ed., Mineola, N.Y, Foundation Press, 1988.

Polo, Michele. “Regulation for Pluralism in Media Markets.” *The Economic Regulation of Broadcasting Markets: Evolving Technology and Challenges for Policy*, edited by Paul Seabright and Jürgen Von Hagen, Cambridge, Cambridge University Press, 2007.

Noelle-Neumann et al. 1997; Schiwy et al. 2006.

Garry, Patrick M. *Scrambling for protection*. Pennsylvania, University of Pittsburgh Press, 1994.

Red Lion Broadcasting Co. v. Federal Communications Commission, 395 U.S. 367, 1969.

Schiwy, Peter. *Medienrecht*. Neuwied, Luchterhand, 1994.

Stühmeier, T. “Media Market Concentration and Pluralism.” *Journal of Economics and Management Strategy*, vol. 28, no. 2, 2019.

Syracuse Peace Council v. Television Station WTVH, 2 F.C.C.R. 5043, 5055, 1987.

Emerson, Thomas Irwin. *The system of freedom of expression*. New York, Random House, 1970.

[저자소개]

고철종

2022년 현재 SBS 논설위원실장으로, 논설실과 사회공헌 포럼인 SBS D포럼을 맡고 있다. 뉴스제작국장과 경제부장, 사회부장, 기획취재부장 등을 역임했다.

서울대 언론정보학과를 졸업한 후, 중앙대에서 방송학 석사, 중앙대 법학전문대학원에서 헌법학 박사학위를 받았다.

그동안 에세이와 사회비평, 자기계발, 종교, 소설 등의 다양한 분야에서 5편의 책을 출간했으며, 계간지 「시와 산문」에서 신인문학상을 받은 등단 작가이다.

언론계 최고 권위인 한국기자상 대상을 포함해 한국기자상 2회, 한국언론대상, 한국바른언론인대상, 국민통합우수문화콘텐츠상, YWCA 올해의 프로그램상, JJ클럽언론상, 이달의기자상, 지속가능발전언론상 등 11건의 외부기관 상을 수상한 바 있다.

헌법 원리로 본 방송개혁 방안

- 방송의 편향성 어디까지 허용되나 -

2022년 4월 1일 | 초판 인쇄
2022년 4월 10일 | 초판 발행

지은이 | 고철종
발행인 | 고호균
발행처 | 법영사
등　록 | 1987. 11. 5　제3-125호(윤)
주　소 | 06302 서울특별시 강남구 논현로 130
전　화 | (02)501-8898
팩　스 | (02)501-8895
Site : www.bubyoungsa.co.kr
E-mail : bys1986@hanmail.net
ISBN : 978-89-7032-332-9

정　가　33,000원

이 책은 관훈클럽정신영기금의 도움을 받아 저술·출판되었습니다.